Schöningh

Doris Frintrop-Bechthold (Hg.)

Politik Wirtschaft 5/6

Ein Arbeitsbuch
für Gymnasien in Nordrhein-Westfalen

Erarbeitet von
Franz Josef Floren,
Doris Frintrop-Bechthold,
Werner Heimeroth,
Diethard Rekate,
Reinhold von Rüden

www.schoeningh-schulbuch.de
Schöningh Verlag, Jühenplatz 1–3, 33098 Paderborn

Druck A 6 5 4 / Jahr 2018 17 16
Alle Drucke der Serie A sind im Unterricht parallel verwendbar.
Die letzte Zahl bezeichnet das Jahr dieses Druckes.

Druck und Bindung: westermann druck GmbH, Braunschweig

ISBN 978-3-14-024424-4

Inhaltsverzeichnis

Hinweise zur Arbeit mit diesem Buch

Lehrplan
Neubearbeitung

Der vorliegende Band 5/6 des Lehrwerkes „Politik/Wirtschaft" orientiert sich an dem aktuellen Lehrplan für das Fach „Politik/Wirtschaft" und ist eine **umfassende Neubearbeitung** der bisherigen Ausgabe. Der Band erhält ein neues Layout sowie eine deutliche Verstärkung der Kompetenzorientierung. Zudem wird ein Lehrerband angeboten.
Folgebände für die Klassen 7–9 bauen auf diesem Band auf.

Inhaltsfelder
Kompetenzen
Kompetenzcheck

Themen und Inhalte des Bandes berücksichtigen sämtliche Schwerpunkte der **Inhaltsfelder** des Lehrplans; der methodisch-didaktische Zuschnitt orientiert sich an den im Lehrplan formulierten vier Kompetenzen (**Sachkompetenz, Methodenkompetenz, Urteilskompetenz und Handlungskompetenz**), die in dieser Überarbeitung deutlich betont werden. Auf den Auftaktseiten eines jeden Kapitels werden die angestrebten Kompetenzen ausgewiesen, und die Schülerinnen und Schüler erhalten so einen Überblick darüber, was sie nach der Bearbeitung des jeweiligen Kapitels wissen und können sollten. Ein die einzelnen Kapitel abschließender „**Kompetenzcheck**" berücksichtigt mit seinen Aufgabenstellungen und Arbeitsvorschlägen ebenfalls die unterschiedlichen Anforderungsebenen.

Arbeitsbuch

Das Buch ist ein **Arbeitsbuch**: Es stellt unterschiedliche Materialien (Texte, Statistiken, Grafiken, Bilder, Karikaturen) für die Erarbeitung im Unterricht zur Verfügung und ermöglicht viele unterschiedliche Arbeitsformen.

Lehrerband

In einem zusätzlich angebotenen **Lehrerband** werden erwartete und mögliche Arbeitsergebnisse dargelegt. Außerdem enthält er ergänzende bzw. vertiefende Materialien.

Struktur

Eine inhaltliche **Grobstrukturierung** der einzelnen Kapitel erfolgt durch nummerierte Abschnitte (sowie z. T. zusätzlich durch nicht nummerierte Unterabschnitte), die durch entsprechende Überschriften gekennzeichnet sind. Die Materialien sind innerhalb der Kapitel durchnummeriert. Die Auftaktseiten zu jedem Kapitel sind so gestaltet, dass sie nicht nur einen Überblick über den thematischen Zuschnitt des Kapitels verschaffen (Text „Zur Orientierung"); die Betrachtung und spontane Beurteilung der mit Bedacht ausgewählten Fotos können darüber hinaus zur ersten Annäherung an einzelne thematische Aspekte bzw. zur Einholung des Vorwissens genutzt werden.

Materialangebot

Das **Materialangebot** der meisten Kapitel geht über den Umfang einer einzelnen Unterrichtsreihe hinaus und bietet so der Lehrerin/dem Lehrer bzw. der Lerngruppe die Möglichkeit der Auswahl (z. B. nach Abschnitten) und der Schwerpunktsetzung im Hinblick auf die Interessenlage, das Lernniveau und die Vorkenntnisse der Lerngruppe oder auf die zur Verfügung stehende Unterrichtszeit. Das betrifft die Auswahl von Einzelmaterialien und insbesondere von Abschnitten, die fast immer getrennt voneinander bearbeitet werden können. Mit den sorgfältig ausgewählten Quellen und den angebotenen Autorentexten sind mit jeweils unterschiedlichen Schwerpunkten die anzustrebenden Kompetenzen zu erreichen. Dazu dienen die differenzierten Aufgabenstellungen, zu deren Bewältigung z. T. auch konkrete Vorschläge zum Vorgehen und zur Arbeitsweise gemacht werden. Sie fordern die Schülerinnen und Schüler zu unterschiedlichen Bearbeitungsweisen auf: zur inhaltlichen Bearbeitung und zur problemorientierten Auseinandersetzung, sie verlangen auch eigene Beurteilungen und Stellungnahmen. Handlungsorientierte Zugänge sollen die Nachhaltigkeit des Lernens unterstützen.

kompetenzorientierte Arbeitsaufträge

Die **Arbeitsaufträge** lassen sich unterscheiden in:
- **Erschließungshilfen**, die eng auf das betreffende Material bezogen sind (**Sach- und Methodenkompetenz**);
- Hinweise zur **Erarbeitung gedanklicher Zusammenhänge**, zur Anregung von Argumentation und Diskussion (**Urteilskompetenz**);
- Vorschläge für eine möglichst selbstständige, **methodenorientierte Untersuchung** bestimmter begrenzter Fragestellungen (**Methodenkompetenz, Urteilskompetenz**);
- **Erkundungs- und andere Aufträge**, die über den engeren Rahmen des Unterrichts hinausgehen (**Handlungskompetenz**).

Methoden

Methodenseiten bzw. Methodenpassagen zur Durchführung wichtiger sozialwissenschaftlicher und unterrichtlicher Methoden sind in den Inhaltszusammenhang der einzelnen Kapitel eingefügt und besonders markiert (vgl. auch Inhaltsverzeichnis).

Im **Anhang** finden sich Hinweise zum Umgang mit Zahlenangaben (Prozentzahlen, Durchschnittszahlen) und Statistiken sowie eine Anleitung zur Durchführung von Befragungen.

Glossar/Register

Zahlreiche Fachbegriffe sind mit einem * versehen und werden im Glossar erläutert. Das ausdifferenzierte Register ermöglicht das schnelle Auffinden der Themen- und Inhaltsaspekte des Buches.

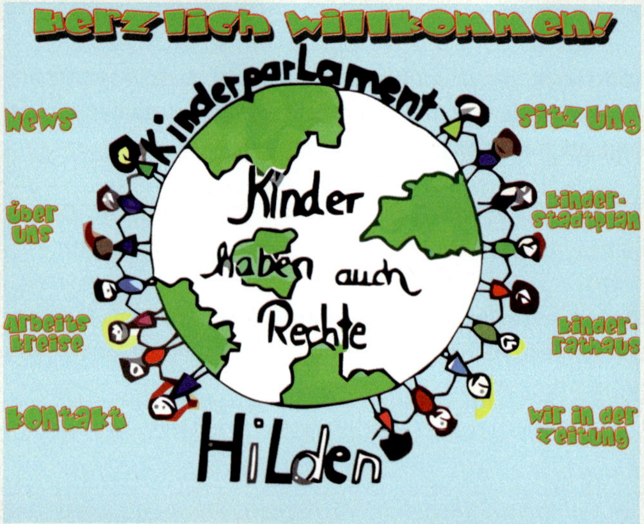
herzlich willkommen!
Kinderparlament
news
über uns
arbeitskreise
kontakt
Sitzung
Kinder-stadtplan
Kinder-rathaus
wir in der zeitung
Kinder haben auch Rechte
HiLden

Trend
349

Ein neues Fach! – Was „Politik“ und „Wirtschaft“ bedeuten

Zur Orientierung

„Politik/Wirtschaft“ ist für euch ein neues, noch unbekanntes Fach. In diesem kurzen einleitenden Kapitel wollen wir euch zeigen, worum es in diesem Fach geht. Zunächst sollen euch die Fotos anregen darüber nachzudenken, was ihr selbst unter „Politik“ und“ Wirtschaft“ versteht. Betrachtet sie genau und überlegt, was die jeweilige Situation mit „Politik“ oder mit „Wirtschaft“ zu tun haben könnte.
Schreibt der folgenden Übersicht entsprechend einige Begriffe oder kurze Sätze in euer Heft, die euch spontan einfallen.

Wenn ich etwas von „Politik“ höre, denke ich an:

___

___

Wenn ich etwas von „Wirtschaft“ höre, denke ich an:

___

___

Kompetenzen

Nach der Erarbeitung dieses Kapitels solltet ihr Folgendes wissen und können:

- erklären, was die Begriffe „Politik“ und „Wirtschaft“ bedeuten;
- begründen, dass man auch z. B. in der Schule „politisch“ handeln muss;
- erklären, warum es Politiker geben muss;
- erklären, was ihr mit der Wirtschaft zu tun habt;
- begründen, warum Wirtschaft auch für Kinder wichtig ist.

M 1 Was Schülerinnen und Schüler von „Politik“ und „Wirtschaft“ halten

Politik – ich weiß nicht. Das ist schon irgendwie wichtig, aber ich bin sowieso noch zu jung. Ich interessiere mich mehr für andere Sachen.

Die Wirtschaft bestimmt die Preise und wie viel Geld man verdient!

Mein Vater schaut in der Zeitung immer nach den Aktienkursen.

Die Politiker streiten sich immer!

Meine Eltern reden manchmal über Politik. Ich finde das aber langweilig.

Wenn man in der Politik mitreden will, muss man sich gut auskennen. Ich kenne einige Namen von deutschen Politikern.

Wirtschaft – das ist für Kinder gar nichts; das ist nur für Erwachsene wichtig. Da geht es um Arbeitsplätze oder um Preise.

Wenn Politiker gewählt werden wollen, machen sie vorher für sich Werbung.

(Schüleräußerungen, Sammlung in einer 6. Klasse)

1. In M 1 äußern Schülerinnen und Schüler, die etwa in eurem Alter sind, ihre Meinung und Einstellungen zu „Politik“ und „Wirtschaft“. Sind sie z. B. ablehnend oder uninteressiert oder verständnisvoll oder …?

2. Setzt euch im Einzelnen mit diesen Äußerungen auseinander. Stimmt ihr zu oder seid ihr anderer Meinung?

Vielleicht ist es euch bei eurer Bearbeitung von M 1 ein wenig so ergangen, dass ihr gedacht habt: „So genau weiß ich eigentlich auch nicht, was mit ‚Politik‘ und ‚Wirtschaft‘ gemeint ist. Was geht mich das als Schülerin/Schüler in meinem Alter auch an? Ich muss mich um andere Dinge kümmern! Politik und Wirtschaft, das ist was für Erwachsene, da geht es um die Regierung in Berlin, um die Bundeskanzlerin oder vielleicht auch um die Leute im Rathaus unserer Stadt, um den Bürgermeister oder die Bürgermeisterin, und um die Wahlen, die manchmal stattfinden; dann sind auf großen Plakaten die Politiker zu sehen, die für ihre Parteien werben und versprechen, dass es mit der Wirtschaft wieder aufwärts geht‘, wenn sie ‚an der Regierung‘ sind.“
Das ist alles auch nicht ganz falsch, aber „Politik“ und „Wirtschaft“, das ist nicht nur etwas, was für euch weit weg ist, sondern auch etwas, von dem ihr unmittelbar betroffen sein könnt.

M 2 will euch zeigen, dass auch für Kinder „Politik“ und „Wirtschaft“ von Bedeutung sind.

M 2 „Politik“ und „Wirtschaft“ – was geht mich das an?

a) „Politik“ – was geht mich das an?

Schon allein das Wort **„Politik“** kann einen wichtigen Hinweis geben. Es kommt von dem altgriechischen Wort „Polis“. So bezeichnete man im alten Griechenland (also vor mehr als 2000 Jahren) eine selbstständige Stadt, in der alle erwachsenen Bürger (allerdings noch nicht die Frauen) daran beteiligt waren, Regeln (Gesetze) für das friedliche Zusammenleben, für die Versorgung der Menschen mit Gütern und mit Einrichtungen zu beschließen, die allen zur Verfügung stehen sollten (Sportplätze, Theater, Tempel usw.).

Daran wird deutlich: Politik hat ganz wesentlich damit zu tun, dass man Regeln für das Zusammenleben einer großen Zahl von Menschen braucht und dass man sich darüber einig werden muss. Warum ist das so? Ganz einfach: Menschen haben nicht alle dieselben Vorstellungen davon, wie das Zusammenleben aussehen soll, was man für wichtig oder unwichtig hält, was man gern haben möchte usw. Ihre persönlichen Interessen sind oft ganz unterschiedlich, und häufig schließen sie sich auch in Gruppen zusammen, die dann unterschiedliche Interessen verfolgen. Zur Politik gehört also meistens auch Streit, und es muss deshalb darüber entschieden werden, an welche Regeln sich alle halten müssen, damit das Zusammenleben „funktioniert“.

Auch ihr habt es ja in eurem Alltagsleben immer wieder mit solchen Regeln zu tun. Das beginnt z. B. schon morgens, wenn ihr zur Schule kommt: Ab wann dürft ihr das Schulgebäude betreten? Wie lange muss man die Schule besuchen, um das Abitur zu machen? Dürfen die Lehrerinnen und Lehrer euch Strafarbeiten geben? Welche Rechte hat die Schülervertretung (SV)? Auch in eurer Freizeit stoßt ihr schnell auf Regeln aller Art, so z. B., wenn ihr bestimmte Filme nicht ansehen dürft, weil sie für eure Altersstufe nicht freigegeben sind. Wer bestimmt denn diese Regeln eigentlich und wobei könnt ihr mitbestimmen? Und wie muss man es anstellen? Das – und noch viel mehr – erfahrt ihr im Unterricht des Faches Politik/Wirtschaft! (Autorentext)

b) Wirtschaften – was heißt das eigentlich?

Auch das Wort **„Wirtschaft“** kann, wie das Wort „Politik“, auf einen (alt)griechischen Ursprung verweisen. Vor ca. 2300 Jahren bezeichnete der griechische Philosoph Aristoteles mit dem Wort „oikonomia“ das Prinzip, sorgsam mit der Natur und ihren Schätzen, aber auch mit der menschlichen

Arbeitskraft umzugehen; man sollte gut „hauswirtschaften“.

Heute verwendet man das Wort **Ökonomie**, wenn von der „Wirtschaft“ allgemein gesprochen wird.

Gut „wirtschaften“ zu können bedeutet, erworbene oder zur Verfügung stehende Mittel so einzusetzen, dass man damit seine Bedürfnisse (vgl. dazu auch Kapitel 4) auch erfüllen kann, z.B. ein „Dach über dem Kopf“ zu haben. Entweder konnte man sich seine Höhle, seine Hütte oder sein Haus selbst bauen oder aber nicht. Und wenn nicht, dann musste man eben mit dem, was man sonst hatte oder konnte, „tauschen“ oder Geld verdienen, um z.B. ein Haus zu kaufen. Wenn man dann die bestehenden Wünsche mit den zur Verfügung stehenden Mitteln „planvoll“ erfüllt, handelt man „ökonomisch“. Man setzt das, was man hat oder kann, so ein, dass so viele Wünsche wie möglich erfüllt werden können. Natürlich unterscheiden sich mittlerweile unsere Wünsche und Mittel von denen in früheren Zeiten enorm, aber früher wie heute ging bzw. geht es um dieselbe Sache!

Und jeder, der nach diesem Prinzip handelt, ist ein Teil der Wirtschaft. Auch ihr seid davon unmittelbar betroffen. Denkt nur daran, dass das Taschengeld, das ihr erhaltet, von euren Eltern verdient werden muss. Und ihr müsst überlegen, wie ihr mit dem Taschengeld eure Wünsche erfüllen oder wie ihr euch vielleicht noch etwas hinzuverdienen könnt. Vielleicht könnt ihr ja jemanden „überreden“, euch etwas dazuzugeben? Ihr könnt aber auch überlegen, woran gespart oder auf was verzichtet werden müsste, damit größere Anschaffungen, z.B. ein Handy oder ein neues Fahrrad, möglich sind.

Und dann stellt ihr vielleicht sogar fest, dass man das gewünschte Handy zu unterschiedlichen Preisen angeboten bekommt. Wie kann das denn sein? Wer legt die Preise eigentlich fest? Muss es unbedingt das Handy der Firma „Birne“ sein, die Firma „Orange“ bietet ein vergleichbares viel günstiger an! Wie geht denn das? Sind bestimmte Marken eben einfach teurer als andere?

Dies ist nur eine kleine Auswahl von Fragen, die ein „Wirtschaftsexperte“ beantworten kann. Aber dazu muss man schon Unterricht im Fach Politik/Wirtschaft gehabt haben!

(Autorentext)

Bearbeitet M 2 in **arbeitsteiliger Gruppenarbeit**. Ein Teil eurer Klasse bearbeitet M 2 a und ein anderer M 2 b.

Auftrag für M 2 a:

Erkläre deinen Mitschülern,

- woher der Begriff „Politik“ stammt,
- worin das wesentliche Merkmal von „Politik“ besteht,
- warum es ohne Politik im menschlichen Zusammenleben einfach nicht geht,
- warum auch ihr von der Politik betroffen seid.

Auftrag für M 2 b:

Erkläre deinen Mitschülern,

- warum „Wirtschaft“ auch „Ökonomie“ genannt wird,
- worin das wesentliche Merkmal von Wirtschaft besteht,
- warum Wirtschaft früher und heute vergleichbar ist,
- warum auch ihr ein Teil der Wirtschaft seid.

Ihr seht: „Politik“ und „Wirtschaft“ gehen uns alle an. Es gibt sie nicht nur „im Großen“, sondern auch „im Kleinen“. Auf diesen Unterschied wollen wir anhand von zwei Beispielen noch etwas näher eingehen.

M 3 Eine Schulklasse hat ein politisches Problem

Der Englischlehrer hat für kommenden Montagmorgen seit längerem einvernehmlich mit der Klasse eine Klassenarbeit vorgesehen. Jetzt melden sieben der Schüler Bedenken an und wollen eine Mehrheit dafür gewinnen, dass der Termin geändert wird. Als Mitglieder eines Sportvereins haben sie kurzfristig Gelegenheit bekommen, über das Wochenende zu einer großen Wettkampf-Veranstaltung zu fahren.
In Pausengesprächen ist keine Einigung zu erzielen. Ein Teil der anderen Schüler beteiligt sich nur am Rande an der Diskussion, einige schließen sich der Sportlergruppe an. Eine Gruppe von sechs Schülern, unter ihnen der Klassensprecher, argumentiert mit Nachdruck gegen eine Verlegung der Arbeit: Es werde in der Woche auch noch eine Mathematikarbeit folgen; die Schwächeren seien froh, wenn die Englischarbeit dann geschrieben sei. Der Klassensprecher weigert sich, die Sache dem Lehrer vorzutragen, solange nicht die Mehrheit dafür sei. Sein Stellvertreter, Mitglied der Sportlergruppe, stärkster Rivale des Sprechers in der Klassengunst, bringt den Wunsch an dem Sprecher vorbei vor. Ein anderer wendet sich an den Sportlehrer, der zugleich Mitglied des Sportvereins ist. Der Englischlehrer, unentschlossen, wie er sich verhalten soll, zieht sich zunächst aus der Affäre, indem er einen Mehrheitsbeschluss der Klasse erbittet. Am Nachmittag überlegt er, ob es nicht doch richtiger gewesen wäre, ein Machtwort zu sprechen – aber welches? Er selbst würde am liebsten bei Montag bleiben, weil er hinterher Zeit hat zum Korrigieren. Andererseits scheint ihm der Wunsch der Sportler nachvollziehbar, und es sind sympathische Kerle darunter. Auch der Sportlerkollege hat ihn schon angesprochen. Freilich müsste er sich bei einer Verlegung der Arbeit neu mit anderen Kollegen einigen. Schließlich hat der Klassensprecher, der so penetrant auf Regeln bestehen kann, schon durchblicken lassen, wenn die Arbeit gegen den Willen der Mehrheit verschoben werde, gehe er zum Direktor.

(Bernhard Sutor/Joachim Detjen, Politik – Ein Studienbuch zur politischen Bildung, Schöningh Verlag, Paderborn 2001, S. 29; Verf.: B. Sutor)

In M 2a habt ihr gelernt, dass es für „Politik“ ganz wesentlich ist, dass Interessengegensätze vorhanden sind und sich daraus die Notwendigkeit ergibt, verbindliche Regelungen zu beschließen.

1. Untersucht unter diesem Gesichtspunkt das Beispiel einer Schulklasse (M 3):

a) Übertragt die Tabelle in euer Heft und haltet darin schriftlich fest, welche unterschiedlichen Interessen hier deutlich werden.

	Englischlehrer	7 Schüler (incl. stellv. Klassensprecher)	Klassensprecher + 6 Schüler	Sportkollege	Andere Schüler
Argumente/ Sichtweisen					

b) Welche Möglichkeiten werden genannt, den Streit durch eine Regelung zu beenden, die für alle Beteiligten verbindlich ist?

2. Welche „politische“ Lösung würdet ihr befürworten? Begründet euren Vorschlag.

M 4 Ohne „Politiker“ geht es nicht

In einer Schulklasse wird es immer wieder kleinere und größere Probleme und Konflikte geben, für die Lösungen in Form von verbindlichen Regelungen gefunden werden müssen. Aber natürlich ist es nicht die eigentliche Aufgabe der Schulklasse und der ganzen Schule, Konflikte zu lösen und in diesem Sinne immer „politisch“ tätig zu sein. Die Schule ist ja hauptsächlich dafür da, dass Kinder und Jugendliche darin bestimmte Dinge lernen, die sie für das spätere Leben unbedingt brauchen; ohne Schulabschluss sieht es für die Zukunft schlecht aus. Nun gibt es aber im Zusammenleben der Menschen Probleme und Konflikte, von denen nicht nur eine kleine Gruppe wie die Schulklasse betroffen ist und die daher auch von dieser Gruppe selbst gelöst werden können, sondern solche, von denen die Bürgerinnen und Bürger einer Stadt oder eines ganzen Landes betroffen sind. Diese Probleme können nicht ständig von allen Beteiligten selbst geregelt werden. Das ist leicht einzusehen: Eine Stadt hat bekanntlich viele Tausend, Nordrhein-Westfalen 17 Millionen und ganz Deutschland mehr als 82 Millionen

Einwohner. Deshalb muss es Menschen und kleinere Versammlungen geben, die stellvertretend für alle „politische" Entscheidungen überlegen, diskutieren und schließlich treffen, eben die „Politiker". Dabei ist natürlich ganz entscheidend, dass dies Leute sind, die „im Auftrage" des Volkes handeln und entscheiden. Diesen Auftrag erhalten sie, indem sie vom Volk gewählt werden. Eine solche politische Ordnung nennt man Demokratie (= „Volksherrschaft"; von altgriechisch *demos* – das Volk und *kratein* – herrschen).

(Autorentext)

Begründet, warum es Politiker geben muss.

M 5 Antjes Tagesablauf – Begegnungen mit „Politik" und „Wirtschaft"

Antje wohnt mit ihren Eltern in einer deutschen Kleinstadt. Heute muss sie bereits um halb sieben Uhr aufstehen, weil sie in der ersten Stunde Unterricht hat. Beim Frühstücken liest sie den Sportteil der Tageszeitung und überfliegt die Schlagzeilen auf der ersten Seite:

„Der französische Staatspräsident zu Besuch in Deutschland"

„Die Preise für Benzin steigen"

„Die Parteien in Nordrhein-Westfalen streiten über die Schulpolitik"

Ihr Vater bringt Antje mit dem Auto zur Schule, weil das Gymnasium, das sie besucht, auf dem Weg zu seiner Arbeitsstätte liegt. Neuerdings muss er langsam fahren, weil die Stadtverwaltung das Siedlungsgebiet, in dem Antjes Elternhaus steht, zur Tempo-30-Zone erklärt hat; Schilder und weiße Straßenmarkierungen weisen auf diese Neuerung hin. […]

Antje (11) besucht die 6. Klasse und muss neben Englisch seit Schuljahrsbeginn als zweite Fremdsprache Französisch lernen, das wurde vom Kultusministerium ihres Landes so bestimmt. In der dritten Stunde kommt Abwechslung in den Schulalltag: Der Direktor kommt in die Klasse und verteilt Informationsblätter, die die Schülerinnen und Schüler an ihre Eltern weitergeben sollen. Darin steht nichts Erfreuliches: Die Landesregierung hat beschlossen, dass die Eltern weiterhin ein Drittel der Kosten für die Anschaffung neuer Schulbücher selbst tragen müssen. Dabei hatte man sich doch schon darauf eingestellt, dass die Bücher kostenlos zur Verfügung gestellt würden. Nun aber verweist die Regierung auf ihre „leeren Kassen", man müsse sparen.

Für den Heimweg benutzt Antje den Bus; sie erwischt ausnahmsweise einen Fensterplatz und sieht die Parteien für die Kommunalwahl am nächsten Sonntag werben. Jetzt wird Antje durch einen heftigen Wortwechsel abgelenkt: Eine ältere Dame und der Busfahrer streiten wegen der neuen Fahrpreiserhöhung für die öffentlichen Verkehrsmittel, mit der die Frau offensichtlich gar nicht einverstanden ist.

Beim Mittagessen berichtet der Vater, der seinen Arbeitsplatz bei der Bahn verloren hat und nun im Büro einer Baufirma als Angestellter arbeitet, über die Diskussion unter den dort Beschäftigten. Die Angestellten der Baufirma haben nämlich vor, eine Erhöhung ihrer Löhne notfalls durch einen Streik zu erzwingen.

Nachdem sie ihre Hausaufgaben erledigt hat, trifft sich Antje mit ihrer Clique aus der Nachbarschaft. Die Jungen und Mädchen sind traurig, weil ihr Jugendhaus vor wenigen Wochen geschlossen worden ist. Sie beschließen, auf das nahe gelegene Fußballfeld zu gehen; dort hat das Grünflächenamt der Stadt inzwischen zwei neue Tore und hohe Ballfangnetze angebracht. Jetzt macht das Fußballspielen viel mehr Spaß, weil die Tore nicht mehr so primitiv sind wie früher und der Ball nicht dauernd auf die Straße fliegt. Antje würde am Spätnachmittag gern ins Kino gehen; es läuft ein neuer Film, in dem auch mehrere Auftritte von „Tokio Hotel“ zu sehen und zu hören sind. Aber der Film ist erst ab 12 Jahren freigegeben, und neuerdings verlangt die Dame an der Kinokasse immer den Nachweis, dass man die jeweilige Altersgrenze nicht unterschreitet. Außerdem geht Antjes Taschengeld zur Neige und das Gespräch mit der Mutter lässt auf keine Taschengelderhöhung hoffen. Deshalb setzt sich Antje für die Zeit bis zum Abendessen vor den Fernseher.

(Nach: Gerhart Maier, Was ist Politik?, in: Thema im Unterricht 13, hg. von der Bundeszentrale für politische Bildung, Bonn 1998, S. 6)

1. Im Bericht über Antjes Tagesablauf (M 5) sind einige Stellen gelb markiert. Überlegt in Partnerarbeit, welche etwas mit „Politik“ und welche etwas mit „Wirtschaft“ zu tun haben und wer für die jeweilige Entscheidung verantwortlich ist. Tragt eure Ergebnisse im Heft in eine Übersicht nach dem folgenden Muster ein:

Politik	Wirtschaft
„Tempo 30-Zone“/Stadtverwaltung	„Arbeitsplatz verloren“/Bahn
...	...

2. Von welchen Vorgängen und Entscheidungen ist Antje unmittelbar betroffen, von welchen nur indirekt oder zurzeit gar nicht?

3. Ihr könntet im Unterricht anhand einer Tageszeitung versuchen, in Anlehnung an „Antjes Tagesablauf“ aufzuschreiben, welche politischen und wirtschaftlichen Nachrichten eines bestimmten Tages für euch Kinder bedeutsam sind. Legt euch dabei auf fünf eurer Meinung nach besonders wichtige fest.

Tipp: Internetseiten für Politik und Wirtschaft

Es gibt auch Internetseiten oder Suchmaschinen für Kinder, die sich speziell mit Politik und Wirtschaft beschäftigen oder auf entsprechende Themen verweisen, z. B. folgende:

www.hanisauland.de
www.regierenkapieren.de
www.kinder.diplo.de

Diese Seiten können euch bei der Arbeit mit den Kapiteln dieses Arbeitsbuches eine gute Hilfe sein. Im Kapitel 6 „Computerspiele, Internet und Handy“ findet ihr noch weitere Hinweise auf Kinderseiten im Internet.

1. Vervollständigt in eurem Heft folgenden Satz:

Politik und *Wirtschaft* sind Wörter aus der ??? Sprache.

Sie bedeuten Folgendes:

Politik: ???

Wirtschaft: ???

2. Nehmt zu folgenden Aussagen Stellung:
   a) „Politiker müssen sich immer streiten."
   b) „Politiker sollten sich vielmehr einig sein."
   c) „Gut, dass Schulkinder noch nichts mit Wirtschaft zu tun haben!"
   d) „Die Politik macht vor dem Klassenzimmer oder der Schultür Halt."

3. Schaut euch das Inhaltsverzeichnis dieses Buches an und überlegt gemeinsam, welches Kapitel wohl eher zur „Politik" und welches eher zur „Wirtschaft" gehört. Warum ist das nicht immer so einfach zu entscheiden?

1

Schule – mehr als nur Unterricht

Zur Orientierung

Schule – da kennt ihr euch aus! Ist das denn überhaupt ein Thema für den Politik-Unterricht? Wenn ihr euch mit den Abschnitten dieses Kapitels beschäftigt, werdet ihr sehen, dass sich hinter dem alltäglichen Schulbetrieb bestimmte Voraussetzungen, Regeln und Zusammenhänge verbergen, die euch vielleicht gar nicht bewusst sind. Wenn man sie kennt, können sie manchmal dabei helfen, den „Schulstress", der mit Schule oft verbunden ist, leichter zu bewältigen und das Miteinander in der Schule so zu gestalten, dass alle sich möglichst wohlfühlen.

*Der **erste kurze Abschnitt** gibt Gelegenheit zu spontanen Meinungsäußerungen über die Bedeutung der Schule für jeden persönlich. Der **zweite Abschnitt** soll euch zeigen, welchen Einfluss Gruppen, die es in der Schule gibt, auf das Verhalten jedes Einzelnen haben. Es wird ebenfalls gezeigt, dass Schülerinnen und Schüler es nicht leicht haben, mit den manchmal gegensätzlichen Erwartungen, die an sie gerichtet werden, umzugehen. Und schließlich solltet ihr auch darüber nachdenken (**dritter Abschnitt**), was es mit dem Mobbing und dem gewalttätigen Verhalten auf sich hat, das oft in der Schule festzustellen ist. Was könnt ihr tun, um mit Konflikten besser umzugehen und zur Gestaltung eines friedlichen „Schulklimas" beizutragen?*

Kompetenzen

Nach der Erarbeitung dieses Kapitels solltet ihr Folgendes wissen und können:

- was man unter „Gruppen" versteht und mögliche Vorteile und Gefahren einer Gruppenzugehörigkeit einschätzen;
- was „Rollenkonflikte" sind und erklären, warum sie gerade auch in der Schule von Bedeutung sind;
- erklären, wie man Rollenkonflikten am besten begegnen kann;
- verstehen und erklären, warum manche Kinder Angst vor der Schule haben;
- erklären, wie Konflikte in der Schule angegangen werden können;
- selbst Konfliktlösungsstrategien anwenden;
- die Placemat-Methode als eine Möglichkeit anwenden, um Meinungen auszutauschen.

1. Was Schule für mich bedeutet

Zu diesem Thema haben alle etwas zu sagen, denn alle haben Erfahrungen mit der Schule gemacht, zunächst als Schüler oder Schülerin, später viele als Eltern und manche als Lehrer oder Lehrerin. Häufig wird in Gesprächen von guten oder angenehmen Erfahrungen berichtet, doch manchmal kommt auch Unangenehmes zur Sprache. Welche unterschiedlichen Aspekte von „Schule" zeigen die Fotos auf den Auftaktseiten dieses Kapitels?

Methode M 1 Placemat als „Meinungspool"

Bevor ihr euch mit den in M 2 dargestellten Meinungen und Auffassungen von Schule beschäftigt, schlagen wir euch vor, mit der Placemat-Methode eure unterschiedlichen Gedanken zu diesem Thema zu sammeln und euch darüber auszutauschen.

Dazu benötigt ihr:
Pro Kleingruppe (4 Personen) 1 DIN-A3-Blatt bzw. ein (halbes) Flip-Chart-Blatt und Stifte. Die Blätter müsst ihr so in Felder aufteilen, dass jedes Mitglied ein eigenes Feld zum Beschriften hat und dass darüber hinaus ein weiteres, zentral angeordnetes Gruppenfeld vorgesehen ist (siehe Skizze).

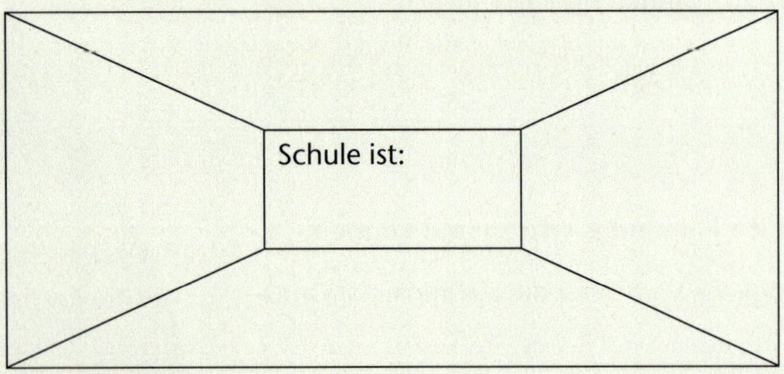

Vorgehensweise:
Jeder notiert seine eigenen Vorstellungen (ohne Rücksprache mit den anderen zu nehmen) in das vor ihm liegende Feld (ca. 3 Minuten).

Dann wird das Blatt um eine Position weitergedreht. Jeder darf nun lesen, was sein Vorgänger geschrieben hat, und kann es schriftlich kommentieren, ergänzen, bestätigen, etwas Neues hinzuschreiben usw. So findet ein „stummer Austausch" über unterschiedliche Erfahrungen und Meinungen statt. Für jede einzelne Bearbeitungsphase können maximal 3 Minuten angesetzt werden. Das Placemat wird so lange um eine Position weitergedreht, bis die Felder des Blattes wieder an ihrer Ausgangsposition angekommen sind. Jedes Gruppenmitglied kann nun die Beiträge der anderen Gruppenmitglieder zu seinem Ausgangsbeitrag lesen und kann sie bei Bedarf kurz ergänzen oder kommentieren.
Anschließend sollen sich die Gruppenmitglieder in einer Diskussion über ihre Anmerkungen austauschen (max. 5 Minuten). Danach halten sie in dem mittleren (gemeinsamen) Feld die Auffassungen fest, die sie in der Gruppe als besonders wichtig angesehen haben.

So geht es weiter:
Arbeitsergebnisse von mehreren Gruppen (Notizen im Gruppenfeld) können miteinander verglichen werden, zu einem Meinungsaustausch führen und für einen Vergleich mit den in M 2 deutlich werdenden Auffassungen genutzt werden.
(Autorentext)

Vergleicht nun eure Meinungen über Schule mit denen, die in M 2 deutlich werden.

M2 „Schule macht Spaß" – „Schule ist uncool!"

Oft habe ich Bauchweh, wenn ich morgens in die Schule gehe.

Mich nervt das Lernen in der Schule. Ich bin froh, wenn ich davon nichts höre und sehe.

Das Wichtigste an der Schule ist für mich, dass ich da meine Freunde treffe.

Ich finde Schule eigentlich schön. Nach den Ferien freue ich mich immer, dass die Schule wieder anfängt.

Klar bin ich manchmal sauer auf die Schule, aber ohne sie wäre das Leben langweilig.

Naja, ich finde, dass die Schule wichtig ist, auch wenn ich da nicht gerne hingehe, weil mich das meiste nicht wirklich interessiert. Aber was soll man da machen, wenn man einen vernünftigen Job haben will, muss das eben sein, leider!!!!
Arne, 15 Jahre

Meine Schule ist die Astrid-Lindgren-Schule. Wir verstehen uns in unserer Klasse manchmal gut, manchmal streiten wir uns aber auch. Manchmal sind wir hilfsbereit, manchmal nicht. Der Unterricht bereitet mir meistens Spaß. Besonders wenn er interessant gemacht ist und wenn wir auch Spiele machen.
Raphael, 12 Jahre

Ich hasse die Schule! Ich gehe jeden Morgen mit Bauchschmerzen hin, weil mich zwei Jungen jeden Tag ärgern!
Kira, 13 Jahre

Schule finde ich wichtig! Woher soll man sonst die Kontakte kriegen?
Annika, 12 Jahre

Mir macht eigentlich die Schule Spaß, aber die meisten Freunde sagen: „Macht keinen Spaß". Aber das sagen sie nur, weil sie cool sein wollen.
Maren, 12 Jahre

(Autorentext)

2. Die Klasse als Gruppe – Gefahren und Vorteile von Gruppen

M 3 a Die Klasse als „Gruppe"

Eine gute Klassengemeinschaft ist oft ausschlaggebend dafür, dass man sich in der Schule wohlfühlen kann. Eine Klasse ist ein Beispiel für eine „Gruppe". Ihr kennt sicherlich auch noch andere Gruppen, z. B. eine Fußballmannschaft, einen Schachklub u. a. m.

Man sagt auch, die Gruppe Klasse ist eine *„formelle Gruppe"*, weil für eine Schulklasse bestimmte von außen gesetzte Formen und Regeln gelten, an welche die Klasse gebunden ist. Sie ist auch eine *„Zwangsgruppe"*, weil man sich ja normalerweise die Klasse nicht aussuchen kann, in die man gerne möchte.

Wenn sich bestimmte Schülerinnen und Schüler einer Klasse nachmittags z. B. zu einem Fußballspiel treffen, spricht man von einer *„informellen"* Gruppe. Diese Schülerinnen und Schüler treffen sich freiwillig, weil sie eben gerne Fußball spielen und weil sie sich vielleicht auch gut leiden können.

(Autorentext)

Übertragt in euer Heft:
Eine Schulklasse ist eine
- *„formelle Gruppe"*, weil …
- *„Zwangsgruppe"*, weil …
- Von einer *„informellen Gruppe"* spricht man, wenn …

M 3 b Verschiedene Arten von Gruppen

1. Betrachtet die Fotos in M 3 b und stellt fest, was die darin abgebildeten Gruppen von der Schulklasse als Gruppe unterscheidet.

2. Sucht weitere Beispiele. Entdeckt ihr Unterschiede zwischen euren Beispielen und der Gruppe „Klasse"?

M 4 a Gruppen in der Klasse

Unser Klassenlehrer sagt oft zu uns: „Ihr habt eine tolle Klassengemeinschaft, man merkt richtig, wie gut ihr zusammenhaltet." Damit hat er wohl Recht, wir halten wirklich gut zusammen, aber trotzdem gibt es in unserer Klasse viele unterschiedliche Gruppen. Marco, Paul, Lukas und Selim treffen sich in jeder freien Minute zum Fußballspielen. Marie, Hannah, Sina und Rabea sind ebenfalls eine Gruppe: In den Pausen treffen sie sich immer an einer bestimmten Stelle auf dem Pausenhof und tauschen die „neuesten Neuigkeiten" aus. Auch nachmittags treffen sie sich oft.
Johanna, Diana, Mira, Katrin und Lea kommen aus demselben Stadtteil und fahren morgens und mittags mit demselben Bus. Das tun sie sogar, wenn sie sich gestritten haben (was allerdings selten vorkommt). Wenn es aber darum geht, als Klasse aufzutreten, merkt keiner etwas davon, dass es so viele unterschiedliche Gruppen bei uns gibt. Das könnte ja auch anders sein.
(Autorentext)

1. In M 4 a berichtet eine Schülerin, dass es innerhalb ihrer Klasse verschiedene Gruppen gibt. Stellt fest, von welcher Art diese Gruppen sind. Vergleicht dazu noch einmal die in M 3 a genannten Merkmale und die Fotos in M 3 b. Erläutert, was mit dem letzten Satz in M 4 a gemeint sein könnte.

2. Sprecht über Gruppen, die es innerhalb eurer Klasse gibt, und überlegt auch, warum sich überhaupt solche Gruppen bilden.

3. Die Gruppenbildung in einer Schulklasse kann sich verändern. Für den Fall, dass ihr bereits in Klasse 6 seid: Haben sich die Gruppen in eurer Klasse gegenüber dem Vorjahr verändert? Haben sich neue Gruppen gebildet?

M 4 b Eine Person – verschiedene Gruppen

Johanna ist nicht nur Mitglied in *einer* Gruppe, sie ist eine viel beschäftigte Person. Es ist sehr schwierig, sich mit Johanna zu verabreden, weil sie kaum Zeit hat. Montags und donnerstags hat sie von 14.00 bis 15.30 Uhr Tennistraining und am Wochenende dann oft auch noch ein Mannschaftsspiel. Seit letztem Monat geht sie mittwochs zur Tanzschule und ist Mitglied einer Jazz-Tanzgruppe. Weil sie in der Schule sehr engagiert ist, arbeitet sie in der SV mit und bereitet im Moment ein Volleyball-Turnier für die Unterstufe mit vor. Dass sie überhaupt noch Zeit für die Hausaufgaben hat, wundert mich. Und wenn sich unsere Clique mal zum Kino verabreden will, sagt Johanna oft: „Dann kann ich nicht, dann kann ich nicht und dann kann ich auch nicht!“ Ich finde das sehr schade! Ihre Mutter schimpft manchmal auch schon: „Für uns hat sie gar keine Zeit mehr!“

(Autorentext)

Johanna ist Mitglied verschiedener Gruppen:

M 5 Was die Zugehörigkeit zu Gruppen bedeuten kann

M 5 a Rollenerwartungen und Konflikte

Bei Neugeborenen kann man sehen, dass Menschen immer auch auf andere Menschen angewiesen sind: Sonst könnten sie nicht überleben. Von den Gruppen, in denen Menschen zusammenleben, ist die Familie vielleicht die wichtigste. Gruppen bilden verschiedene Merkmale heraus (das kann man schon an der Familie sehen; vgl. dazu Kapitel 8).

Zur Gruppe gehört z. B. das Zusammengehörigkeitsgefühl (auch als *„Wir-Gefühl“* bezeichnet). Innerhalb einer Gruppe haben die Mitglieder bestimmte Erwartungen aneinander; jeder weiß, welches Verhalten die Eltern von ihren Kindern erwarten und umgekehrt. Solche Erwartungen werden auch als *Rollenerwartungen* oder einfach als Rollen* bezeichnet. Wenn man solche Erwartungen gar nicht erfüllt, können daraus Probleme und Streitfälle (Konflikte) entstehen, die man zu lösen versuchen muss.

Gruppen haben manchmal auch die Neigung, sich nach außen, gegenüber anderen Gruppen, *abzugrenzen* und sich z. B. für besser zu halten als „die anderen“.

(Autorentext)

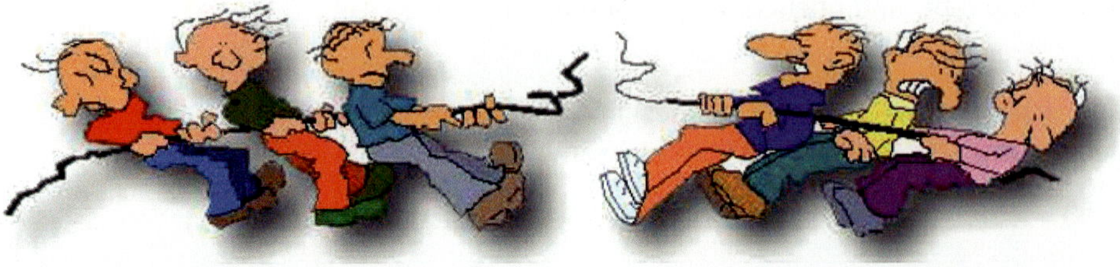

M 5 b Die „Clique*" hat großen Einfluss

Für Jugendliche haben Gruppen eine ganz besondere Bedeutung. Hier ist es meist die Clique*, zu der man gehören möchte und in der man sich besonders wohlfühlt. […]
Im günstigen Fall hat die Clique positive Auswirkungen auf die Entwicklung von Jugendlichen. Hier trifft man sich zum Reden und für gemeinsame Unternehmungen. Die Clique bietet Geborgenheit, Orientierung und Trost. […]
Im ungünstigen Fall können Cliquen einen negativen *Gruppendruck* auf die Mitglieder ausüben. Dies geschieht zum Beispiel dann, wenn in der Clique einzelne Mitglieder zu Mutproben, zum Diebstahl oder zu Drogenmissbrauch aufgefordert werden. In einer Schulklasse können Cliquen auch Druck auf Schülerinnen und Schüler ausüben, die nicht dazugehören.

(Wolfgang Mattes u. a., Team, Band 2, Schöningh Verlag, Paderborn 2004, S. 17)

1. Johanna ist Mitglied in ganz unterschiedlichen Gruppen (M 4 b). In welchen Gruppen bist du Mitglied? Fertige – wie es in M 4 b für Johanna zu sehen ist – auch für dich ein Schaubild an.

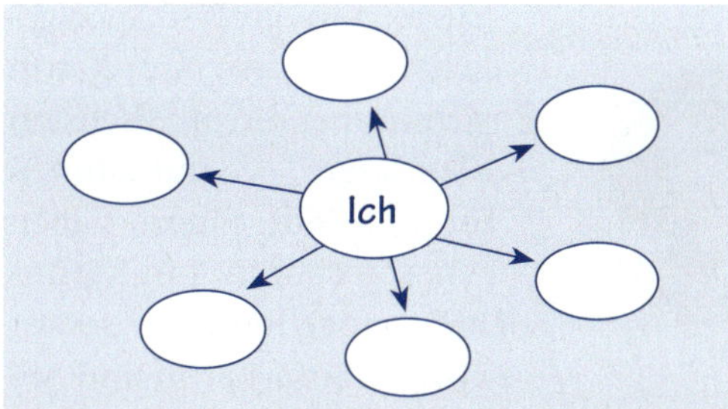

2. Welche Schwierigkeiten können sich ergeben, wenn man in vielen unterschiedlichen Gruppen Mitglied ist (M 4 b)?

3. Schreibt heraus, was als typisch für Gruppen angesehen wird (M 5 a). Welche Merkmale sind eurer Meinung nach die wichtigsten – und warum?

4. Welche positiven und negativen Auswirkungen von Cliquenzugehörigkeit werden genannt (M 5 b)? Könnt ihr selbst Beispiele dafür anführen?

Bei dem folgenden Beispiel handelt es sich um einen Streit in einer Clique, der so oder in ähnlicher Form in Schulen fast zum Alltag gehört. Aber dieser Streit ist auch innerhalb der Gruppe, von den Gruppenmitgliedern selbst, eigentlich recht einfach beizulegen. Wir schlagen euch vor, in einem Rollenspiel nach einer Lösung zu suchen.

M 5 c Ein Beispiel: Zoff in der Clique

Frederik, Alina, Jeffrey, Ilona, Kai und Nicole sind seit ihrer Kindheit Freunde und gemeinsam in einer Clique. Sie wohnen alle in einem kleinen Dorf und treffen sich oft nach den Hausaufgaben, um etwas gemeinsam zu unternehmen oder zu spielen. Da sich auch die Eltern der Kinder gut verste-

hen, machen auch immer mal wieder alle Familien zusammen Wochenendausflüge. Für den kommenden Winter sind alle sechs Cliquenmitglieder von ihren Eltern für eine Skifreizeit in Bayern angemeldet worden. Alle freuen sich schon riesig darauf, Skifahren zu lernen.

Vor drei Wochen sind neue Nachbarn genau neben dem Haus von Alina eingezogen. Die Familie heißt Knorr und die Eltern haben eine Tochter Ann-Katrin, die im gleichen Alter wie die Mitglieder der Clique ist. Ann-Katrin besucht die gleiche Klasse wie die Clique. Die Eltern von Ann-Katrin besitzen ein großes Sportgeschäft, aus dem Ann-Katrin sich immer die modischsten Klamotten mitnehmen kann. Alinas Eltern haben sich sofort mit Ann-Katrins Eltern angefreundet, sodass sich auch Ann-Katrin und Alina schnell kennengelernt haben. In den ersten Wochen hat Alina Ann-Katrin dabei geholfen, in der Schule zurechtzukommen: Sie hat ihr ihre Hefte geliehen und sie ab und zu bei den Hausaufgaben unterstützt. Ann-Katrin besitzt ein Pferd und nimmt Alina aus Dank für ihre Hilfe oft mit zum Reiten. Die anderen Cliquenmitglieder hatten Alina am Anfang damit aufgezogen, dass sie mit der „verwöhnten" Ann-Katrin spiele und für die anderen keine Zeit mehr habe. Vor allem Kai, den Alina sehr mag, hatte sich beschwert, dass sie keine Zeit mehr für ihn habe. Als Alina eines Tages zur Schule kam, sah sie Kai und Ilona Arm in Arm. Jeffrey, der daneben stand, streckte ihr die Zunge raus und schnitt freche Grimassen. Alina war darüber sehr traurig und beschloss zusammen mit Frederik und Nicole, dass nur sie drei nach Bayern zur Skifreizeit fahren werden.

(Autorentext nach einer Idee von Thomas Kempe)

1. Bildet Gruppen, die aus mindestens sechs Mitgliedern bestehen. Jedes Mitglied übernimmt die Rolle (vgl. M 5 a) eines Cliquenmitglieds: Frederik, Alina, Jeffrey, Ilona, Kai und Nicole.

2. Jede Rollenspielerin/jeder Rollenspieler stellt in der Gruppe dar, welche Erwartungen sie/er von ihrer/seiner Clique hat und worin sie/er die Ursache für den Konflikt sieht:

Frederik: Ich erwarte von einer Clique, dass …
Seit Ann-Katrin da ist, ist …

Jeffrey: Ich erwarte von einer Clique, dass …
Seit Ann-Kathrin da ist, …

Ilona: …
Nicole: …
Kai: …
Alina: …

3. Welche Konfliktparteien stehen sich nun gegenüber?

4. Versucht Vorschläge für eine Konfliktbereinigung zu entwickeln. Hier wäre zu überlegen, ob Ann-Katrin als zusätzliche Rollenfigur eingeführt werden soll.

5. Führt den für euch überzeugendsten Lösungsvorschlag als Rollenspiel (vgl. S. 135 f.) vor und diskutiert mit euren Mitschülerinnen und Mitschülern über die Eignung dieses Vorschlags.

3. Angst und Gewalt in der Schule – was kann man dagegen tun?

M 6 Angst vor der Schule

Au! Tut das weh! Am Mittwoch hielt Martina es bis zur dritten Stunde aus. Vor dem Englischunterricht packte die 14-Jährige heulend ihre Hefte ein und stiefelte aus dem Klassenzimmer. „Ich habe solche Bauchschmerzen“, jammerte sie. „Ich gehe nach Hause.“ Dabei krümmte sich das Mädchen wie ein Fragezeichen.

Solche Tage sind bei Martina häufig. Nicht etwa, weil sie ihr Frühstück nicht verträgt. Für sie ist jede Stunde in ihrer Klasse die Hölle: Schon am Sonntag fängt Martina an zu zittern, wenn sie an den Unterricht am Montag denkt. Im Schlaf wälzt sie sich mit Albträumen hin und her. Kommen dann noch Bauchschmerzen hinzu, ist das Mädchen fast erleichtert – denn dann hat es einen Grund, die Schule zu meiden.

Martina leidet unter Schulangst, und sie ist kein Einzelfall. Sehr viele Schüler in Deutschland stehen mit ihren Lehrern, den Mitschülern oder ihren Fächern so auf Kriegsfuß, dass sie davon krank werden: Sie schlafen schlecht; bekommen Bauch- oder Kopfschmerzen oder Herzrasen. Manche haben sogar Depressionen – das heißt, sie werden so traurig, dass sie den ganzen Tag heulen könnten.

Was macht die Schule so schlimm, dass sich Kinder vor ihr fürchten? Oft ist es Angst, etwas nicht zu können. Eine Klassenarbeit mies zu schreiben. Oder die Mathe-Hausaufgaben an der Tafel vorrechnen zu müssen: Die ganze Klasse starrt einen an. Wartet. Und der eigene Kopf ist nur – leer. Das kann einem so peinlich sein, dass man am liebsten ganz tief im Boden versinken möchte. Womöglich bringt der Lehrer noch einen Spruch wie: „Typisch! Mal wieder die Aufgaben nicht gemacht!“ Und dazu gibt es eine schlechte Note.

[…] Dummerweise reichen bei manchen Kindern schon Kleinigkeiten, um sie ängstlich zu machen. Manche zittern, wenn sie bloß im Sportunterricht einen Purzelbaum schlagen sollen! „Das kann ich nicht“, jammern sie – und sehen blass aus, als sollten sie mit einem hungrigen Löwen kämpfen. Für schwächere Schüler kann ein Schultag so stressig werden wie ein Überlebenstrip im Dschungel. Überall lauern Gefahren und Fallen: erste Stunde Englisch? Ich kenne doch so viele Wörter nicht! Dann Physik? Schluck, da ist der Lehrer so fies! Viele Kinder halten das nicht aus – und flüchten. Experten des Deutschen Jugendinstituts München schätzen, dass fünf bis zehn Prozent regelmäßig die Schule schwänzen. Sie hängen in Kaufhäusern herum oder fahren mit der U-Bahn durch die Gegend. Natürlich wird dann alles noch schlimmer. Die Blaumacher bekommen erst recht schlechte Noten und schaffen oft nicht einmal den Schulabschluss. […]

Doch Bammel vor dem Versagen ist nicht der einzige Grund für Schulangst. Viele Mädchen und Jungen fürchten sich auch vor ihren Mitschülern. Denn Gewalt ist leider an vielen Schulen normal: Bei einer Untersuchung gab fast ein Drittel aller Jungs zu, im letzten halben Jahr andere Schüler verprügelt zu haben. 13 Prozent haben Kameraden sogar erpresst oder „abgezogen". So nennt man es, wenn stärkere Schüler von schwächeren Geld, Handys oder Kleidungsstücke rauben.

[...] Einem Teil der Schüler geht es aber noch schlimmer. Sie trauen sich kaum in ihre Klasse, weil andere Kinder sie ständig terrorisieren. Martina beispielsweise wurde jeden Tag von Mädchen beschimpft. Monatelang.

Andere werden geschlagen. Oder, was genauso schlimm sein kann: Niemand spricht ein Wort mit ihnen. Experten nennen solche Quälereien „Mobbing*". Die Opfer verlieren oft jedes Selbstbewusstsein. „Warum sind alle gemein zu mir? Bin ich denn soo doof?", fragen sie sich. Einige verzweifeln mit der Zeit so sehr, dass sie sich etwas antun. Dabei hat Mobbing oft keinen besonderen Grund: Es kann fast jeden treffen. Manchmal sind die Opfer etwas kleiner als die anderen. Manchmal ein bisschen schlauer im Unterricht, oder nicht ganz so gut ...

Irgendwann sagte Martina: „Ich gehe nicht mehr zur Schule!" Erst dann hat sie ihren Eltern alles erzählt. Jetzt besucht sie regelmäßig einen Fachmann, der ihr dabei hilft, dass sie wieder Mut zum Unterricht und Spaß an der Schule findet.

(© GEOlino 08/2003 – Unterwegs zum Mars; Verf.: Stefan Greschik)

1. In M 6 wird von Martina berichtet, die unter Schulangst leidet. Wie äußert sich ihre Angst?
2. Welche Gründe werden – auch über Martinas Beispiel hinaus – angeführt, die dazu führen können, dass Kinder nicht mehr zur Schule gehen wollen? Kennst du diese Gründe aus deinem eigenen Erfahrungsbereich?

M 7 a Wie Außenseitergeschichten entstehen

Jeder von euch kennt einige Beispiele für Außenseiter. Da ist z. B. der Stotterer, über den die Klasse lacht, da ist die „Neue", die einen anderen Dialekt spricht, da ist ein Mitschüler aus einem anderen Land, der zu Hause strenger erzogen wird. Mal wird einer angemacht, weil er kleiner oder zu groß ist oder weil er keine Marken-Schuhe trägt.

Jede Außenseitergeschichte ist anders. Wie sie genau angefangen hat, ist im Nachhinein oft gar nicht zu sagen. Ob am Anfang der Einzelne mit seinem auffälligen Verhalten Auslöser war oder ob eine Gruppe sich auf Kosten eines Einzelnen amüsieren will, ist später oft gar nicht mehr auszumachen. Im Verlauf von „Außenseitergeschichten" tragen sowohl die Gruppe als auch der Einzelne zu einer weiteren „Eskalation", zur stufenweisen Steigerung bei.

Aber fast alle Jugendlichen haben Angst davor, zum Außenseiter gestempelt zu werden, und sind – um diese Rolle zu vermeiden – sogar bereit, Dinge zu tun, die sie eigentlich gar nicht tun möchten. Man macht zum Beispiel beim *Mobbing** von Klassenkameraden mit, man lässt sich zum Klauen, Trinken und Rauchen überreden, obwohl man das alles eigentlich gar nicht will. Obwohl alle wissen, dass es schmerzhaft ist, wenn man zum Außenseiter gemacht wird, sind viele bereit zu akzeptieren, dass es Außenseiter gibt: Die Hauptsache ist, ich bin es nicht! Menschen, die gerne andere fertigmachen, wollen sich in der Regel selbst beweisen, dass sie etwas wert sind und Macht ausüben können. Wo die Menschen einen positiven Umgang miteinander pflegen, wird niemand zum Außenseiter gemacht, und weil es keine Opfer und keine Täter gibt, fühlen sich letztlich alle Beteiligten wohler.

(Wolfgang Mattes u. a., Team, Band 2, Schöningh Verlag, Paderborn 2004, S. 17)

1. In M 7 a wird beschrieben, wie schnell man manchmal zu einem Außenseiter wird. Wie wird hier die Entstehung einer Außenseiterposition erklärt? Kannst du dieser Erklärung aufgrund deiner Erfahrungen in der Schule zustimmen? Begründe!

2. In M 7 a wird auch darauf hingewiesen, dass manche Kinder aus Angst davor, Außenseiter zu werden, Dinge tun, die sie eigentlich gar nicht tun wollen. Hast du so etwas auch schon einmal erlebt?

M 7 b Mobbing: Was kann man dagegen tun?

(Focus Schule, Nr. 2 März/April 2005, S. 34 f.; Verf.: Volker Gieritz)

In M 7 b wird dargestellt, wie ein Außenseiter- und Mobbingproblem in der Klasse angegangen werden könnte.

1. Wer soll in Aktion treten und was sollen die einzelnen Akteure unternehmen?
2. Was würdet ihr als Klassenlehrer/-lehrerin mit dem betroffenen Schüler klären, was mit der Klasse besprechen?
3. Wie könnten eurer Meinung nach die einzelnen Klassenmitglieder zur Lösung des Problems beitragen?
4. Hat der Klassensprecher eurer Meinung nach eine besondere Verantwortung?

M 7 c Mobbing – Schluss damit!

FAUSTLOS

Mobbing ist für Schulkinder leider ein sehr bedeutsames und wichtiges Thema. Es gibt mittlerweile viele Internetseiten, auf denen Erfahrungen ausgetauscht und Hilfen angeboten werden. Folgende Adressen können wir empfehlen:
http://mobbing-schluss-damit.de
www.faustlos.de (Unterrichtsprogramm)
www.aktion-tu-was.de (Aufklärung der Polizei)

M8 Vielfältige Formen von Gewalt in der Schule

Hänseleien gegen Dicke, Prügeleien im Pausenhof, Messer in der Hosentasche – in jeder Schule zeigt sich Gewalt anders. Ein Schüler und ein Lehrer berichten.

Lehrer

Man kriegt weniger an Gewalt mit, als an der Schule wirklich herrscht, wenn man Lehrer ist. Die Schüler können das gut verstecken. Es gibt zum Beispiel Raufereien, aber wenn man einschreitet, dann sind die Beteiligten plötzlich die besten Freunde, und alles war nur Spaß. So was kommt zwei- oder dreimal in der Woche vor. […] Es ist aber falsch, bei Gewalt in erster Linie an Schlägereien und Waffen zu denken. Schlimm ist auch die verbale [aus Wörtern bestehende] Gewalt. Das Vokabular an sich ist da schon der Hammer. Und das wird auch gegenüber den Lehrern gebraucht. […]

Die häufigste Form von Gewalt unter den Schülern ist das Mobbing*. Außenseiter werden dermaßen schlecht behandelt, dass sie heulend den Raum verlassen. Schüler haben schon ein gutes Gefühl dafür, was verletzt. Meistens geht es darum, dass einer angeblich zu dick, zu blöd ist, vielleicht auch noch Ausländer ist. Ich denke, das ist für viele eine Art Schutzfunktion. Jeder braucht halt noch einen, über den er sich stellen kann.

Gerd Rumberg (Name geändert), 33, Lehrer an einem Gymnasium

Schüler

Wenn man große Schlägereien mal außer Acht lässt, habe ich schon viel Gewalt mitbekommen und miterlebt. Es gibt zum Beispiel in jeder Klasse eine Gruppe, die sich über alle anderen lustig macht. Die Mitglieder der Gruppe halten sich selbst für die Tollsten, Coolsten und Besten. Und sie suchen sich jemanden, den sie für nicht so toll halten – und den machen sie dann fertig. In einer meiner Parallelklassen wurde beispielsweise ein Mädchen, das etwas mehr wog, jedes Mal ausgelacht, wenn sie sich am Unterricht beteiligt hat. Keiner in der Klasse hat sich getraut, etwas dagegen zu unternehmen, weil jeder Angst hatte, selbst zum Opfer zu werden. Das Mädchen hat sich schließlich bei einem Lehrer beschwert, und dann musste die ganze Klasse mit ihr zusammen zu einem Psychologen*. Aber das hat nichts gebracht. Sie hat dann die Schule gewechselt.

Vor allem Jungen schlagen sich auch oft einfach zum Spaß, um anzugeben, um ihre Stärke zu messen oder um Szenen aus dem Fernsehen nachzumachen. Jungs aus der Unterstufe geraten oft im Schulhof aneinander, und meistens kann ich keinen Grund erkennen. Bei den Älteren sind Jackass- oder Wrestling-Einlagen viel beliebter. Es kann schon mal vorkommen, dass ich gemütlich auf unserer Klassenzimmer-Couch liege und plötzlich einer meiner Mitschüler mit den Ellenbogen voran auf mich springt und mich nur um wenige Zentimeter verfehlt.

Bastian Füller (Name geändert), 17, geht in die 12. Klasse eines Gymnasiums

(fluter Nr. 08, September 2003, S. 46f., Bundeszentrale für politische Bildung, Bonn 2003)

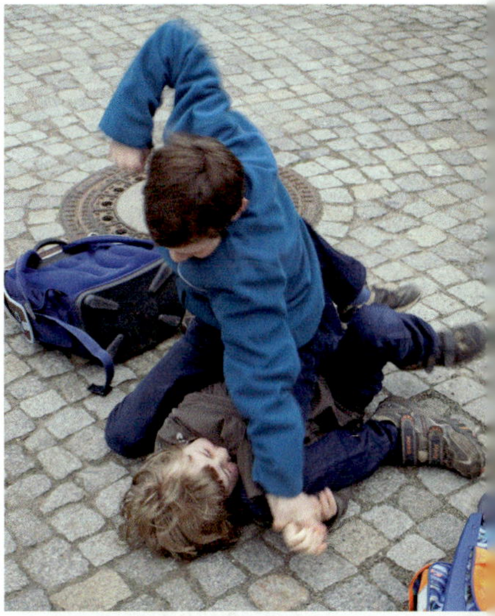

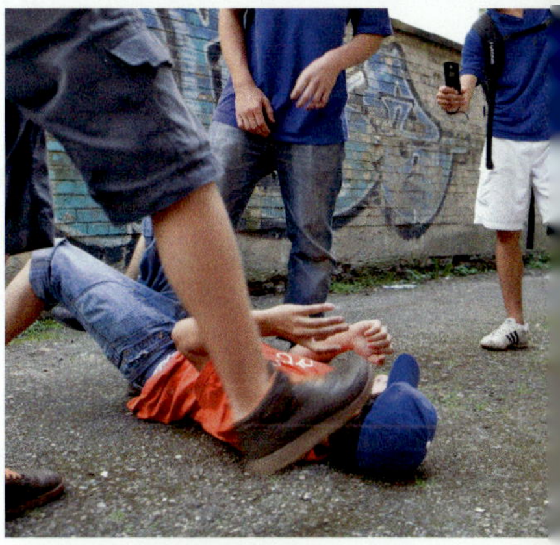

1. Stellt zusammen, was in M8 über Formen der Gewalt an der Schule berichtet wird. Was meint der Lehrer mit „verbaler Gewalt"?

2. Inwieweit stimmen die Beobachtungen des Lehrers und des Schülers mit euren eigenen Erfahrungen überein? Wie beurteilt ihr die einzelnen Beispiele?

M9 Regeln aufstellen und einhalten!

Im Folgenden machen wir euch zwei Vorschläge, die dabei helfen können, das Zusammenleben in der Schule zu erleichtern: Regeln aufstellen und Streit schlichten! Den ersten Vorschlag kennt ihr vielleicht schon, wenn ihr in der Grundschule versucht habt, mit selbst auferlegten Regeln für ein angenehmes Klassen- und Arbeitsklima zu sorgen.
Welche Erfahrungen habt ihr damit gemacht? Hat das gut geklappt oder gab es Schwierigkeiten? Ihr seht im Folgenden einige Beispiele von verschiedenen Klassen, die für sich Regeln aufgestellt haben.

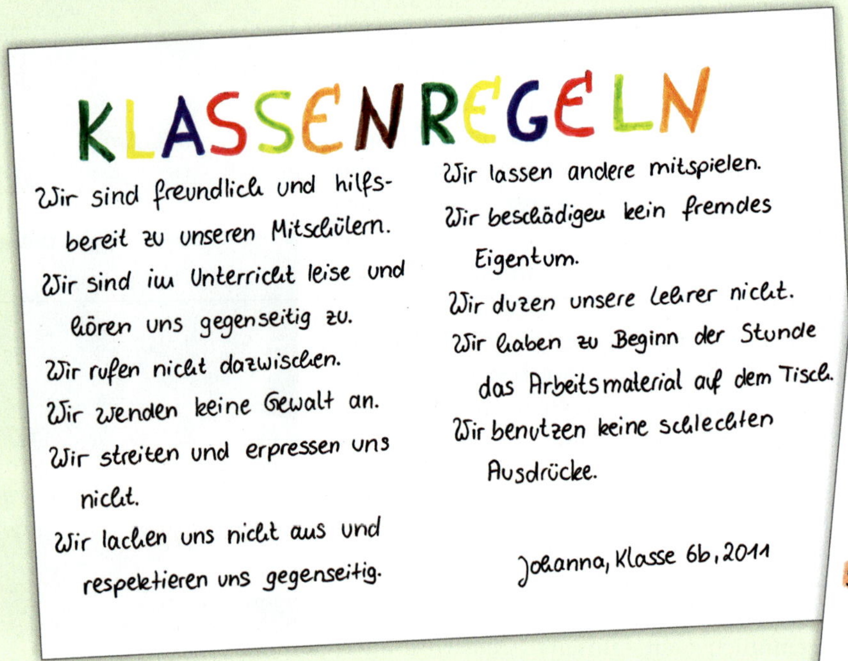

KLASSENREGELN

Wir sind freundlich und hilfsbereit zu unseren Mitschülern.
Wir sind im Unterricht leise und hören uns gegenseitig zu.
Wir rufen nicht dazwischen.
Wir wenden keine Gewalt an.
Wir streiten und erpressen uns nicht.
Wir lachen uns nicht aus und respektieren uns gegenseitig.
Wir lassen andere mitspielen.
Wir beschädigen kein fremdes Eigentum.
Wir duzen unsere Lehrer nicht.
Wir haben zu Beginn der Stunde das Arbeitsmaterial auf dem Tisch.
Wir benutzen keine schlechten Ausdrücke.

Johanna, Klasse 6b, 2011

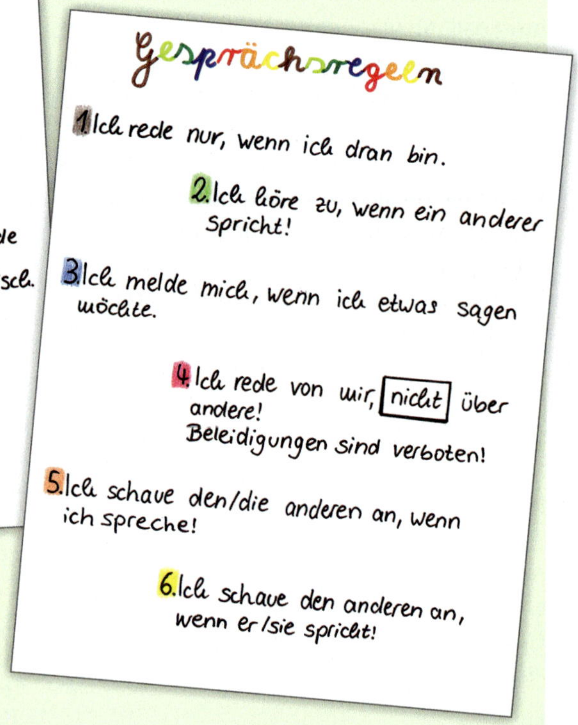

Gesprächsregeln

1. Ich rede nur, wenn ich dran bin.
2. Ich höre zu, wenn ein anderer spricht!
3. Ich melde mich, wenn ich etwas sagen möchte.
4. Ich rede von mir, nicht über andere! Beleidigungen sind verboten!
5. Ich schaue den/die anderen an, wenn ich spreche!
6. Ich schaue den anderen an, wenn er/sie spricht!

1. Schaut euch die beiden Beispiele aus unterschiedlichen Klassen an. Stellt fest, welche Regeln ihr für besonders wichtig haltet.
2. Stellt eigene Regeln auf, die euer Zusammenleben in der Klasse erleichtern sollen.
3. „Regeln aufstellen“ ist die eine Seite. Was aber habt ihr vorgesehen, wenn gegen die Regeln verstoßen wird?

M 10 Streitschlichter – Schlichten macht Schule

Wir wollen euch anhand der folgenden Materialien mit dem Streitschlichter-Modell bekannt machen und euch Tipps geben, wie man damit zu Konfliktlösungen auch in der eigenen Klasse gelangen kann. Wenn an eurer Schule schon mit diesem Modell gearbeitet wird, solltet ihr euch auf jeden Fall mit den dort tätigen Personen in Verbindung setzen. Vielleicht könnt ihr sie ja in euren Unterricht mit einbinden!

M 10 a Lehrer müssen draußen bleiben

Streitschlichtung – ein Angebot von Schülerinnen und Schülern

Zoff, Streit, Konflikte …

… hat bestimmt jeder von euch schon mal gehabt. Wir helfen euch bei der Suche nach gemeinsamen Lösungen, bei denen keiner der „Loser" ist. Wir – das sind die Streitschlichter und Streitschlichterinnen eurer Schule. Bei uns kann jeder den Streit aus seiner Sicht in Ruhe schildern, wir hören euch zu. Wir vermitteln anstatt zu richten, bis sich jeder verstanden fühlt. Bei uns wird euer Streit nicht zum Schulgespräch, sondern streng vertraulich behandelt. Interesse? Weitere Infos erhaltet ihr im SV-Raum […] oder sprecht uns einfach an.

[…] Was genau machen wir da?

Es gibt viel Streit an unserer Schule und da können wir Streitschlichter helfen, indem wir zu den Schülern oder die Schüler zu uns kommen und mit uns über ihren Streit reden. Jetzt fragt ihr euch bestimmt, wofür sind denn dann die Lehrer gut?

Die Lehrer haben uns die Aufgabe gegeben, Streit zu schlichten, damit sie nicht so viel zu tun haben, aber das ist nicht das Wichtigste. Das Wichtigste ist, dass die Schüler alleine mit uns reden können, ohne dass die Lehrer es wissen!

Wie wir Streitschlichter wurden

Das ist leicht gewesen! Als wir in der Schule in die sechste Klasse kamen, fragte uns unsere Lehrerin, ob wir an einer Streitschlichter-AG Spaß hätten. Alle, die jetzt Streitschlichter in der siebten Klasse sind, haben vom ersten Tag an Spaß an dieser Sache gehabt. Wir übten nicht nur das ganze Jahr: Wir machten auch Ausflüge oder gingen einfach so raus.

Prüfung?

Natürlich konnten wir uns nicht einfach Streitschlichter nennen. Wir mussten, bevor wir Streitschlichter wurden, auch eine Prüfung machen. Ja, wir lernten, Streit zu schlichten, und nach einem Jahr wurde uns von unseren Lehrerinnen ein Streit vorgespielt und wir mussten ihn zu zweit oder zu dritt schlichten. Alle sind sehr gut durchgekommen!

(http://www.gym-gevelsberg.de; Katrin J.)

Streitschlichter an der Staudinger-Gesamtschule, Freiburg

Methode

M 10 b Ablauf einer Streitschlichtung

1. Schlichtung einleiten

Ein freundlicher Empfang und eine angenehme Raumgestaltung schaffen eine positive Atmosphäre und verringern die Ängste und Unsicherheiten der Streitenden; der Schlichter sichert ihnen zu, dass alles, was hier besprochen wird, vertraulich behandelt wird und er für niemanden Partei ergreifen wird. Die Streitenden verpflichten sich, sich an notwendige Regeln bei der Durchführung des Streitschlichtungsgespräches zu halten, z. B. sich nicht beschimpfen, den anderen ausreden lassen, zuhören.

2. Sachverhalt klären und Anteile finden

Die Konfliktparteien tragen nacheinander ihre Sicht des Konflikts vor. Der Schlichter hört aufmerksam zu und fasst sofort zusammen, was er verstanden hat. [...] Eventuell fragt er nach und versucht die Gefühle herauszufinden, die die Streitenden bewegen. Er gibt die Anregung (Impuls), dass beide sich in den jeweils anderen hineinversetzen. Sie sollen sozusagen einen Rollenwechsel vornehmen, damit es leichter gelingt, den eigenen Anteil am Konflikt nicht nur zu erkennen, sondern auch auszusprechen.

Z. B.: Andrea: „Es war nicht fair von mir, Silvio in der Vergangenheit öfter zu blamieren und zu beschimpfen."

Silvio: „Ich hätte die Flasche nicht wegnehmen dürfen, und schubsen brauchte ich sie auch nicht. Ich kann verstehen, dass sie sich beschwert hat bei der Lehrerin."

3. Lösungen suchen und Verständigung finden

Wenn die Konfliktparteien zugegeben haben, was sie getan haben, sodass dieser Konflikt so entstanden ist, kommt die Zeit, Lösungen zu suchen. Beide Seiten schreiben auf Kärtchen Vorschläge auf. Dabei überlegen sie:

- Was wünsche ich mir vom anderen? und
- Was bin ich bereit zu tun, damit der Konflikt beendet wird?

Jeder Vorschlag wird auf ein Kärtchen geschrieben. Das Nachdenken bei dieser Einzelarbeit tut allen gut, es kann eine Zeit der Besinnung sein.

Danach lesen beide sich gegenseitig ihre Vorschläge vor. Sie werden von beiden danach bewertet, welche Vorschläge realistisch, ausgewogen und genau genug sind. Die besten Vorschläge, mit denen beide einverstanden sind, werden ausgewählt. Der Streitschlichter beteiligt sich nicht daran. Er achtet darauf, dass die Beteiligten miteinander sprechen und nicht der eine über den anderen spricht, z. B. nicht: „Die Andrea soll aber ..." oder „Der Silvio darf nicht ...".

4. Vereinbarungen schriftlich festhalten

Der Schlichter schreibt die gefundenen Vereinbarungen in das Schlichtungsformular, liest sie noch einmal vor und fragt abschließend nach der endgültigen Zustimmung beider Seiten. Wenn dies der Fall ist, unterschreiben alle drei; die Verpflichtung zur Einhaltung der Vereinbarung wird dadurch erhöht. Beide Streithähne erhalten eine Kopie, das Original wird im Schlichtungsordner verschlossen. Auf jeden Fall sollte ein Händedruck die Beendigung des Streits noch einmal verstärken.

(Nach: Anders streiten lernen, Bensberg 2010, Thomas-Morus-Akademie Bensberg, S. 19 f.)

1. „Das Modell Streitschlichtung bietet einen Weg an, auf dem Kontrahenten zum Frieden kommen, sich am Schluss in die Augen sehen können und zufrieden sind." (Anders streiten lernen, Bensberg 2010, S. 19) Erläutert diese Aussage anhand der Informationen aus M 10 a/b.
2. Beschreibt die Regeln für den Ablauf einer Streitschlichtung (M 10 b) und überlegt, was mit den jeweiligen Regeln erreicht werden soll.
3. Ausführliche Informationen und viele praktische Hilfen zu einem Streitschlichtungsprojekt, das ihr vielleicht auch an eurer Schule anregen könnt, bietet euch die Internetseite www.sich-vertragen.de.

M 10 c Streitschlichtung konkret – ein Beispiel

Ihr habt festgestellt, dass man zum Streitschlichter richtiggehend „ausgebildet" werden muss. Anhand eines konkreten Beispiels („Das Pausenbrot") sollt ihr einmal versuchen, die Regeln eines Streitschlichtungsgesprächs tatsächlich anzuwenden und zu einer Einigung zu kommen. Berücksichtigt dabei die Festlegungen in M 10 a/b und die nachfolgend angebotenen Schritte, die sich allerdings dadurch unterscheiden, dass das Gespräch in der Klasse stattfinden soll. Im zweiten Schritt sollen die beteiligten Personen (in unserem Beispiel Daniela und Martin) die „Plätze tauschen und den Streit aus der Sicht des anderen" erzählen. Was soll damit wohl erreicht werden?

Ablauf einer Streitschlichtung

Gesprächsregeln klären:

1: Wir hören dem anderen zu.
2: Wir beleidigen niemanden.
3: Wir unterbrechen den anderen nicht.
4: Wir nehmen den anderen ernst.

1. Schritt ☹ Person A erzählt den Streit
☹ Person B erzählt den Streit
Wir hören aktiv zu!

2. Schritt 😐 Person A und 😐 Person B tauschen die Plätze und erzählen den Streit aus der Sicht des anderen.

3. Schritt 😐 Person A macht Lösungsvorschläge
😐 Person B macht Lösungsvorschläge

☺☺☺☺ ☺☺☺ ☺☺☺☺ die Klasse macht Lösungsvorschläge

Alle Lösungsvorschläge an die Tafel schreiben!

4. Schritt ☺ Person A und ☺ Person B einigen sich.

(lernchancen Nr. 33/34, 2003, S. 84)

Das Pausenbrot

Daniela

Vorgestern hast du in der großen Pause ganz gemütlich im Pausenhof gestanden und hast dein Pausenbrot gegessen. Plötzlich hat dich der Martin angerempelt – wahrscheinlich absichtlich – und dabei ist dein Pausenbrot in den Dreck gefallen. Und der Martin hat dazu gar nichts gesagt. Das hat dich so wütend gemacht, dass du Erde vom Blumenbeet genommen und auf den Martin geworfen hast. Der hat dann von seinem eigenen Pausenbrot abgebissen und hat dich damit angespuckt. Du bist gekränkt und sauer. Das mit dem Pausenbrot kann ja mal passieren, aber dass er dich angespuckt hat, findest du richtig gemein. Du streitest nun mit ihm, wann immer ihr euch seht.

Martin

Vorgestern bist du beim Fangen-Spielen mit den anderen Jungs in der großen Pause im Pausenhof zufällig mit der Daniela zusammengestoßen. Du hast ihr dabei unabsichtlich das Pausenbrot aus der Hand geschlagen und ihr Brot ist in den Matsch gefallen. Daraufhin hat dich die Daniela mit Dreck beworfen und deine neue Jacke total schmutzig gemacht. Das hat dich so sauer gemacht, dass du aus lauter Wut von deinem eigenen Pausenbrot gebissen und sie damit angespuckt hast. Du bist gekränkt und sauer, dass sie dich mit Dreck beworfen hat. Du streitest nun mit ihr, wann immer ihr euch seht – und das ist häufig, da ihr in die gleiche Klasse geht.

Kompetenzcheck

Gruppen:

1. Bei Gruppen unterscheidet man nach folgenden Merkmalen:
   - ...
   - ...
   - ...

2. Lege in deinem Heft eine Tabelle nach dem folgenden Muster an und trage dort fünf Vorteile und fünf Gefahren ein, die für dich bei einer Gruppenmitgliedschaft von besonderer Bedeutung sind:

Gruppenmitgliedschaft	
Vorteile	**Gefahren**

3. Vergleicht eure Ergebnisse miteinander (Partner- oder Gruppenarbeit) und versucht, euch auf die eurer Meinung nach fünf wichtigsten Vorteile und Gefahren festzulegen.

Rollenkonflikte:

Stelle die jeweiligen Bezugsgruppen* von Sven, Marja, Onur und Celine zusammen und überlege, wann sich Rollenkonflikte ergeben könnten.

Sven
- ist nicht gut in der Schule
- spielt in seiner Band das Schlagzeug
- ist Mitglied in einer Clique, die sich zweimal in der Woche nachmittags trifft
- ist einziges Kind der Eltern Frank und Rita Müller

Marja
- ist eine ausgezeichnete Schwimmerin im Verein „Poseidon", der sie zu Wettkämpfen mitnimmt
- lebt mit ihrer Mutter und zwei kleinen Geschwistern zusammen, auf die sie manchmal aufpassen muss
- gibt zwei Schülern Nachhilfeunterricht in Latein

Onur
- ist sehr ehrgeizig und ein sehr guter Schüler
- ist Torwart im FC Sportfreunde Soest
- lebt in einer Großfamilie mit Eltern, Großeltern und 6 Geschwistern
- spielt regelmäßig mit einer festen Gruppe im Internet Schach

Celine
- ist Lehrerin für Biologie und Mathematik an einem Gymnasium
- ist verheiratet und hat zwei Kinder (7 und 11 Jahre alt)
- ist Vertrauenslehrerin der Schule
- wohnt mit ihren Eltern in einem Haus

Rollenerwartungen:

Was würdest du tun? Stell dir vor, du bist Lehrer oder Lehrerin und erlebst im Unterricht das im Folgenden Beschriebene. Schreibe kurz auf, wie du dich verhalten würdest. Stelle deine Entscheidungen der Klasse vor und begründe sie.

1. Ein Mädchen ist sehr unruhig, ruft dazwischen, redet mit seiner Nachbarin und weiß oft nicht, worum es geht.
2. Du möchtest gern die Hausaufgabenhefte sehen, doch ein Schüler kann sein Heft nicht finden. „Ich weiß aber ganz genau, dass ich es gestern Abend eingesteckt habe", sagt er.
3. Du gibst eine Stillarbeit auf und alle schreiben fleißig in ihr Heft. Nur ein Mädchen sitzt da und schaut gelangweilt in der Gegend herum.
4. Die Schüler sollen ein Übungsblatt zu „Satzgliedern" ausfüllen; Marco denkt angestrengt nach, lässt dabei aber – wohl unbewusst – einen kleinen Skateboardfahrer aus Plastik auf dem Tisch herumfahren. Einige Mitschüler und Mitschülerinnen gucken schon genervt.
5. Markus ist der „Zappelphilipp" in der Klasse. Schon wieder fällt er mit seinem Stuhl mit lautem Getöse um.
6. Du hast das Diktat der 6 b korrigiert. Sven bekommt die zweite Fünf in diesem Schuljahr. Du schreibst in sein Heft: „…"
7. Henrik ist ein schwacher Schüler. Er bleibt beim Gedichtaufsagen hängen. Du wartest einen Augenblick und sagst dann: „…"

Konfliktlösungen:

Im Folgenden findet ihr Situationen eines Schultages, die ihr sicher so oder ähnlich auch schon erlebt habt oder vom Erzählen her kennt.
Verfasst zu einem von euch ausgewählten Fall (in Partnerarbeit) wie in dem Beispiel „Das Pausenbrot" eine konkrete Situationsbeschreibung (eine Art „Drehbuch") zum Ablauf des Konflikts und versucht nach den Regeln einer Streitschlichtung eine Lösung für die beteiligten Personen zu finden. Vielleicht gibt es ja auch in eurer Klasse im Moment aktuelle Konflikte, die einer Lösung bedürfen!

Wenn man Tina anspricht, wird sie rot und zieht sich beleidigt und schmollend zurück.

Thomas rennt wie ein Wilder durch das Klassenzimmer und bringt bei vielen die Schulsachen durcheinander.

Sabine tuschelt hinter dem Rücken von den anderen Mädchen und sagt unwahre Sachen über sie.

Ernst hat mit seiner lauten Stimme zu allem und jedem einen Kommentar.

Tobias quatscht ständig dazwischen und spielt den Klassenclown.

Marko reizt immer wieder Stefan mit gemeinen Bemerkungen über seine dickliche Figur.

Bei einer Einteilung in Arbeitsgruppen will Jane auf keinen Fall in dieser Gruppe mitarbeiten.

Der kräftige Markus rempelt jeden an, der in seine Nähe kommt.

(lernchancen Nr. 33/34, 2003, S. 80)

Schülerrat
Heute um
10 Uhr

Wer „regiert“ in der Schule? – Demokratie lernen

2

Zur Orientierung

Im Einleitungskapitel habt ihr erfahren, dass es für das friedliche Zusammenleben von Menschen ganz wichtig ist, dass Regeln und Gesetze eingehalten werden, und dass es die Aufgabe von Politik ist, diese Regeln aufzustellen.
In einer „demokratischen“ Gesellschaft wie der Bundesrepublik dürfen alle Menschen dabei mitwirken, Regeln und Gesetze aufzustellen. Sie dürfen ihre Meinung sagen, sich versammeln und sich informieren. Sie wählen Personen oder Parteien, von denen sie sich gut vertreten fühlen und von denen sie dann regiert werden. Dabei müssen sich alle an die festgelegten Regeln und Gesetze halten. In der Schule ist das auch so! Welche Regeln und Gesetze beachtet werden müssen und wie Schüler, Lehrer und Eltern demokratisch bestimmen, was in der Schule passiert, das sollt ihr in diesem kurzen Kapitel erfahren.
Es geht hauptsächlich um das wichtige Amt des Klassensprechers, der die Interessen der Klasse vertreten muss. Welche Aufgaben hat ein Klassensprecher, wie wird er gewählt und in welchen Gremien darf er mitreden? Auf diese Fragen sollt ihr eine Antwort bekommen. Außerdem könnt ihr lernen, wie man eine Expertenbefragung vorbereitet, durchführt und auswertet.

Kompetenzen

Nach der Erarbeitung dieses Kapitels solltet ihr Folgendes wissen und können:

- erklären, was eine Schülervertretung (SV) ist und wofür sie zuständig ist;
- wie man einen Klassensprecher oder eine Klassensprecherin wählt;
- euch eine Meinung darüber gebildet haben, was ein Klassensprecher oder eine Klassensprecherin können muss;
- was ein Verbindungslehrer oder eine Verbindungslehrerin macht;
- was eine Schulkonferenz ist, erläutern, worüber sie z. B. entscheiden muss, und angeben können, wer Mitglied in einer Schulkonferenz ist;
- eine Expertenbefragung und ein Interview durchführen können;
- die SV eurer Schule kennen und wissen, mit welchen Problemen und Zielen sie sich beschäftigt;
- euch eine Meinung darüber gebildet haben, ob sich die SV eurer Schule auch um eure Interessen kümmert.

1. Mitbestimmung in der Schule – die Schülervertretung (SV)

M 1 „Wofür habt ihr denn einen Klassensprecher?"

Nele und Philipp sind Schüler der 5. Klasse und mit ihrer Schule, dem Gymnasium Dorotheum, im Großen und Ganzen zufrieden. Streitigkeiten gibt es ja überall! Aber gestern, in der ersten großen Pause, haben sie sich doch sehr geärgert. Sie standen vor dem Informationsbrett und konnten dort lesen, welche Aktionen und Aktivitäten die SV in ihrer Schule im kommenden Schuljahr durchführen will:

Jahresprogramm der SV

September:	Fußballturnier (Jgst. 9/10)
Oktober:	Filmabend (Jgst. 11 – 13)
November:	Halloween-Party (Jgst. 10 – 13) und Podiumsdiskussion zur aktuellen Bildungspolitik mit eingeladenen Kommunalpolitikern
Dezember:	Weihnachtsbasar (für alle) und Lesewettbewerb (Jgst. 6)
Januar:	Besuch eines Musicals in Hamburg (ab Jgst. 10)
Februar:	„Wir feiern Karneval" (für die Mittel- und Oberstufe)
März:	Ski-Wochenendfahrt (Sportkurse der Jgst. 11 – 13)
Mai:	Schachturnier (ab Jgst. 9)
Juni:	Kino-Abend in der Aula (Jgst. 7/8)
Juli:	Fahrradtour zum Baggersee – anschließend Wasserski (ab Jgst. 8)

„Fällt dir was auf?", fragte Nele. „Mensch, ja klar! Für unsere Jahrgangsstufe ist überhaupt nichts dabei. Das finde ich gemein!", empörte sich Philipp. „Was heißt hier gemein?", meldete sich ein älterer Junge, der hinter den beiden stand und das Programm ebenfalls mitlas. „Jetzt sind wir in der SV schon so aktiv und bieten so viele unterschiedliche Sachen an, und ihr seid immer noch nicht zufrieden!" „SV, SV, SV! Wer oder was ist denn die SV? Und außerdem: Was nützen uns so viele Aktionen, wenn wir nichts mitmachen können? Für die Fünfer ist ja nichts dabei!"

„Wir haben doch im *Schülerrat* auf der letzten *Sitzung* das kommende Jahresprogramm besprochen. Da hätte sich doch euer *Klassensprecher* an der Diskussion beteiligen können! Ihr habt doch einen *gewählt*, oder nicht? Ihr könnt euch außerdem ja selbst auch in der SV engagieren, wenn ihr wollt, dass eure Interessen mehr Berücksichtigung finden! Gemeckert wird immer schnell!"

„Davon hat uns unsere Klassensprecherin Simone gar nichts erzählt. Ich weiß gar nicht, was ein Schülerrat ist, wann er tagt und welche *Aufgaben* er hat. Wie kommt man denn in die SV? Weißt du das, Nele?", fragte Philipp leise, denn die Älteren sollten nicht mitbekommen, dass er nicht so genau Bescheid wusste. Aber auch Nele kannte sich nicht richtig aus. Wen also sollen sie fragen?

Sie wenden sich an ihren Klassenlehrer. Der freut sich über ihr Interesse und informiert sie zusammen mit der Politiklehrerin über Mitwirkungsmöglichkeiten in der Schule.

(Autorentext)

Mithilfe der folgenden Materialien (M 2 und M 3) könnt ihr die Fragen, die sich für Nele und Philipp ergeben haben, beantworten. Dort werden auch die kursiv gedruckten Begriffe erläutert.

M 2 Mitwirkungsgremien: Schülervertretung und Schulkonferenz

M 2 a § 74 Schülervertretung

(1) Die Schülervertretung nimmt die Interessen der Schülerinnen und Schüler wahr. [...]

(2) Die Schülerinnen und Schüler der Klasse [...] wirken in ihrem Bereich an der Bildungs- und Erziehungsarbeit mit. Die Schülerinnen und Schüler [...] wählen von der fünften Klasse an ihre **Sprecherinnen und Sprecher** und deren Stellvertretungen. [...] Die Schülerschaft [...] kann im Monat [...] eine Stunde während der allgemeinen Unterrichtszeit für Angelegenheiten der Schülervertretung (SV-Stunde) in Anspruch nehmen.

(3) Der **Schülerrat** vertritt alle Schülerinnen und Schüler der Schule; er kann Anträge an die Schulkonferenz richten. Mitglieder des Schülerrats sind die Sprecherinnen und Sprecher der Klassen und Jahrgangsstufen sowie mit beratender Stimme deren Stellvertretungen. [...]
Der Schülerrat wählt eine Vorsitzende oder einen Vorsitzenden (**Schülersprecherin oder Schülersprecher**) und bis zu drei Stellvertretungen. [...]

(4) Der Schülerrat kann im Benehmen mit der Schulleiterin oder dem Schulleiter eine Versammlung aller Schülerinnen und Schüler (**Schülerversammlung**) einberufen. Die Schülerversammlung lässt sich über wichtige Angelegenheiten der Schule unterrichten und berät darüber. Auf Antrag von einem Fünftel der Schülerinnen und Schüler ist sie einzuberufen. Die Schülerversammlung kann bis zu zweimal im Schuljahr während der allgemeinen Unterrichtszeit stattfinden. [...]
(5) Schülerinnen und Schüler dürfen wegen ihrer Tätigkeit in den Mitwirkungsgremien weder bevorzugt noch benachteiligt werden. Auf Antrag ist die Tätigkeit im Zeugnis zu vermerken.
(6) **Verbindungslehrerinnen und Verbindungslehrer** unterstützen die Arbeit der Schülervertretung. Der Schülerrat wählt je nach Größe der Schule bis zu drei Verbindungslehrerinnen und Verbindungslehrer.
(Schulgesetz NRW)

1. Nele und Philipp stellen in M 1 diese Fragen:
- „SV, SV, SV! Wer oder was ist denn die SV?"
- „Ich weiß gar nicht, was ein Schülerrat ist."
- „Wann tagt er und welche Aufgaben hat er?"
- „Wie kommt man denn in die SV?"

Beantwortet sie mithilfe der Informationen in M 2 a.

2. Klärt, was eine **Schülerversammlung** ist, und stellt den Unterschied zum **Schülerrat** heraus.

3. Welche Aufgabe übernehmen die **Verbindungslehrer**? Wie heißen die Verbindungslehrer eurer Schule?

4. Versucht, das Schaubild M 2 b mithilfe von M 2 a in eurem Heft zu vervollständigen.

M 2 b Schülervertretung – wer vertritt wen?

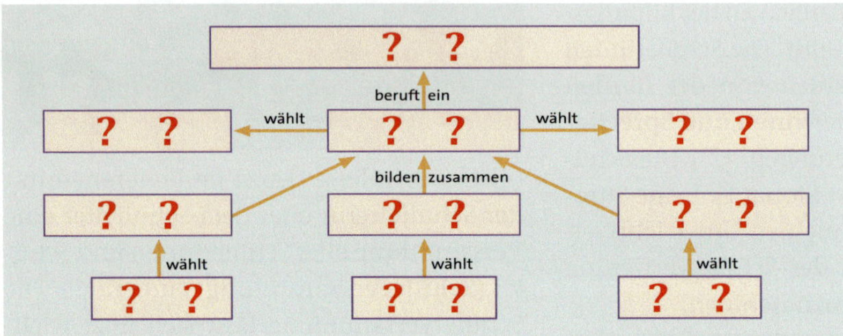

M 2 c Schulkonferenz

Die Lehrer und die Eltern haben genauso wie die Schüler ihre Vertreter gewählt, und zwar in den Klassenpflegschaftssitzungen und in der Lehrerkonferenz. Die gewählten Vertreter der Schüler, Eltern und Lehrer treffen sich in der Schulkonferenz und beraten und entscheiden über Angelegenheiten der Schule. Es ist eines der wichtigsten Entscheidungsorgane in einer Schule. Hier muss z. B. darüber entschieden werden, in welcher Jahrgangsstufe welche Klassenfahrten durchgeführt werden sollen, ob ein Schulfest stattfinden soll, ob es Projekttage geben soll, ob z. B. Spanisch schon ab der 8. Klasse unterrichtet werden soll und anderes mehr. In vielen Schulen wird im Moment darüber beraten, ob Schuluniformen eingeführt werden sollen. Dazu müssen viele Argumente zusammengetragen werden. Auch hier dürfen Schüler mitentscheiden.

Mitglieder der Schulkonferenz sind die Schulleiterin oder der Schulleiter sowie die gewählten Vertreter der Lehrerinnen und Lehrer, der Eltern und der Schülerinnen und Schüler. Die Schülervertreter werden vom Schülerrat gewählt. Gewählt werden dürfen Klassensprecher bzw. Klassensprecherinnen ab der 7. Klasse.

Eltern, Lehrer und Schüler sind in der Schulkonferenz mit gleicher Anzahl vertreten und stimmberechtigt (Drittelparität, vgl. Schulgesetz NRW § 66); bei Stimmengleichheit entscheidet die Schulleitung.

(Autorentext)

1. Klärt, wer Mitglied in der Schulkonferenz ist, und erläutert ihre Aufgaben.

2. Im Text wird von einer **Drittelparität** gesprochen (Z. 31). Erklärt, was darunter zu verstehen ist.

2. Die Wahl des Klassensprechers oder der Klassensprecherin

M3 Wie wird ein Klassensprecher oder eine Klassensprecherin gewählt?

Wahltermin:
Die Wahl erfolgt jährlich zu Beginn des Schuljahres bis spätestens 2 Wochen nach Unterrichtsbeginn. Gewählt wird in den jeweiligen Klassen.

Einladung zur Wahl:
Der Klassensprecher des Vorjahres oder der Klassenlehrer lädt zur Wahl ein. (Das kann auch eine mündliche Ankündigung zum Beginn einer Klassenlehrerstunde sein. In der Klasse 5 sollte der Termin nicht zu früh liegen, damit die Schüler Gelegenheit haben, sich ein wenig kennenzulernen.)

Wer ist zu wählen?
Zu wählen ist der Klassensprecher und sein Vertreter. Wählbar ist jeder Schüler.

Wahlleiter:
Der einladende Klassensprecher oder der Klassenlehrer leitet die Wahl nur für die Neuwahl des Klassensprechers. Danach übernimmt dieser die weitere Wahlleitung.

Wahlvorbereitungen:
- ausreichende Zahl von Stimmzetteln
- vorherige Festlegung über die Protokollführung
- Aufstellen der Kandidaten (wer schlägt wen vor?): durch Zuruf oder durch geheime schriftliche Vorschläge

Wahlverfahren:
Der Klassensprecher und sein Vertreter müssen in geheimer Wahl und in getrennten Wahlgängen bestimmt werden.
Gewählt ist, wer die meisten Stimmen erhalten hat. Die Stimmen werden an der Tafel ausgezählt. Es wird überprüft, ob die Zahl der Stimmen mit der Zahl der Anwesenden übereinstimmt.
Die Gewählten haben zu erklären, ob sie die Wahl annehmen.
Bei Stimmengleichheit findet eine Stichwahl statt. Bei erneuter Stimmengleichheit entscheidet das Los.

Wahlprotokoll:
Über die Wahl ist ein Protokoll anzufertigen, das folgende Angaben enthalten muss:
- Wahlzeitpunkt
- Zahl der Stimmberechtigten
- Name der Kandidaten für das jeweilige Amt
- Wahlergebnis
- Feststellung, ob der Gewählte das Amt angenommen hat

Das Wahlprotokoll sollte der Klassensprecher bis zur Neuwahl im nächsten Schuljahr aufbewahren. Es sollte vom Protokollführer und vom neu gewählten Klassensprecher unterschrieben werden.

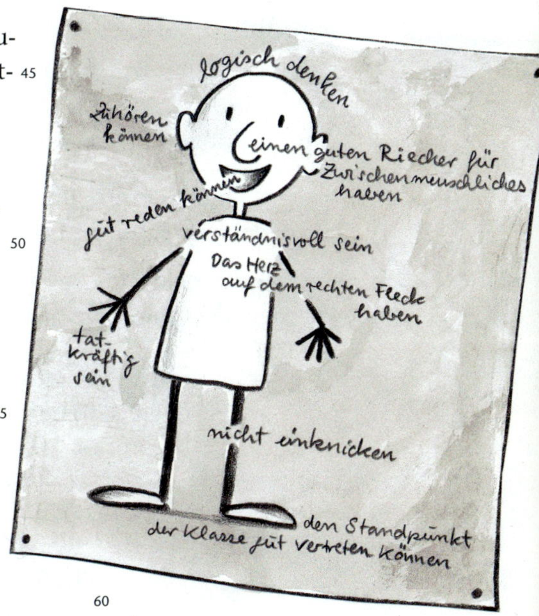

Amtsdauer:
Die Amtsdauer erstreckt sich bis zum Ende des Schuljahres. Eine Wiederwahl des alten Klassensprechers ist möglich.
Ist eine Klasse im Laufe des Schuljahres mit ihrem Klassensprecher nicht mehr zufrieden, kann sie mit Zweidrittelmehrheit der Anwesenden einen Nachfolger wählen.

(http://www.learn-line.nrw.de/angebote/p21/main/sv/ws_klassensp_liste.html; Auszüge)

M 4 Aufgaben eines Klassensprechers

Eine Klassensprecherin/ein Klassensprecher ...

- ... muss uns bei der Schulleitung vertreten!
- ... muss das Geld für die Klassenlektüre einsammeln!
- ... muss uns verteidigen!
- ... muss mit gutem Beispiel vorangehen!
- ... muss einmal mit dem Englischlehrer sprechen; der hat nämlich Anita auf dem „Kieker“!
- ... muss in der Klasse für Ruhe und Ordnung sorgen, wenn die Lehrperson einmal kurz den Raum verlassen muss!
- ... muss in der Klasse dafür sorgen, dass die Streitigkeiten beigelegt werden!
- ... muss unser nächstes Klassenfest organisieren!
- ...muss den Lehrerinnen und Lehrern einmal gehörig die Meinung sagen!
- ... muss immer auf unserer Seite stehen!
- ... muss für Kreide sorgen!
- ... muss an den SV-Sitzungen teilnehmen!
- ... muss bei Prügeleien den Schwachen in unserer Klasse helfen!
- ... muss dafür sorgen, dass wir nicht so viele Hausaufgaben aufbekommen!

(Autorentext)

1. Beschreibt, wie eine Klassensprecherwahl (M 3) ablaufen soll, und beurteilt die einzelnen Vorschriften. Haltet ihr sie für sinnvoll?
2. Über welche persönlichen Eigenschaften sollte ein Klassensprecher oder eine Klassensprecherin eurer Meinung nach verfügen?
3. In M 2 wird die Aufgabe des Klassensprechers oder der Klassensprecherin nur sehr allgemein beschrieben. Welche der in M 4 festgehaltenen Aussagen gehören eurer Meinung nach tatsächlich zu seinen oder ihren Aufgaben? Begründet eure Meinung.

Methode M 5 Wir informieren uns! Expertenbefragung und/oder Interview

Um euch über die SV eurer eigenen Schule gründlich zu informieren und vielleicht auch eurer gesamten Schulgemeinde darüber zu berichten (z. B. auf einer Infotafel, in der Schülerzeitung oder mit einer „SV-Broschüre"), schlagen wir euch hier zwei Möglichkeiten vor.

1. Expertenbefragung in der Klasse

Ladet den Schülersprecher/die Schülersprecherin, weitere SV-Mitglieder, SV-Lehrer, Schulleiter/Schulleiterin in eine Politikstunde ein mit der Bitte, euch für ein Gespräch zur Verfügung zu stehen. Sagt ihnen, dass ihr die Informationen für eine „Informationsschrift" festhalten wollt; vielleicht können euch eure Gesprächspartner auch Informationsmaterial zur Verfügung stellen. Weil das Gespräch in eurem Politikunterricht stattfindet, können alle aus der Klasse daran teilnehmen und Fragen stellen. Zur besseren Organisation des Gespräches wählt ihr am besten einen Gesprächsleiter oder eine Gesprächsleiterin. Möglicherweise wollen die Gäste vorab schon etwas über den Inhalt eurer Fragen wissen, um sich besser auf dieses Gespräch vorbereiten zu können. Aber auch ihr müsst euch auf diese „Befragungsaktion" sehr sorgfältig vorbereiten.

2. Interview „vor Ort"

Interview (engl.) bedeutet „Gespräch", „Befragung". Sicher habt ihr im Fernsehen schon häufig Interviews mit Sportlern, Politikern, Schauspielern und anderen bekannten Personen gesehen. Nun sollt ihr selbst ein Interview vorbereiten, durchführen und nachbereiten; von einem im Fernsehen gesendeten Interview unterscheidet sich eure Aufgabe in einem wesentlichen Punkt: Ihr müsst das Interview schriftlich dokumentieren, „lesbar" machen. Zu Planung, Durchführung und Nachbereitung hier einige Tipps:

Vorbereitung:

1. Wen wollt ihr befragen? (SV-Mitglieder, SV-Lehrerinnen und -Lehrer, Schulleiter, Schulleiterin)
2. Was genau wollt ihr erfahren?
3. Aufschreiben der Fragen/ordnen nach bestimmten Gesichtspunkten, z. B.:
   a) Wahlen (Verlauf und Ergebnisse)
   b) Mitglieder (Anzahl/Namen)
   c) Aufgaben (allgemein/speziell an dieser Schule)
   d) Zusammenarbeit mit den Mitschülerinnen und Mitschülern, den Lehrerinnen und Lehrern, der Schulleiterin/dem Schulleiter
   e) Dokumentation besonderer Veranstaltungen der SV
   f) Schulungen
   g) ....
4. Wie sollen die Antworten festgehalten werden (Mitschrift, Aufnahme)?
5. Aufgabenverteilung in der „Interviewgruppe": Wer hat die Gesprächsleitung? Wer stellt Fragen? Wer schreibt mit? Wer fotografiert? Wer ist für die Aufnahme zuständig?
6. Terminabsprachen (am besten mithilfe eurer Lehrerin/eures Lehrers)

Durchführung:

1. Vor dem Gespräch: Sind alle Unterlagen/technischen Geräte vorhanden und funktionstüchtig?
2. Auf zum Gespräch: Freundliche Begrüßung der Interviewpartnerin/des Interviewpartners durch den Gesprächsleiter/die Gesprächsleiterin und Begründung des „Interviewzweckes".
3. In aller Ruhe die Fragen stellen! Den Interviewpartnern und -partnerinnen Zeit und Gelegenheit geben, auch etwas länger und ausführlicher zu erzählen. So erfährt man mehr als in einem strikten Frage- und Antwortspiel!
4. Nach dem Gespräch: Überprüfen: Ist wirklich alles beantwortet? – Bedanken!

Nachbereitung:

1. Mitschriften miteinander vergleichen und ggf. aus dem Gedächtnis oder mithilfe der Tonaufzeichnung ergänzen
2. Evtl. neu ordnen
3. „Reinschrift" anfertigen und evtl. mit Fotos versehen
4. Evtl. der Interviewpartnerin/dem Interviewpartner zur Kenntnisnahme/Prüfung vorlegen
5. Evtl. Vorbemerkung/Abschlussbemerkung: Wie habt ihr die Interviewsituation empfunden? Hat alles geklappt? o. Ä.

Viel Spaß und viel Erfolg! Vielleicht wollt ihr danach auch Mitglied der SV werden! (Autorentext)

Kompetenzcheck

1. Von diesen Aussagen sind zehn falsch. Findet sie heraus. Dazu müsst ihr die Bestimmungen in M 2 und M 3 kennen.

1. Jede Klasse kann eine Klassensprecherin oder einen Klassensprecher wählen, wann sie will.
2. Der gewählte Klassensprecher/Klassensprecherin kann sich seinen Stellvertreter aussuchen.
3. Ist jemand bei der Wahl krank, kann er nicht gewählt werden.
4. Die Klassensprecherin/der Klassensprecher vertritt die Interessen der Klasse.
5. Die Wahl kann durch „Fingerzeig“ erfolgen.
6. Bei Stimmengleichheit findet eine Stichwahl statt.
7. Die Klassensprecherin/der Klassensprecher leitet die SV-Stunde.
8. Die Klassensprecherin/der Klassensprecher ist nicht verpflichtet, die Klasse über Beschlüsse des Schülerrates zu informieren.
9. Die Schülersprecherin/der Schülersprecher ist Vorsitzende(r) des Schülerrates.
10. Der Schülerrat ist für alle Fragen der SV zuständig, die über die Belange der einzelnen Klasse hinausgehen.
11. Der Schülerrat besteht aus den Klassensprechern/-sprecherinnen und Klassenlehrern/-lehrerinnen der einzelnen Klassen.
12. Die Lehrerinnen und Lehrer wählen zu Beginn des Jahres den Schülersprecher/die Schülersprecherin.
13. Der Direktor/die Direktorin einer Schule kann die Wahl des Klassensprechers/der Klassensprecherin verbieten.
14. Alle Schülerinnen und Schüler können über ihre Klassensprecherin/ihren Klassensprecher Einfluss auf die SV-Arbeit nehmen.
15. Die SV erledigt nur Arbeiten, die der Direktor/die Direktorin ihr aufträgt.
16. Der Schülerrat besteht aus den fünf besten Schülerinnen und Schülern jeder Jahrgangsstufe.
17. Der Schülerrat kann Vorschläge für eine Änderung der Hausordnung erarbeiten.
18. Die stellvertretenden Klassensprecher/Klassensprecherinnen können unter bestimmten Bedingungen an den Sitzungen des Schülerrates teilnehmen.

2. Ermittelt mithilfe einer Expertenbefragung (M 5),
- wer in eurer Schule in der Schulkonferenz mitwirkt,
- mit welchen Beratungspunkten und Entscheidungen sie sich beschäftigt bzw. in Zukunft beschäftigen muss,
- welche Position die SV-Vertreter einnehmen.

3. Wie ist eure Meinung: Fühlt ihr euch von der SV eurer Schule richtig vertreten?
- Gibt es ein Programm, das die SV-Mitglieder während ihrer Amtszeit umsetzen wollen?
- Was wird für euch angekündigt/gemacht?
- Welche eigenen Vorschläge wollt ihr den SV-Vertretern machen?

4. Ein eigenes Wahlprogramm entwerfen!
Du möchtest gerne selbst in der SV mitwirken und dich für das Amt des Klassensprechers/der Klassensprecherin bewerben. Mit welchen Argumenten möchtest du das tun? Entwirf ein eigenes „Wahlprogramm“: Was willst du erreichen? Warum bist du dafür geeignet?
Wenn du „Unterstützer“ hast, könnt ihr auch als Team zusammenarbeiten. (Autorentext)

MATT GROENING

DER FILM

Zu viel Zeit vor der „Glotze"? – Kinder und Fernsehen

3

Zur Orientierung

Trotz vieler anderer Freizeitbeschäftigungen, denen Kinder in eurem Alter nachgehen: Mit Fernsehen verbringt ihr wohl die meiste Zeit neben der Schule. Befragungsergebnisse besagen, dass Sendungen, aus denen die Fotos auf den Auftaktseiten stammen, zu euren Lieblingssendungen gehören. Stimmt das? Welche Sendungen seht ihr sonst noch regelmäßig?

*Der **erste Abschnitt** dieses Kapitels soll euch dazu anleiten, das Ausmaß und die Inhalte eures Fernsehkonsums zu klären (auch durch eine eigene Befragung) und Vergleiche anzustellen mit wissenschaftlichen Untersuchungen, die es dazu gibt. Dabei könnt ihr euch zugleich bestimmte „methodische" Fähigkeiten aneignen, die ihr während der gesamten Arbeit mit diesem Buch immer wieder braucht: den Umgang mit Karikaturen, mit Prozentzahlen und mit statistischen Darstellungen (Grafiken).*
*Im **zweiten Abschnitt** geht es dann um die Frage, ob zu viel Fernsehen vielleicht doch Probleme mit sich bringt und was „zu viel" überhaupt heißt.*
*Im **dritten Abschnitt** könnt ihr einen kritischen Blick „hinter die Kulissen" des Fernsehens werfen: Was haben die Fernsehsender bei ihrer Programmgestaltung vor allem im Auge? Warum verschwinden manche Sendungen so schnell wieder? Welche Rolle spielt die Werbung?*

Kompetenzen

Nach der Erarbeitung dieses Kapitels solltet ihr Folgendes wissen und können:

- erklären, in welcher besonderen Art und Weise Karikaturen einen Sachverhalt darstellen wollen;
- eine Karikatur deuten und ihre Aussageabsicht beurteilen;
- statistische Darstellungen lesen und auswerten;
- ein Säulendiagramm selbstständig erstellen;
- euer eigenes Fernsehverhalten (verwendete Zeit, Vorliebe für bestimmte Programme) mit Durchschnittswerten für eure Altersstufe vergleichen und beurteilen;
- Probleme erkennen und beurteilen, die sich ergeben können, wenn man zu viel fernsieht;
- erläutern, wie wichtig Einschaltquoten und Werbesendungen für Fernsehsender sind und welche Auswirkungen das auf ihre Programme hat.

1. Wie viel Zeit vor der „Glotze"?

M 1 a Was Karikaturisten meinen

1

2

3

4

„Wie lange sitzt er eigentlich schon vor der Glotze?"

Die Karikaturen sollen euch dazu anregen, zu Beginn dieses Kapitels darüber nachzudenken und davon zu erzählen, welche Rolle das Fernsehen in eurem täglichen Familienleben spielt. Beschreibt die Karikaturen jeweils genau. Was will der Zeichner jeweils mit seiner (bewusst übertreibenden) Darstellung zum Ausdruck bringen? Nehmt dann dazu Stellung. Mithilfe von M 1 b könnt ihr euch darüber informieren, was das Besondere an Karikaturen ist und was man bei der Arbeit mit ihnen beachten sollte.

Methode M 1 b Umgang mit Karikaturen

Karikaturen stellen eine Form der (zeichnerischen und sprachlichen) Mitteilung dar, deren Besonderheit darin liegt, dass ein bestimmter Sachverhalt oder bestimmte Personen und ihre Verhaltensweisen „übertrieben" dargestellt werden. Da Karikaturen fast überall in Zeitungen und Zeitschriften, aber auch in Schulbüchern vorkommen, sind vielleicht einige Hinweise angebracht, wie man im Unterricht damit umgehen und was man beachten sollte, wenn man Karikaturen richtig verstehen und die Absicht des Zeichners klar erkennen will.

1. Der erste Schritt sollte sein, genau hinzusehen und **zu beschreiben, was zu sehen ist** (Wie sehen z. B. in M 1 a, Karikatur 3 die einzelnen „Schulkinder" aus?)
2. Dabei erkennt man meistens sehr schnell, worin die **Übertreibung** liegt. Welcher Sachverhalt, welches Verhalten von Menschen hat der Zeichner ganz bewusst so (übertrieben, einseitig, unwirklich) dargestellt, wie es in der Wirklichkeit gar nicht oder kaum vorkommt? (Sechs Fernseher – wie in M 1 a, Karikatur 1 dargestellt – wird es wohl auch in einer sechsköpfigen Familie nicht geben; aber was gibt es in der Tat häufig?)
3. Jetzt kommt der wichtigste Schritt: zu formulieren, was der Zeichner denn zum Ausdruck bringen, was er dem Betrachter „sagen" will. Denn der Karikaturist übertreibt ja absichtlich, um auf diese Weise **zum Ausdruck** zu bringen, was ihm an einem bestimmten Sachverhalt oder an einem bestimmten Verhalten von Menschen nicht gefällt, was er kritisieren will, worin er ein Problem oder gar eine Gefahr sieht (wohlwollende, „lobende" Karikaturen gibt es nur ganz selten).
4. Nun könnt ihr euch mit der Aussageabsicht der Karikatur **auseinandersetzen**: Seht ihr das Problem auch so? Kennt ihr es aus eigener Erfahrung? Oder: Hat der Zeichner ein Verhalten „aufgespießt", das ihr gar nicht problematisch/gefährlich findet, das es vielleicht gar nicht gibt?

Noch ein Hinweis: Beim Betrachten von Karikaturen muss man nicht selten lachen oder schmunzeln. Das liegt meistens weniger daran, dass der Zeichner etwas besonders lustig dargestellt hat. Das Lachen ist vielmehr Ausdruck des Wiedererkennens: Man erkennt „auf einen Blick", was gemeint ist. Das heißt aber auch: Wenn man eine Karikatur richtig verstehen will, muss man von dem Sachverhalt, auf den die übertreibende Darstellung Bezug nimmt, immer schon etwas wissen. Andernfalls gibt es auch nichts zu lachen.

(Autorentext)

Die folgenden Materialien sollen dazu dienen, genauer festzustellen, wie lange ihr täglich in eurer Freizeit vor dem Fernseher sitzt. Dazu wollen wir zunächst die Ergebnisse von Untersuchungen darstellen, die sich auf Kinder eurer Altersgruppe beziehen, und euch dann dazu anregen, vielleicht selbst einmal eine kleine Befragung durchzuführen (vgl. M 4).
*Zugleich könnt ihr dabei lernen, was man unbedingt beachten muss, wenn man **Statistiken*** richtig verstehen und beurteilen will. Auf solche Darstellungen stoßt ihr ja nicht nur in diesem Buch, sondern auch in anderen Fächern immer wieder. Es ist eines der Ziele des Politik-Unterrichts, damit richtig umgehen zu lernen. In einer Statistik werden Zahlen und Zahlenverhältnisse (Prozentzahlen) übersichtlich geordnet zusammengestellt. Sie ermöglicht einen **schnellen Überblick** über bestimmte Sachverhalte in Politik, Wirtschaft und Gesellschaft (z. B. Wahlergebnisse der Parteien, Altersgruppen in der Bevölkerung oder Schulabschlüsse). Statistiken haben entweder die Form von **Tabellen** oder von unterschiedlichen **grafischen Darstellungen** (in Form von Säulen, Balken, Kreisen oder Kurven) und Schaubildern.*

M 2 a Was geben „Prozentzahlen" an?

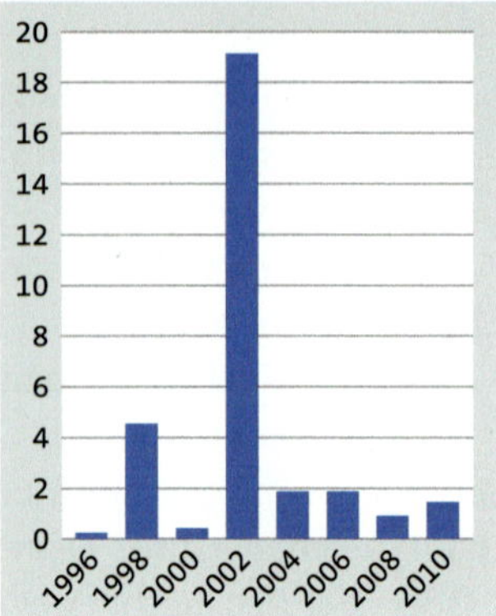

Die Grafik in M 3 a ist ein Beispiel für eine Art der Statistik, die ihr häufig nicht nur in Zeitungen, sondern auch in vielen Schulbüchern (besonders auch in diesem Buch) finden könnt: Bestimmte Zahlenwerte sollen in ihrem Größenverhältnis zueinander anschaulich dargestellt werden, und zwar in diesem Fall durch „Säulen" („Säulendiagramm"; siehe Beispiel links).
Prozent (%) heißt „von hundert". Prozentzahlen kommen zustande, wenn man eine Gesamtheit gleich hundert setzt und dann ausrechnet, welchen („prozentualen") Anteil eine bestimmte Größe an der Gesamtheit hat. Wenn die Gesamtgröße selbst 100 beträgt, ist die Rechnung leicht; dann sind z. B. 32 = 32 %. Wie verfährt man aber, wenn sich als Gesamtgröße eine ganz andere Zahl ergibt? Dazu gibt es eine ganz einfache Methode: Man nimmt die Zahl, deren (prozentualen) Anteil man ausrechnen will, mal hundert (hängt also zwei Nullen daran) und teilt diese Zahl dann durch die Gesamtzahl. Ein Beispiel: Wenn in eurer Klasse 30 Kinder und davon 18 Mädchen sind, ergibt sich die Rechnung (für den prozentualen Anteil der Mädchen an der Klasse): 1800 : 30 = 60. In eurer Klasse sind also 60 % Mädchen (das heißt gleichzeitig: 40 % Jungen). Ein weiteres Beispiel: Wenn 12 Schüler aus eurer Klasse gestern Abend dieselbe Fernsehsendung gesehen haben, durch welche Rechnung ergibt sich, dass das genau 40 % waren?

(Autorentext)

Methode M 2 b Wir erstellen eine Grafik

Um solche Grafiken besser „lesen" und verstehen zu können, schlagen wir euch vor, selbst einmal ein **Säulendiagramm** zu erstellen. Grundlage dafür sollen die Zahlenwerte aus einer Untersuchung zum Freizeitverhalten von Kindern sein.
Bei dieser Untersuchung wurden 6- bis 13-jährige Mädchen und Jungen gefragt, welchen Beschäftigungen sie in ihrer Freizeit am liebsten nachgingen, d. h. jeden Tag oder fast jeden Tag (die Befragten durften je drei Beschäftigungen angeben). Das Befragungsergebnis ergab Folgendes: Von 67 % der Befragten wurde „Fernsehen" als liebste (als eine der drei liebsten) Freizeitbeschäftigung genannt, von 52 % „Draußen spielen", von 50 % „Drinnen spielen", von 43 % „Freunde treffen", von 40 % „Musik hören", von 31 % „Handy nutzen", von 25 % „Radio hören" und von 16 % „Computerspiele".

- Um diese Zahlen nun in ein Säulendiagramm umzusetzen, müsst ihr zuerst überlegen, wie groß insgesamt die Grafik in der Höhe sein soll. Welchen Vorteil hätte es in diesem Fall (wegen der Prozentzahlen!), wenn die Gesamthöhe 10 cm betragen würde und wenn ihr dazu neben einem Lineal ein Blatt Papier mit Rechenkästchen zur Verfügung hättet?
- Für die Zahlenwerte zu den Tätigkeiten müsst ihr nebeneinander acht Säulen anordnen und dabei auch bedenken, wie breit jede Säule sein soll und wie ihr kennzeichnen wollt, zu welcher Tätigkeit die jeweilige Säule gehört. Eine Möglichkeit wäre z. B., die jeweilige Tätigkeit senkrecht in die Säule hineinzuschreiben. Eine andere wäre, die Säulen nur von 1 bis 8 durchzunummerieren und unter der Grafik dazu eine kleine Liste anzulegen, in der ihr die Tätigkeiten den Zahlen zuordnet.
- Nach Fertigstellung der Grafik (ggf. in Partnerarbeit) könnt ihr gemeinsam darüber sprechen, wo es Probleme bei eurer Arbeit gab.
- Dann könnt ihr euch über den Inhalt eurer Darstellung unterhalten: Was fällt euch an dem Befragungsergebnis besonders auf? Inwieweit entsprechen die angegebenen Werte auch euren eigenen Freizeitgewohnheiten? Worin liegen die deutlichsten Unterschiede zu den „Freizeitvergnügen" der Erwachsenen (s. Globus-Grafik S. 62)? Wie sind sie zu erklären?

(Autorentext)

M 3 Fernsehen näher betrachtet

Während es in M 2 b um Fernsehen im Vergleich zu anderen Freizeitbeschäftigungen geht, könnt ihr aus M 3 Näheres zum Fernsehen selbst (Sehdauer, Unterschiede zwischen Jungen und Mädchen, Kindern und Erwachsenen usw.) entnehmen.

M 3 a Die tägliche „Sehdauer"

Nicht alle Kinder sehen täglich fern. Im Jahr 2009 waren es bei den 3- bis 5-Jährigen durchschnittlich 52 %, bei den 6- bis 9-Jährigen 58 % und bei den 10- bis 13-Jährigen 58 %. In der Fachsprache sind das die Zahlen für die tägliche *„Reichweite"* (*wie viel Prozent der Kinder werden vom Fernsehen erreicht?*). Die Zahlen in der Grafik geben im Unterschied dazu an, wie viel Zeit man *durchschnittlich* täglich mit Fernsehen verbringt (*„Sehdauer"*). Dabei wird diese Zeit aber auf alle Kinder der betreffenden Altersgruppe umgerechnet. Diejenigen, die wirklich fernsehen (bei den 10- bis 13-Jährigen also die 58 %), verbringen in Wirklichkeit viel mehr Zeit damit, als die Zahlen für die Sehdauer angeben.

(Autorentext)

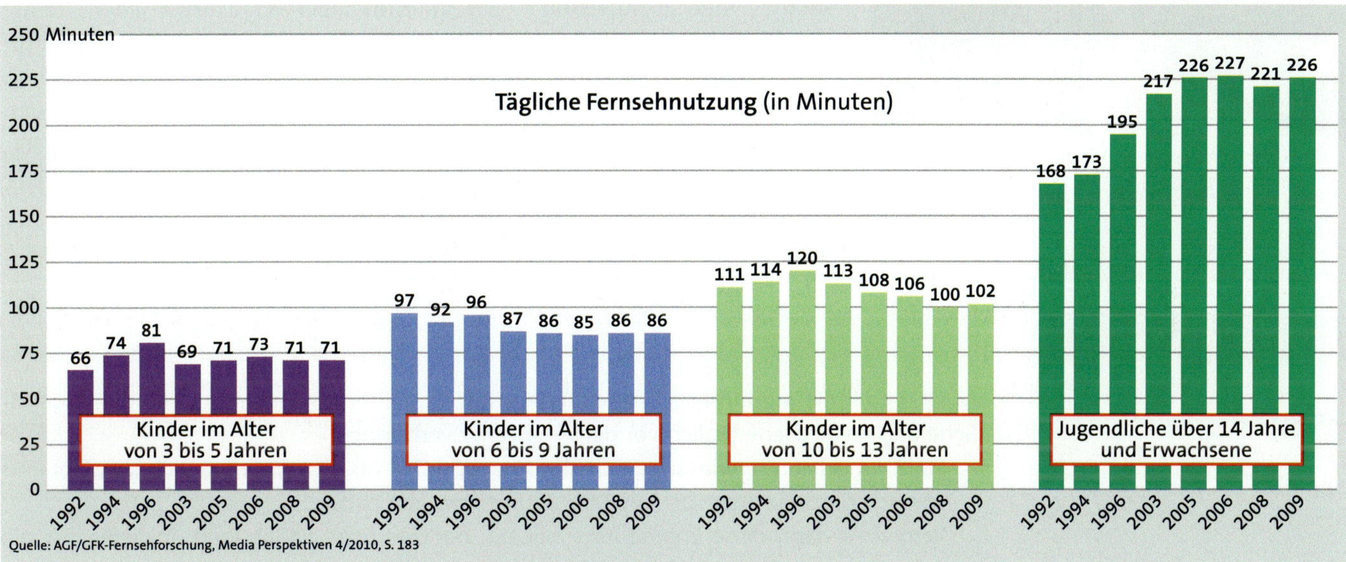

M 3 b Lieblingssendungen und Lieblingssender

- 78 Prozent der jungen Fernsehnutzer haben eine Lieblingssendung. Werden die Kinder gebeten, diese zu benennen, zeigt sich eine große Vielfalt der Vorlieben. Am häufigsten wird mit acht Prozent die Sendung „Hannah Montana" genannt, für sieben Prozent ist „SpongeBob" die Sendung der ersten Wahl, sechs Prozent nennen „Die Simpsons" und vier Prozent die Daily Soap „Gute Zeiten, schlechte Zeiten" (GZSZ). Fußballspiele und die Serie „Hotel Zack and Cody" werden von jeweils drei Prozent

genannt. Jeweils zwei Prozent entscheiden sich für die Klassiker „Die Sendung mit der Maus“ und „Löwenzahn“, die Jugendserie „Schloss Einstein“, die Castingshows „Deutschland sucht den Superstar“ (DSDS) und „Germany’s next Topmodel“, die Animationsserie „Pokemon“, Tierfilme und „iCharly“. Die Wissenssendung „Galileo“ und die Kindershow „Tigerentenclub“ nennen ebenfalls zwei Prozent.

• Mädchen geben häufiger an, eine Lieblingssendung zu haben, als Jungen, auch unterscheidet sich erwartungsgemäß der Geschmack von Jungen und Mädchen, was die Auswahl der Lieblingssendungen betrifft. Mädchen bevorzugen Serienformate wie „Hannah Montana“ und „GZSZ“ sowie die Castingshows „DSDS“ und „Germany’s next Topmodel“. Jungen sind Fans der Zeichentrickserien „SpongeBob“ und „Die Simpsons“ und schauen gerne Fußballspiele – hier macht sich sicherlich auch die Austragung der Fußball-WM 2010 bemerkbar.

• Zwei Drittel (67 %) der Kinder zwischen sechs und 13 Jahren haben ein Lieblingsprogramm. An erster Stelle wird von 25 Prozent der öffentlich-rechtliche* Kinderkanal KI.KA genannt, an zweiter Stelle folgt mit 24 Prozent das private, auf Kinder ausgerichtete Programm Super RTL. Etwa jeder Zehnte nennt RTL (11 %) und Pro Sieben (10 %), für acht Prozent ist Nick die erste Wahl, gefolgt von RTL 2 (7 %). Hierbei entscheiden sich Mädchen häufiger für den KI.KA und RTL, bei Jungen werden ProSieben, Nick und RTL 2 häufiger genannt.

(Medienpädagogischer Forschungsverbund Südwest, KIM-Studie 2010. Kinder + Medien, Computer + Internet. Stuttgart 2010, S. 19 f.; http://www.mpfs.de/fileadmin/KIM-pdf10//KIM2010.pdf)

1. M 3 a enthält Befragungsergebnisse zu den durchschnittlichen Zeiten, die Kinder, Jugendliche und Erwachsene täglich vor dem Fernseher verbringen.
- Stellt zunächst fest, wie lange eure Altersgruppe (10- bis 13-Jährige) täglich fernsieht und wie sich die Sehzeiten von 1992 bis 2009 entwickelt haben.
- Vergleicht dann diese Entwicklung mit der bei den über 14-Jährigen. Inwiefern ist die Entwicklung zwischen 1996 und 2009 besonders bemerkenswert?

2. Welche Sendungen bei Kindern am beliebtesten sind, hängt natürlich sehr vom Alter ab. Die Angaben zu den Lieblingssendungen (Beginn von M 3 b) beziehen sich auf den *Durchschnitt* der 6- bis 13-Jährigen. Welche der genannten Sendungen beziehen sich eurer Meinung nach eher auf eure Altersgruppe, welche eher auf jüngere Kinder?

3. Stellt fest, wie sich die Vorliebe für bestimmte Sender mit dem wachsenden Alter ändert. Woran könnte das liegen?

Methode M 4 Wir führen eine eigene Befragung durch

Vielleicht haben sich bei der Erarbeitung der Materialien M 3 a/b einige Fragen und Probleme ergeben, die mit der Methode der Befragung oder den angegebenen Zahlenwerten zusammenhängen und die ihr nicht vollständig klären konntet. Diese Probleme kann man am besten erkennen und einschätzen, wenn man selbst einmal eine kleine Befragung plant, durchführt und auswertet.

Wir schlagen euch deshalb vor, eine Befragung zum Thema „Fernsehen" durchzuführen. Eure Fragen könnten sich zum Beispiel auf folgende Punkte beziehen: auf die Sehdauer (Wie viel Zeit verbringst du an Samstagen und Sonntagen vor dem Fernseher?), auf die Sehzeit (Zu welcher Tageszeit siehst du an Werktagen fern?), auf Lieblingssendungen (siehe Muster unter II.) und auf Anlässe fürs Fernsehen (siehe Muster unter III.).

Wichtig ist, dass ihr euch vorher genau überlegt, wen ihr befragen wollt (Wie viele Leute? Welche Altersstufen? Nur Mitschülerinnen/Mitschüler oder auch Bekannte außerhalb der Schule?), wie der Fragebogen aufgebaut und wie die Fragen formuliert sein sollen.

Grundsätzliche Hinweise zu diesen und anderen Fragen enthält der Anhang dieses Buches (S. 237 f.). Lest euch diese Hinweise durch, bevor ihr mit der Planung beginnt. Euer Lehrer oder eure Lehrerin wird euch ebenfalls mit praktischen Tipps helfen können (vor allem bei der Auswertung).

Es wäre schön, wenn ihr das Ergebnis eurer Befragung in der Schule veröffentlichen könntet, z. B. auf Stellwänden oder auf der Homepage.

Diese und ähnliche Punkte könnte euer Fragebogen zum Beispiel enthalten:

I. Angaben zur Person:

Alter: ______ Geschlecht: m ❒ w ❒

II. Welche Art von Sendungen magst du besonders? Kreuze bis zu sechs Sendungen an.

- ❒ Kindersendungen (z. B. „Sendung mit der Maus")
- ❒ Zeichentrickfilme
- ❒ Quiz- und Showsendungen
- ❒ Action-/Abenteuerfilme
- ❒ Western-/Indianerfilme
- ❒ Lustige Filme/Stummfilme
- ❒ Tierfilme/Tiersendungen
- ❒ Familienserien/„Seifenopern"
- ❒ Sportsendungen
- ❒ Popmusiksendungen
- ❒ Krimiserien
- ❒ Sciencefictionfilme/-serien
- ❒ Berichte zu Technik/Wissenschaft
- ❒ Politiksendungen
- ❒ anderes

III. Warum siehst du fern?

- ❒ aus Langeweile
- ❒ aus Neugier
- ❒ weil die anderen auch fernsehen
- ❒ weil es so schön bequem ist
- ❒ um mich zu informieren
- ❒ um unterhalten zu werden
- ❒

(Mehrfachnennungen sind möglich.)

(Autorentext)

2. Ist zu viel fernsehen schädlich?

Für Kinder ist das manchmal nicht leicht einzusehen, aber: Eltern haben wirklich gute Gründe, wenn sie vermeiden möchten, dass ihre Kinder „zu viel Zeit vor der Glotze“ verbringen. Denn darüber sind sich wohl alle Wissenschaftler einig: Fernsehen an sich ist nicht schädlich, aber zu viel fernsehen ist für Kinder (und im Übrigen auch für Erwachsene!) schädlich und gefährlich. Wir wollen versuchen, euch einige Probleme aufzuzeigen, die sich für „Vielseher“ ergeben können.

M5 Was Eltern meinen (Zustimmung zu den Aussagen in Prozent der Befragten)

„Auch für Kinder ist das Fernsehen eine sehr gute Entspannung im anstrengenden Alltag.“	27 Prozent
„Wenn das Fernsehen nicht wäre, hätte man viel mehr Zeit für die Kinder.“	33 Prozent
„Das Fernsehen lässt dem Kind zu wenig Zeit zum Spielen.“	29 Prozent
„Das Kind lernt durch das Fernsehen sehr viel Nützliches für die Schule.“	44 Prozent

„Das Kind lernt durch das Fernsehen sehr viel für sein späteres Leben.“	35 Prozent
„Durch das Fernsehen erfährt das Kind zu früh, was es Böses und Grausames auf der Welt gibt.“	31 Prozent
„Das Fernsehen ist schuld daran, dass sich Kinder und Jugendliche heute kaum mehr etwas sagen lassen.“	17 Prozent

(Michael Buß, Die Vielseher, Fernseh-Zuschauerforschung in Deutschland, Frankfurt a.M. 1998, S. 146ff.)

M6 Was wäre, wenn es kein Fernsehen gäbe? – Kinder geben Antwort

„Ohne Fernsehen, da hätte man mehr Zeit zum Nachdenken. Denn mit dem Fernsehen, da gewöhnt man sich so dran, keine Ideen mehr zu haben.“ (Alexandra, 10)

„Ich würd's nur die erste Zeit vermissen – bis man sich dran gewöhnt hat. Und dann würd' ich mir halt noch mehr Hobbys suchen: Sport machen, basteln, lesen, Musik hören, Schwimmen gehen …“ (Stefanie, 12)

„Ohne Fernsehen, da würden viele Eltern bestimmt sonntags mehr unternehmen, weil dann käm zum Beispiel kein Spielfilm. Dann hätten sie Langeweile und dann würden sie bestimmt irgendwohin fahren. Und das fänd ich toll. Das würd ich gerne machen: öfter mal gemeinsam wegfahren am Sonntag.“ (Nadja, 12)

„Wenn's kein Fernsehen mehr gäbe, dann wär das schon eine Veränderung. Irgendwas würde fehlen im Alltag. – Naja, dann würd ich eben lesen und malen.“ (Natascha, 9)

„Als Erstes würde ich mich langweilen und dann würde ich CDs hören und ab und zu mal zum Freund gehen, oder so. Aber sonntags, da würde ich mich total langweilen.“ (Kai, 12)

(Sylvia Schopf, Da kann man nichts verpassen: in: Frankfurter Rundschau v. 18.11.1989, Kinderseite)

1. Versucht die in M 5 genannten Gründe konkreter zu erläutern: Was ist z. B. „nützlich für die Schule"? Was gibt es an „Bösem und Grausamem" im Fernsehen zu sehen? Und was ist eigentlich mit der letzten Aussage gemeint?

2. Seht euch die Meinungen der Kinder in M 6 an. Welche kommt deiner Meinung am nächsten? Begründe!

M 7 a Was heißt „zu viel"?

1. Wie oft stellst du fest, dass du länger ferngesehen hattest, als du eigentlich wolltest?
1 ❑ 2 ❑ 3 ❑ 4 ❑ 5 ❑

2. Wie oft siehst du lieber fern, als dich mit deinen Freunden/Freundinnen zu treffen?
1 ❑ 2 ❑ 3 ❑ 4 ❑ 5 ❑

3. Wie oft beschweren sich deine Freunde oder deine Familie, dass du zu viel Zeit vor der Glotze hängst?
1 ❑ 2 ❑ 3 ❑ 4 ❑ 5 ❑

4. Wie oft schaltest du zu Hause zuerst den Fernseher an, bevor du irgendetwas anderes machst?
1 ❑ 2 ❑ 3 ❑ 4 ❑ 5 ❑

5. Wie oft gibst du deinen Fernsehkonsum viel niedriger an, als er in Wirklichkeit ist?
1 ❑ 2 ❑ 3 ❑ 4 ❑ 5 ❑

6. Wie oft ertappst du dich dabei, dass du dich aufs Fernsehen freust?
1 ❑ 2 ❑ 3 ❑ 4 ❑ 5 ❑

7. Wie oft wirst du sauer, wenn dich jemand beim Fernsehen stört?
1 ❑ 2 ❑ 3 ❑ 4 ❑ 5 ❑

8. Wie oft bist du am nächsten Morgen hundemüde, weil du wieder bis spät in die Nacht geglotzt hast?
1 ❑ 2 ❑ 3 ❑ 4 ❑ 5 ❑

9. Wie oft willst du die Zeit reduzieren, die du mit Fernsehen verbringst, und scheiterst dabei?
1 ❑ 2 ❑ 3 ❑ 4 ❑ 5 ❑

10. Wie oft guckst du lieber Fernsehen, als dich zu verabreden?
1 ❑ 2 ❑ 3 ❑ 4 ❑ 5 ❑

Beantworte die folgenden Fragen anhand der Skala von 1 bis 5:
1 = überhaupt nicht
2 = selten
3 = manchmal
4 = oft
5 = immer

Auswertung:
(Meine Fernsehgewohnheiten)
Zähle deine Punkte zusammen.

10 bis 20 Punkte:
Du bist ein normaler Fernsehnutzer. Manchmal schaust du vielleicht ein bisschen zu viel fern, insgesamt aber hast du die Sache im Griff.

21 bis 35 Punkte:
Du siehst oft zu viel fern. Du solltest dir überlegen, welche Auswirkungen das auf dein Leben hat.

36 bis 50 Punkte:
Dein Fernsehkonsum ist ein echtes Problem. Du musst lernen, weniger zu glotzen.

(Landeszentrale für politische Bildung Baden-Württemberg [Hg.], Politik und Unterricht Nr. 1/2002, S. 40, 13)

M 7 b Zu viel fernsehen schadet

In der Diskussion über sog. „Vielseher" geht man davon aus, dass Kinder, die an Werktagen durchschnittlich mehr als 2 1/2 Stunden fernsehen, zu den Vielsehern gehören (vgl. M 3 a). Danach sind 17 % der sechs- bis 13-jährigen Zuschauer Vielseher. Das heißt aber nicht, dass eine geringere durchschnittliche Sehdauer unbedenklich wäre. Wichtiger sind vielleicht Beurteilungsmaßstäbe, die in den folgenden Fragen zum Ausdruck kommen:

Hat sich das Fernsehverhalten eines Kindes so eingeschliffen, dass fest eingeplante Sendungen bereits den Tageslauf bestimmen? [...]

Ist Fernsehen zur wichtigsten Beschäftigung geworden? Ist das Kind daran gewöhnt, mit Fernsehentzug bestraft oder für Wohlverhalten mit Fernsehen belohnt zu werden? Hat es das Gefühl für die viele Zeit verloren, die es vor dem Fernseher verbringt?

(Ulrich Eicke, Medienkompetenz für Kinder, in: Psychologie heute, Mai 1998)

Wer täglich stundenlang fernsieht, hat kaum noch Zeit, die schulischen Hausarbeiten konsequent zu erledigen. Außerdem bewegt er sich zu wenig. Das schädigt nicht nur den Körper, sondern auch den Geist. Wissenschaftler haben herausgefunden, dass die Entwicklung des Hirns leidet, wenn sich Kinder zu wenig körperlich austoben. [...]

(Prof. Christian Pfeiffer, Bunt flimmert das Verderben, in: DIE ZEIT v. 18.9.2003)

1. Vielleicht seid ihr euch bei der Diskussion zu den vorhergehenden Materialien darüber einig geworden, dass es nicht so sehr darum geht, ob man überhaupt fernsieht, sondern darum, ob man zu viel fernsieht.
In M 7 a und b wird versucht zu bestimmen, was das heißt: „zu viel". Stellt zunächst fest, inwiefern dabei nicht nur von der bloßen Zeit ausgegangen wird, die man durchschnittlich fernsieht. Welche anderen Gesichtspunkte werden angesprochen? Anhand einer Kopie des Fragebogens M 7 a kann dann jeder Einzelne für sich ausrechnen, zu welcher Gruppe er gehört und was er ggf. beachten sollte.

2. Prof. Pfeiffer weist am Schluss von M 7 b auf Gefahren hin, die sich ergeben können, wenn man zu viel fernsieht. Setzt euch damit auseinander und bedenkt dabei auch, dass viele von euch ja auch noch viel Zeit am Computer verbringen.

3. Werbung, Quoten, Riesengeschäfte – ein Blick hinter die Kulissen des Fernsehens

„Immer mehr Sender wollen immer mehr Zuschauer", so könnte die nebenstehende Karikatur unterschrieben werden. Längst gibt es viel mehr Fernsehsender, als in der Karikatur genannt werden. Sie alle sind natürlich darauf aus, möglichst viele Zuschauer für ihre Programme vor den Bildschirm zu locken. Da die zahlreichen privaten Fernsehsender ihre Kosten allein aus den Werbeeinnahmen finanzieren müssen, hängt für sie alles davon ab, dass ein möglichst hoher Anteil aller Zuschauer ihr Programm einschaltet (deshalb spricht man von „Einschaltquote"). Denn: Je mehr Menschen die betreffende Sendung sehen, je höher also die „Quote*" ist, umso höher sind die Einnahmen aus der Werbung, weil die Firmen mit ihren Werbespots natürlich möglichst viele Verbraucher erreichen wollen. Im Folgenden wollen wir auf diesen Zusammenhang etwas näher eingehen.*

M8 Die Macht der Quote* oder: Die Quote machts

„Quote weg, Tim Mälzer weg!" Wenn die Quote* erst mal auf Talfahrt geht, sind selbst bekannte Fernsehköche ihres Bildschirmlebens nicht mehr sicher. Bei jedem Sender das gleiche Bild: Der „Quotencheck" entscheidet, ob eine Sendung für erfolgreich gehalten wird oder nicht, über Folgeproduktionen oder das vorzeitige Aus für eine Sendung. „Fernsehkoch" Tim Mälzer übernahm im August 2007 bei VOX im Abendprogramm die Show „Born to cook". Wegen einer zu geringen Zuschauerbeteiligung wurde sie nach sechs Folgen aus dem Programm genommen.

Vor allem für die privaten* Fernsehstationen sind die Werbeeinnahmen lebenswichtig: Sie stellen ihre einzigen Einnahmen dar, ohne sie können sie nicht existieren.

Wenn die Quote erst einmal stimmt, gibt's kein Halten mehr: Hohe Quoten sichern den Sendern hohe Werbeeinnahmen. Denn die Firmen lassen es sich etwas kosten, im Umfeld einer „erfolgreichen" Sendung ihre Waren und Dienste anzupreisen. [...]

Wenn ein neues Programm nicht auf Anhieb eine hohe Sehbeteiligung hat, wird nicht lange gefackelt: Qualität hin oder her, im Zweifelsfall entscheiden die nackten Zahlen über Sein oder Nichtsein.

(http://www.flimmo.de/sub/hilft/hilft_03_text.php?ID=82108; Zugriff: 2008)

M 9

Wachsender Appetit!

1. Auf die Bedeutung des Begriffs „Quote" (von lat. quot – wie viele?) haben wir bereits in der Einleitung zu M 8 hingewiesen. Erläutert anhand von M 8 die „Macht der Quote". Vielleicht könnt ihr aktuelle Beispiele dafür nennen, dass Sendungen wegen der Quote entweder „Karriere gemacht" haben oder aber rasch aus dem Programm genommen wurden. Erläutert dazu auch die Karikatur in M 8.

2. Erkundet über die Internetseite http://www.wissenschaft-online.de/artikel/587276&_z=, wie die jeweiligen Einschaltquoten ermittelt werden, sodass man schon am frühen Morgen des nächsten Tages weiß, wie bestimmte Sendungen des Vortags beim Zuschauer „angekommen" sind.

3. Die Karikatur M 9 stammt aus der Zeit, als neben den beiden großen öffentlich-rechtlichen* Sendern ARD und ZDF die ersten privaten* Sender ihr Programm anboten. Auf der Internetseite http://www.quotenmeter.de/cms/(→ Einschaltquoten) könnt ihr Tag für Tag feststellen, wie sich der „Zuschauerkuchen" auf die wichtigsten Sender verteilt.

M 10 Ziele und Methoden der Werbung

Direkte Werbung

Erreicht werden soll das Ziel der Umsatzsteigerung*, indem auf unterhaltsame Weise, mit vielen schönen Bildern, kleinen, meist lustigen Geschichten zu schöner, einprägsamer Musik der Bekanntheitsgrad eines Produktes gesteigert wird. Dazu kommen mehr oder weniger ausführliche und aussagekräftige Informationen, die die Vorzüge des Produktes herausstellen.

Einzelheiten sind gar nicht so wichtig. Über bestimmte Bilder, Melodien oder Slogans* muss sich der Produktname einprägen und abrufbar werden. Insbesondere die jungen Zuschauer „spielen" da gern mit, freuen sich auf bestimmte Pointen, nennen den

Produktnamen schon nach den ersten Tönen und Bildern eines Spots.

Werbung ist zu einem eigenen Unterhaltungsprogramm geworden, was bei den privaten* Fernsehanbietern in den sogenannten „Gameshows" gipfelt.

Während viele Zuschauer bei den „Wir sind gleich wieder für Sie da"- oder „Bleiben Sie dran"-Unterbrechungen mal schnell umschalten, bleiben sie bei den Gameshows wirklich dran. Sie können mitraten, tippen, knobeln und bekommen so nebenbei eine Fülle von Produkten vorgestellt und nahegebracht, für die sie sich sonst wohl kaum interessieren würden. Dass die Gameshows dann auch noch von Werbeblöcken unterbrochen werden, liegt auf der Hand, denn: *„Hohe Quote – hoher Gewinn"*.

Indirekte Werbung

Neben diesen direkten Werbemethoden gibt es immer mehr indirekte:

- Unauffällig wird ein Produkt in Filmen, Serien und Shows stets präsentiert;
- Firmen sponsern* bestimmte Sendungen und bringen so ihren Namen und ihr Logo* ins Bild. […]

(Zeitlupe Nr. 31: Fernsehen, hg. von der Bundeszentrale für politische Bildung, Bonn 1995, S. 15; Verf.: Klaus Peter Vogel)

M 11 „Albtraum Fernsehwerbung"

Albtraum Fernsehwerbung! Gerade wenn der Film die leisen Töne anschlägt, passiert es: Werbeunterbrechung! Und schon kreischt die Produktreklame auf den Zuschauer ein: „Saubillig! Schweinegünstig! Ferkeltolles Angebot!" Hilfe, ich war gerade gedanklich in der Südsee! Als seien all die Zuschauer Ohrenarztpatienten mit verstopftem Gehörgang, die erst einmal wieder zum Leben erweckt werden müssen: „Hallo, Konsument, aufwachen!! Es gibt was zu kaufen!"

(www.welt.de/fernsehen/article888537/Warum_ist_die_Werbung_immer_so_laut.html; Verf.: Kolja Langnese)

1. Erläutert anhand von M 10, welches Ziel die Fernsehwerbung (wie jede andere Werbung für Waren auch) verfolgt. Was heißt „Umsatzsteigerung"? Nennt konkrete Beispiele für „direkte Werbung" im Fernsehen. Fallen euch bestimmte Bilder, Melodien oder Slogans ein? Was ist eine „Gameshow"?

2. Nennt auch Beispiele für die beiden genannten Arten der „indirekten Werbung". Was haltet ihr für wirksamer, die direkte oder die indirekte Werbung?

3. Was will die Karikatur in M 11 zum Ausdruck bringen? Wie empfindet ihr selbst die zahlreichen Werbespots?

Kompetenzcheck

1. Eine erklärungsbedürftige Grafik

Untersucht die abgebildete Grafik.

1. Wie nennt man diese Art von Grafik? Was genau soll sie darstellen?
2. Die angegebenen Prozentzahlen werfen Fragen auf: Was sollen sie wohl angeben? Mit welcher Methode hat man sie wohl festgestellt? Was bleibt unklar?
3. Am linken Rand der Grafik steht „Mehrfachnennungen". Was soll das bedeuten?
4. Wer ist die Gesamtheit (100 %), auf die sich die einzelnen Prozentzahlen beziehen?
   a) Wenn es sich um Kinder (6–13 Jahre alt) handeln würde, dann kann da was nicht stimmen. Inwiefern?
   b) Worauf tippt ihr? Wer könnte die Gesamtheit sein? Begründet eure Antwort.
5. Wie würdet ihr die Grafik verändern bzw. ergänzen, um alle Fragen und Unklarheiten von vornherein zu klären?

2. Wer kennt sich aus? Richtig oder falsch?

1. Die Zeit, die 6- bis 13-jährige Kinder durchschnittlich täglich mit Fernsehen verbringen, hat in den letzten 15 Jahren stetig zugenommen.
2. Wenn man bei einer Befragung zu verlässlichen Ergebnissen kommen will, muss man wenigstens ein Drittel aller Menschen befragen, auf die sich die Ergebnisse beziehen sollen.
3. Die Lieblingssendungen von Jungen und Mädchen unterscheiden sich.
4. Wenn Kinder ihren eigenen Fernseher haben, verbringen sie auch mehr Zeit davor, als wenn das nicht der Fall ist.
5. Die „Quote" für eine bestimmte Sendung ist der Prozentsatz der Fernsehzuschauer, die die betreffende Sendung eingeschaltet hatten.
6. Die Quote (z. B. für eine Abendsendung) wird festgestellt, indem man am nächsten Tag eine bestimmte Zahl von Leuten fragt, ob sie die betreffende Sendung gesehen haben.

3. Was meint ihr?

Eure Meinung zählt: Fernsehverbot für Kinder?

Zweieinhalb Stunden sitzen Kinder jeden Tag im Durchschnitt vor der Flimmerkiste. Das ist viel zu viel, sagen Gesundheitsexperten. Manche fordern sogar ein Fernsehverbot. GEOlino hat euch im März gefragt, was ihr von einem Fernsehverbot für Kinder halten würdet. Hier eine kleine Auswahl eurer Antworten:

Marlene Volkmann, 11 Jahre, aus Borken-Weseke:
Ohne Fernsehen kann es mal langweilig werden und es kann ja auch die Fantasie anregen. Aber wenn man zu viel davorsitzt, wird man träge und kann sich mit nichts anderem mehr beschäftigen. Deshalb ist es auch gut, nicht so viel fernzusehen.

Janek Bresch, 12 Jahre, Berlin:
Ich bin klar für das Fernsehverbot, soweit andere Dinge vom Fernsehen beeinträchtigt werden (Hausaufgaben, Schule, Sport). Mehr als eine halbe Stunde pro Tag finde ich unnötig. Meine Mutter könnte unseren Fernseher aus dem Fenster werfen, so genervt ist sie vom regelmäßigen Fernsehen der Familie. Ich gucke nur noch, wenn all meine Aufgaben erledigt sind. Das ist für meine Eltern und mich sehr entspannend, da wir viel weniger streiten.

Mareike Reichl, 11 Jahre, Bamberg:
Ich finde ein Fernsehverbot überflüssig. Man sollte vielleicht darüber aufklären, welche „Risiken und Nebenwirkungen" das Fernsehschauen birgt. Wenn jeder die Gefahren des Fernsehguckens kennt, kann er/sie auch selber entscheiden, wie lange er/sie fernsehen sollte. Meine Familie hat zum Beispiel keinen Fernseher. Ich darf 30 Minuten pro Tag Computer spielen und finde das völlig O.K.

Almut Kostrau, 12 Jahre, Aachen:
Das finde ich nicht gut! Es gibt ja auch Fernsehsendungen, woraus man lernen kann. Aber zweieinhalb Stunden vor der Glotze? Das ist ja wohl auch nicht richtig. Meine Eltern und ich haben uns mal zusammengesetzt, denn früher hab ich auch zu viel geguckt. Wir haben abgemacht, dass ich pro Woche drei Stunden fernsehen darf. Vorher muss ich in der Fernsehzeitung ankreuzen, was ich gucken will. Wenn dann was Gutes kommt, gucke ich, ob ich noch Zeit habe.

(GEOlino Nr. 05/06; http://www.geo.de/GEOlino/kreativ/50469.html?p=2)

Was haltet ihr selbst von „Fernsehverbot"? Setzt euch mit diesen Rückmeldungen auseinander und entwerft einen Plan, wie ihr den Risiken des „Vielfernsehens" entgegentreten wollt.

must-have

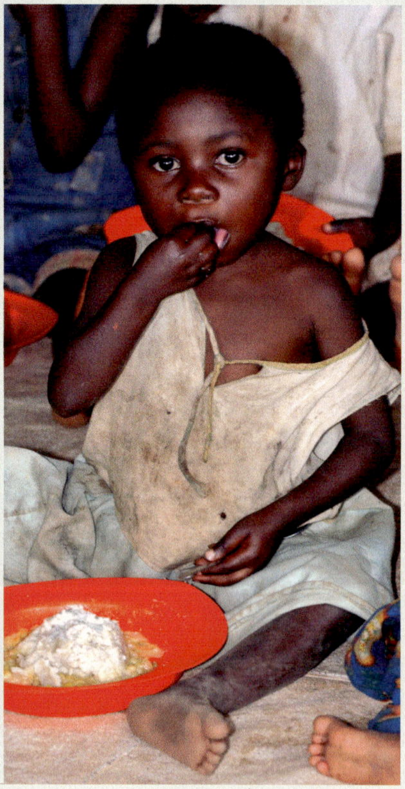

Was das Herz begehrt – Wer bestimmt unsere Bedürfnisse?

4

Zur Orientierung

Warum finden wir eigentlich ganz bestimmte Dinge gut und warum wollen wir unbedingt ganz bestimmte Bedürfnisse erfüllt haben? Was sind „Bedürfnisse" überhaupt und welche Rolle spielen sie in unserem Leben? Mit dieser Frage wollen wir uns ***im ersten Abschnitt*** *dieses Kapitels beschäftigen.*

In einem ***zweiten Abschnitt*** *untersuchen wir, wovon Bedürfnisse beeinflusst werden. Wovon ist es abhängig, welche Bedürfnisse wir haben? Da geht es einmal um eure Freunde und Familie, aber auch z. B. um Werbung. Welche „Strategien" und „Tricks" wenden Unternehmen an, damit sie so viele Produkte wie möglich verkaufen können? Ihr spielt dabei eine ganz wichtige Rolle, denn das Geld von Kindern und Jugendlichen ist heiß begehrt. Wir werden untersuchen, wie in der Werbung gearbeitet wird, und wir fragen auch danach, wie wichtig es für euch ist, ganz bestimmte Markenprodukte zu besitzen. Dabei werdet ihr vielleicht Überraschendes erfahren.*

Kompetenzen

Nach der Erarbeitung dieses Kapitels solltet ihr Folgendes wissen und können:

- verschiedene Arten von Bedürfnissen unterscheiden und erläutern, wovon die Bedürfnisbefriedigung abhängig sein kann;
- erklären, inwieweit man von einer „Rangordnung" von Bedürfnissen sprechen kann;
- erläutern, welchen Einfluss Bezugsgruppen und „peer groups" auf eure Bedürfnisse haben;
- begründen, wie wichtig „Meinungsführer" für die Entstehung von Bedürfnissen sind;
- wissen, dass Kinder und Jugendliche über ein hohes Geldvermögen verfügen, und begründen, warum sie deshalb für die Wirtschaft eine äußerst interessante Zielgruppe sind;
- verstehen und erläutern, mit welchen Strategien in der Werbung gearbeitet wird;
- die Bedeutung von „Markenprodukten" für das eigene Konsumverhalten überdenken;
- anhand vorgegebener Regeln eine Diskussion durchführen.

1. Bedürfnisse – Was wir brauchen und was wir uns wünschen

M 1 Unterschiedliche Bedürfnisse

Menschen haben ganz unterschiedliche Bedürfnisse. Einige müssen wir befriedigen, um überhaupt leben zu können. Der Sozialwissenschaftler* Abraham H. Maslow (1908–1970) hat verschiedene Ebenen von Bedürfnissen unterschieden.

So braucht jeder Mensch zum Beispiel Essen und Getränke, Kleidung und ein Dach über dem Kopf, das sind seine **Grundbedürfnisse**. Sobald diese befriedigt sind, entstehen neue Wünsche: Der Mensch sucht nach Sicherheit, Geborgenheit, Schutz, Angstfreiheit. Er fühlt sich wohl in geordneten Verhältnissen, die durch Regeln und Gesetze geschaffen werden. Wenn neben den Grundbedürfnissen auch diese **Sicherheitsbedürfnisse** zufriedengestellt sind, tauchen die Bedürfnisse nach Liebe, Zuneigung und Zugehörigkeit auf, sie werden als **soziale Bedürfnisse** bezeichnet. Man sucht nach liebevollen Beziehungen zu anderen Menschen und leidet unter der Abwesenheit geliebter Personen. Außerdem haben alle Menschen in einer Gesellschaft das Bedürfnis oder den Wunsch nach einer festen, gewöhnlich recht hohen **Wertschätzung** der eigenen Person, nach Selbstachtung und der Achtung anderer. Und wenn all diese Bedürfnisse befriedigt sind, sucht der Mensch nach Möglichkeiten, das tun zu können, wofür er als Individuum geeignet ist. Musiker müssen Musik machen, Künstler müssen malen, Sportler müssen Sport treiben können. Was ein Mensch kann, will er am liebsten tun, er will **„sich selbst verwirklichen“**.

(Autorentext)

1. Erläutert mithilfe des Textes und des Schaubildes, welche Arten von Bedürfnissen man unterscheiden kann. Erklärt auch, warum es sich um eine „aufsteigende“ Treppe in dem Schaubild handelt.

2. Versucht, Beispiele für Bedürfnisse von Kindern zu finden, die ihr auf die unterschiedlichen „Stufen“ des Schaubildes platzieren könnt.

M 2 Wovon Bedürfnisse beeinflusst werden

a) Auf welche Art oder mit welchen Gütern die Menschen ihre Bedürfnisse befriedigen wollen, das hängt von ganz unterschiedlichen Faktoren ab, z. B.

- vom **Lebensalter**: Ein 12-jähriges Mädchen wünscht sich vielleicht nichts so sehr wie einen Besuch in einem Freizeitpark, während eine 60-jährige Frau möglicherweise eher das Bedürfnis hat, in Ruhe ein Buch zu lesen.
- von den **Lebensverhältnissen**: Es spielt eine Rolle, wo und in welchen Verhältnissen man lebt, in Armut oder Reichtum, im Krieg oder im Frieden, in einer Millionenstadt oder in einem kleinen Dorf.
- von der **Kultur und Religion**: Der Bewohner eines europäischen Landes kleidet und ernährt sich anders als z. B. jemand, der in einem arabischen Land lebt.
- von der **unmittelbaren sozialen Umgebung**: Was die Familie, die Verwandten und Freunde denken, ist den meisten Menschen sehr wichtig. Sie orientieren sich in ihren Wünschen und Bedürfnissen an ihnen. Was sie haben oder tun, möchte man auch selbst gern besitzen oder tun.
- von der **Werbung**: Sie will gezielt beeinflussen und Wünsche nach ganz bestimmten Produkten wecken (s. dazu M 5).

(Autorentext)

b)

1. Erklärt, wovon es abhängen kann, welche Bedürfnisse Menschen haben (M 2 a).

2. Ordnet die Fotos (M 2 b und Auftaktseiten) unterschiedlichen Bedürfnissen (vgl. M 1) zu. Versucht dann, sie mit den in M 2 a angesprochenen Lebensbedingungen in Verbindung zu bringen.

2. Bedürfnisdeckung und Bedürfnisweckung – Wie unser Kaufverhalten beeinflusst werden kann

Ihr wisst nun, dass es viele unterschiedliche Bedürfnisse gibt und dass ihr Vorhandensein von vielen Faktoren abhängig ist.
Manchmal stellen sich Bedürfnisse aber auch erst dann ein, wenn Unternehmen mit Werbemaßnahmen auf ihre Produkte aufmerksam machen. Sie wollen möglichst viel verkaufen und den Menschen deutlich machen, dass es sich lohnt, ihre Produkte zu kaufen. Dabei wenden sie die unterschiedlichsten Mittel an. Sie verwerten z. B. auch die Erkenntnisse von Wissenschaftlern („Konsumforschern"), die untersucht haben, was Menschen bzw. bestimmten Gruppen von Menschen besonders wichtig sein kann und wovon sie sich in ihrem Verhalten beeinflussen lassen.

M 3 Bezugsgruppen

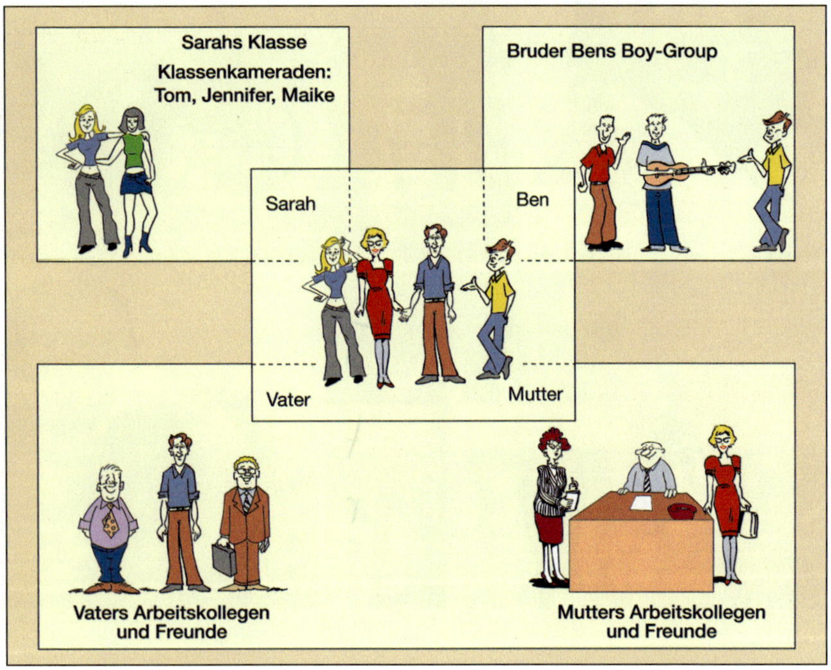

Die sozialen Bedürfnisse, nämlich zum Beispiel Kontakt zu anderen Mitmenschen zu haben, sind für die Entwicklung des einzelnen Menschen sehr bedeutsam. Ihr wisst es von euch selbst sehr genau, wie wichtig eure Eltern für euch sind, eure Freundinnen und Freunde! Sie sind es, die euch verstehen, mit denen ihr besprechen könnt, was euch bewegt, die euch sagen, was ihr in bestimmten Situationen tun oder besser vielleicht nicht tun solltet, was sie richtig oder falsch finden. Ihre Meinung ist euch ganz wichtig. Die Beziehungen zu Menschen im unmittelbaren Umfeld sind für das eigene persönliche Verhalten von ganz entscheidender Bedeutung.

Menschen leben nicht für sich allein. Zwischen einzelnen Personen und Gruppen bestehen vielfältige Beziehungen und Abhängigkeiten. Eine besondere Bedeutung hat für Jugendliche die sogenannte *„Peer Group"*. Darunter versteht man die *Gruppe der Gleichaltrigen*. Gerade für junge Menschen ist die Mitgliedschaft in einer Gruppe von Gleichaltrigen oft wichtiger als die Beziehungen zu anderen Personen.

So kann es z. B. viel wichtiger sein, was eine Klassenkameradin oder ein Klassenkamerad über die neue Hose und das neue Hemd sagt, als das, was die Eltern meinen. Mit den Gleichaltrigen im Einklang zu leben, von ihnen akzeptiert zu werden, ist ein angestrebtes Ziel aller Jugendlichen.

Die Freundesgruppe besitzt, wie man in Untersuchungen festgestellt hat, für Jugendliche die größte Bedeutung in Bezug auf Fragen des Geschmacks (z. B. Kleidung, Musik) oder auf Verhaltensweisen, zum Beispiel im Hinblick auf Freizeitaktivitäten, bis hin zu den Essensgewohnheiten.

Darüber hinaus ist jeder Mensch eingebunden in seine Familie. Hier muss er Rücksicht nehmen auf seine Eltern und Geschwister, er selbst beeinflusst diese wiederum und wird selbst beeinflusst.

Auch die Eltern sind wieder eingebunden in *Bezugsgruppen*. Dazu zählen beispielsweise die Arbeitskollegen, mit denen sie vielleicht auch privat Kontakt haben, und die Freunde und Nachbarn. Jeder steht letztlich in einer mehrfachen Beziehung und wechselseitigen Abhängigkeit zu anderen Personen und Gruppen.

(Autorentext)

1. Erläutert, was man unter „Bezugsgruppen" versteht (s. Grafik in M 3) und inwiefern für Jugendliche die Gruppe der Gleichaltrigen für besonders wichtig gehalten wird.
2. Mit welchen „Bezugsgruppen" hast du es persönlich zu tun? Fertige – ähnlich wie in M 3 – ein Schaubild an, in dem du deine Bezugsgruppen vorstellst.
3. Unterschiedliche „Bezugsgruppen" haben unterschiedliche Erwartungen! Kannst du von Konflikten berichten, in die du geraten bist (z. B. beim Musikgeschmack, beim „Kleidungsstil" o. Ä.)?

M 4 Sarahs Vorbild macht Mode – „Meinungsführerschaft"

In ihrer Klasse gilt Sarah als besonders modebewusst. Sie weiß immer, was man im Moment trägt, was ein absolutes „must have" ist. Sie ist damit für manchen neuen Modestil „Trendsetterin". Außerdem ist sie wegen ihrer Freundlichkeit in der Klasse sehr beliebt, und fast alle wollen auch zu anderen Themen Sarahs Meinung hören. Sie gibt in gewisser Weise „den Ton" an.

Solche Personen werden von Fachleuten auch als *„Meinungsführer"* bezeichnet. Diese Menschen gibt es überall: in der Schule, im Sportverein, am Arbeitsplatz. Das ist allbekannt und viele Firmen haben sich dieses Phänomen zunutze gemacht. Sie setzen auf solche Personen, um ihre Güter besser an den Mann oder an die Frau zu

bringen. In der Werbung können zum Beispiel bekannte Persönlichkeiten des gesellschaftlichen Lebens Meinungsführer sein: Sportler, Schauspieler, Sänger, Fernsehmoderatoren.

Den **Beeinflussungsprozess durch Meinungsführer** muss man sich so vorstellen:

1. Massenmedien wie Radio, Fernsehen, Zeitschriften, Werbefernsehen senden Kaufanreize an den Konsumenten aus. Manche Personen sind für diese Werbebotschaften empfänglicher als andere. Sie sind, wie in unserem Beispiel Sarah, immer *„auf dem Laufenden"*. Sie wissen, welche neuen Produkte gerade auf dem Markt sind, was gerade „in" ist. Diese Personen kaufen auch bestimmte Produkte eher als andere und sind somit Vorreiter für andere Personen.
2. Aber damit nicht genug. Meistens sind solche Meinungsführer auch noch besonders *kontaktfreudig und gesellig*. Sie halten mit ihrem Wissen nicht hinter dem Berg und beeinflussen damit ihre Mitmenschen ganz erheblich.
3. So wie Sarah für die Mode in der Klasse zuständig ist, gilt Ben als besonders informiert im Sportbereich: Basketball und Fußball sind seine Hobbys, er spielt selbst im Fußballverein als Torjäger. Er weiß, wie sich Sportler am besten ernähren sollten und welche Sportkleidung besonders strapazierfähig ist. Und in der Theorie und Taktik kennt er sich selbstverständlich gut aus. Ihn kann man alles fragen, was die Fußballszene angeht, sogar im Frauenfußball weiß er Bescheid.

Sarah und Ben beeinflussen somit bei entsprechenden Käufen zweifellos ihre Freunde. Das gilt auch für andere Bereiche. Jeder kennt in seinem Umfeld Personen, die für bestimmte Gebiete als besonders *sachverständig* angesehen werden, die man um Rat fragen kann und die die eigene Meinung beeinflussen.

(Autorentext)

1. Erklärt den Beeinflussungsprozess, der durch „Meinungsführerschaft" zustande kommt (M4). Vielleicht könnt ihr dazu ein Schaubild entwerfen?

2. Überlegt einmal für euch selbst: Wer ist in welchen Bereichen für dich Meinungsführer? Übst du vielleicht auch für andere Personen in einem bestimmten Bereich Meinungsführerschaft aus?

3. Was haben die Werbeanzeigen in M4 mit dem „Bezugsgruppenmodell" und der „Meinungsführerschaft" zu tun?

4. Welche Bedürfnisse werden angesprochen?

5. Sucht in Zeitschriften nach weiteren Beispielen.

M5 Werbestrategien

Wer etwas verkaufen will, muss nicht nur wissen, *womit* er wirbt, sondern er muss auch wissen, *wem* er was verkaufen will. Er muss zum Beispiel die Bedürfnisse, Gewohnheiten und Wünsche der Verbraucher kennen oder er muss sie für seine Ziele entsprechend beeinflussen. Einzelne Unternehmen sind in der Regel überfordert, das

zu leisten. Nicht selten werden deshalb Werbeagenturen* beauftragt, für sie die Werbemaßnahmen durchzuführen.
Die Werbeagentur beschäftigt Werbefachleute, die Spezialisten für alle möglichen Werbefragen sind und regelrechte „Schlachtpläne" für „Werbefeldzüge" entwerfen. Sie studieren die Eigenschaften eines Produktes, mögliche Absatzmärkte, das Verhalten bestimmter Verbrauchergruppen, die Gründe für den Kauf eines Produktes und welche Konkurrenten solch ein Produkt ebenfalls anbieten. Um zum Beispiel das Verbraucherverhalten von Jugendlichen herauszufinden, untersuchen die Werbespezialisten bis ins Detail,

- über wie viel Geld Jugendliche verfügen,
- welche Freizeitgewohnheiten sie haben,
- welche Kleidung sie besonders mögen,
- welche Musik sie gerne hören,
- mit wem sie gerne zusammen sind,
- welche Sprache sie sprechen und vieles mehr.

(Franz Josef Kaiser/Hans Kaminski, Jugend und Konsum Folge 3, Verführer und Verführte, Arbeitsmaterial für Schüler, in: Praxis Schulfernsehen 106/1965, Verlagsgesellschaft, Köln 1985)

1. Erläutert, was „Werbeagenturen" erreichen sollen und was sie zu erforschen versuchen (M 5).

2. Erklärt, warum diese Informationen für Unternehmen interessant sind (M 5 und M 6 a) und wofür sie diese verwerten können.

M 6 Die KidsVerbraucheranalyse verrät fast alles!

M 6 bietet Informationen der KidsVerbraucheranalyse zur Entwicklung des Geldvermögens von Kindern von 2005 bis 2013 an (M 6 a, b, c). Außerdem erfahrt ihr etwas über Bereiche, in denen Kinder ihre Eltern bei den Kaufentscheidungen beeinflussen (M 6 d).

a) Dass Kinder und Jugendliche für die Wirtschaft eine ganz interessante Zielgruppe sind, zeigt die Tatsache, dass in jedem Jahr eine KidsVerbraucheranalyse (KidsVA) erscheint, in der Ergebnisse zum Medien- und Konsumverhalten von „Kids" veröffentlicht werden. Kinder und Jugendliche sind aus mindestens zwei Gründen eine sehr wichtige Zielgruppe: Sie verfügen über viel Geld und sie beeinflussen die Kaufentscheidungen ihrer Eltern. Klar, dass einzelne Unternehmen daran interessiert sind, dass sie von dem großen „Geldkuchen" der Jugendlichen etwas abbekommen oder aber dass die Kinder ihre Eltern zu genau den Produkten des eigenen Unternehmens „überreden"! Die Ergebnisse der KidsVerbraucheranalyse 2013 sind repräsentativ* für 5,92 Millionen Kinder in Deutschland im Alter von 6 bis 13 Jahren. Es sind dafür 1645 Doppelinterviews (Kind und Erziehungsberechtigter) geführt worden. Uns interessieren hier hauptsächlich die unter M 6 b–d angegebenen Ergebnisse. Aber wenn ihr euch über weitere Ergebnisse informieren wollt, könnt ihr das unter folgender Adresse tun: http://www.ehapa.de/pressemitteilungen/kidsverbraucheranalyse-2013/.

(Autorentext)

b) Kinder haben wieder mehr im Geldbeutel

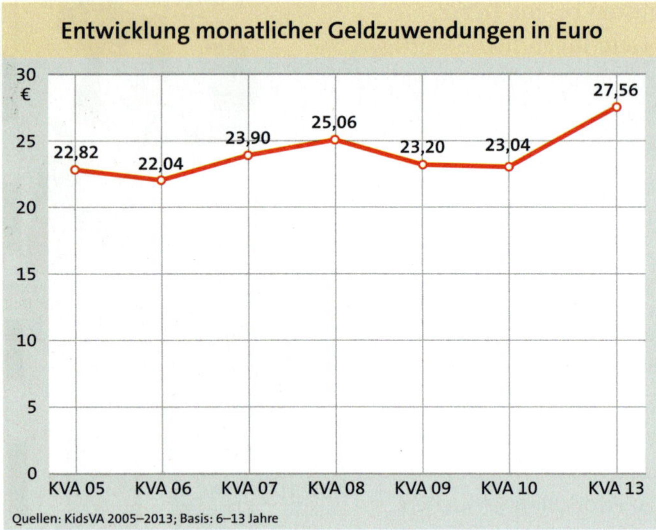

c) Entwicklung der Geldgeschenke etwas rückläufig

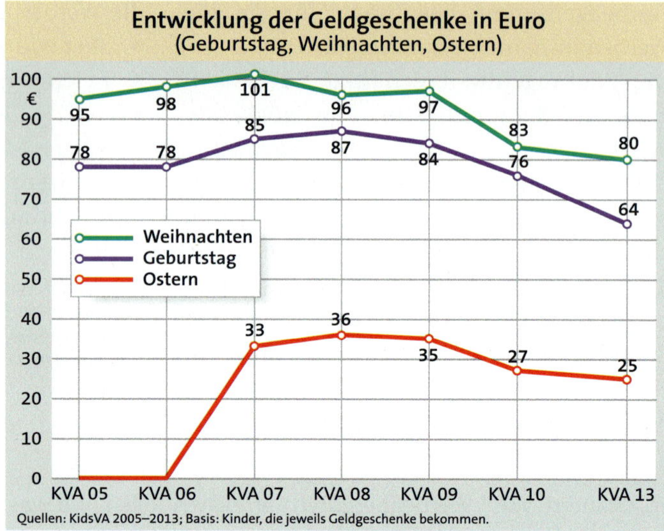

Hinzu kommen aber Geldgeschenke, die den Kindern zwischendurch zugesteckt werden (z. B. von Großeltern, Verwandten, für gute Noten oder fürs Helfen im Haushalt).

1. Stellt die wichtigsten Ergebnisse aus M 6 b und c für eine mündliche Kurzinformation zusammen. Wertet die beiden Grafiken aus, indem ihr die Ergebnisse in einfachen Aussagesätzen formuliert, z. B.:
- In den Jahren von 2005 bis 2013 haben die monatlichen Geldzuwendungen für die 6- bis 13-Jährigen zugenommen, und zwar von …
- Im Jahre 2009 allerdings …
- Viele Kinder bekommen auch zu Weihnachten …
- …

2. Vergleicht diese Ergebnisse mit euren eigenen Erfahrungen (siehe auch Kapitel 7, M 5).

M 6 d Kinder an die (Einkaufs-)Macht

Ob montags bei Tengelmann, dienstags bei Edeka oder mittwochs bei Real … Kinder beeinflussen die Kaufentscheidungen ihrer Eltern. Und die unterschätzen die Einkaufsmacht der lieben Kleinen ganz gewaltig. Nicht nur die klassische „Quengelware" landet auf Initiative der Kinder im Einkaufswagen – der Nachwuchs entscheidet zunehmend auch beim Handy-, Computer- und sogar beim Autokauf.

„Kinder sind die Käufer von morgen" […]! So weit, so falsch: Kinder sind die Käufer von heute – und das nicht nur, weil ihr Taschengeld sich auf Milliarden summiert, sondern vor allem auch, weil sie die Kaufentscheidungen ihrer Eltern (mit)bestimmen. […]

Tatort Supermarkt

Freitag, 16 Uhr 20. Ein Supermarkt in der Münchner Maxvorstadt. Cerealien-Regal.

Eine Mutter greift nach einer Packung. „Nein, Mami, DIE da, bitte!“, sagt die vierjährige Greta. Die Mutter hält in der Bewegung inne, nimmt dann eine andere Müsli-Packung aus dem Regal. An der Kasse erinnert sich die Mutter beim Blick in den Einkaufswagen zwar, dass Greta sich Gummibärchen gewünscht und auch bekommen hat. Dass die Kleine auch beim Müsli (und bei Wurst) ihre Wünsche durchgesetzt hat, weiß die Mutter knapp fünf Minuten nach der Szene vorm Regal schon nicht mehr. So weit der Einkaufsalltag in Deutschland 2013. Die größte wissenschaftliche Studie zum Thema allerdings stammt aus dem Jahre 2009 und aus Österreich. Forscher der Uni Wien haben 178 Kinder-Eltern-Paare verdeckt beim Einkauf beobachtet und anschließend interviewt.

Das erstaunliche Ergebnis. Eltern haben keine Ahnung, wie oft und wie stark ihre Kinder (zwischen 3 und 14 Jahren) ihre Einkaufsentscheidungen beeinflussen. Bei etwa der Hälfte der Produkte, die auf Initiative der Kinder im Einkaufswagen landete, war den Eltern gar nicht bewusst, dass der Nachwuchs sie zum Kauf animiert hatte. Insgesamt äußerten die 178 Kinder im Supermarkt 424 Wünsche, von denen fast die Hälfte (219) erfüllt wurden.

[…]

Kinder als Technikratgeber

Doch Kinder sind nicht nur im Supermarkt eine Einkaufsmacht. Mehr als die Hälfte der 12- bis 19-Jährigen beispielsweise hilft Eltern beim Handy-Kauf. 56 Prozent der Mädchen und 61 Prozent der Jungs werden bei der Entscheidung für ein Mobiltelefon-Modell von ihren Eltern um Rat gefragt. Jungs in dieser Altersgruppe […] [sind] stärker als Ratgeber [gefragt], wenn es um den Kauf von Computern und Unterhaltungselektronik geht, Mädchen hingegen in den Bereichen Möbel/Einrichtung und Urlaub/Reisen (Bravo Trendmonitor, Juli 2013). […] Über die Hälfte der 12- bis 19-Jährigen werden von den Eltern um ihre Meinung gebeten, wenn es um den Kauf eines Autos geht.

„Kinder sind in den Familien in allen wichtigen Entscheidungen, die ihre Freizeit- und Konsumwelt betreffen, stark eingebunden“, sagt Ingo Höhn, Geschäftsleiter der Egmont MediaSolutions. Der Egmont Ehapa Verlag hat kürzlich die Groß-Studie Kids-VA […] herausgegeben. Außerdem steige, so Ingo Höhn, „bei Kindern das Markenbewusstsein sowie die Bereitschaft der Eltern, deren Wünsche weitgehend zu erfüllen.“

[…]

(Elke Löw, 12.8.2013; http://bigtrends.de/2013/08/12/kinder-an-die-einkaufs-macht/)

1. „Kinder sind die Käufer von heute!“ – Wie begründet die Autorin des Textes diese Behauptung?

2. In welchen Bereichen ist der Einfluss von Kindern bei Kaufentscheidungen der Eltern besonders groß? Schreibt die wichtigsten Zahlen heraus und unterscheidet dabei zwischen dem „Tatort Supermarkt“ und anderen Gelegenheiten.

3. Übt ihr auch Einfluss auf Kaufentscheidungen eurer Eltern aus? Wenn ja, bei welchen?

4. Überlegt, warum die Ergebnisse der Studien für Werbefachleute von besonderem Interesse sind.

M 7 Werbeanzeigen

Für Werbung geben die Unternehmen sehr viel Geld aus, deshalb muss sie sich auch lohnen.

Die Werbung will an erster Stelle Aufmerksamkeit wecken, weil sie den Verbraucher für die Werbebotschaft zugänglich machen soll.

Durch verschiedene Reize, die wir mit den Sinnesorganen aufnehmen, wie z. B. Töne, Bilder und Worte, soll in uns eine innere Spannung oder Erregung entstehen. Die Werbung benutzt hauptsächlich drei Gruppen von Reizen:

- emotionale Reize, die Gefühle ansprechen,
- gedankliche Reize und
- gegenständliche Reize.

Emotionale Reize: Erzeugt werden diese in der Werbung durch z. B. erotische Abbildungen sowie Motive, die auf dem Kindchenschema aufbauen. Erotische Abbildungen sprechen die sexuellen Gefühle an. Sie wirken auf fast jeden, unabhängig vom Alter, Geschlecht, von der Bildung usw. Das „Kindchenschema“ beruht auf Abbildungen von kleinen Kindern mit großem runden Kopf und strahlenden Kulleraugen. Solche Bilder lösen emotionale Reize aus, weil sie sich an „Mutter- und Beschützergefühle“ wenden.

Gedankliche Reize: Sie entstehen vor allem dann, wenn durch die Werbebotschaft Widersprüche und Überraschungen ausgelöst werden. Der Verbraucher wird zur gedanklichen Verarbeitung der Information angeregt. Beispiele für gedankliche Reize sind ungewohnte Schreibweisen, die Einordnung von Wörtern in völlig andere Zusammenhänge oder eine ungewöhnliche Kombination von Bild und Produkt. In Untersuchungen wurde festgestellt, dass gedankliche Reize den emotionalen Reizen unterlegen sind.

Gegenständliche Reize: Größe, Farbe, Helligkeit, Lautstärke der Werbung sind Reize, die ebenfalls unsere Aufmerksamkeit wecken. Farbige Anzeigen oder Plakate regen mehr an als nichtfarbige. Mehrfarbig gestaltete Werbung hat wiederum eine größere Wirkung als einfarbige. Die Wirkung ist auch von der Größe abhängig. Eine große Anzeige wird häufiger beachtet als eine kleine.

(Autorentext)

1. M 7 stellt euch vor, mit welchen Mitteln in der Werbung Aufmerksamkeit erzeugt werden soll. Erläutert die angeführten „Reizgruppen“ und zeigt bei den abgebildeten Beispielen auf, mit welchen Reizen hier gearbeitet wird.

2. Geht auf die Suche nach Werbeanzeigen, in denen ihr solche Reize wiedererkennt. Stellt eine Collage zusammen.

3. Seid kreativ und entwerft selbst eine Werbeanzeige, in der ihr mit den verschiedenen Reizgruppen arbeitet.

Eine andere Strategie, Personen zum Kaufen anzuregen, wird in M 8 dargestellt. Ihr findet bestimmt schnell heraus, um welche es sich handelt!

M 8 Produkte werden vermarktet
Was die schöne Barbie und die tapferen Jedi-Ritter gemeinsam haben

BARBIE

Die Puppe bringt das Geld

Am Ende lag die ganze Last des Mattel-Konzerns wieder auf ihren schmalen Schultern. Und trotz ihrer mehr als 50 Jahre zeigte sie der Konkurrenz erneut, was eine erfolgreiche Frau alles bewirken kann: Dank Barbie klingelten bei Mattel, dem größten Spielwarenhersteller der Welt, im Weihnachtsgeschäft die Kassen. Die Puppe mit der Wespentaille trieb den Umsatz im Schlussquartal 2010 um neun Prozent auf 2,1 Milliarden Dollar.

Selbst der Siegeszug der Computerspiele kann der Plastikschönheit, die auch als Businessfrau über den Laufsteg wackelt, nicht gefährlich werden. Ganz im Gegensatz zu Modellautos von Hot Wheels und Matchbox, die immer häufiger in den Regalen bleiben.

Schon bald stehen die nächsten Höhepunkte an: Boyfriend Ken feiert 2011 seinen 50. Geburtstag. Und zur Frauen-Fußball-WM im Sommer gibt es zwei neue schicke Modelle.

(Focus Nr. 06/2011 v. 7.2.2011, S. 122)

1. Am Beispiel von Barbie kann man sehen, dass der Kauf eines Produktes die Wünsche nach vielen zusätzlichen Produkten erzeugen kann. Ein weiteres Beispiel hierfür ist das Geschäft rund um Star Wars. Versucht zu erklären, warum das so ist.
2. Seit wann sammelt ihr schon Produkte rund um Star Wars und/oder Barbie? Versucht einmal zusammenzuzählen, was diese Sammlung in etwa gekostet hat!
3. Kleine Puppe – große Wirkung: Zeigt auf, wie erfolgreich dieses Spielzeug ist und warum in dem Zeitungsartikel genau das bestätigt wird, was in Aufgabe 1 behauptet wird.
4. Kennt ihr noch andere Produkte, deren Kauf zu weiteren Wünschen und Zusatzkäufen führt?

M 9 Macht's die Marke?

In der KidsVerbraucheranalyse 2013 wird das ausgeprägte Markenbewusstsein bei Kindern bestätigt.

Die Kids von heute sind Markenkenner und möchten ihre Individualität (persönliche Eigenart) schon früh auch über den Besitz eigener Produkte ausdrücken. Die Eltern sind oft bereit, Markenwünschen ihrer Söhne und Töchter nachzukommen, und fragen ihre Kinder darum meist selbst, wenn es um konkrete Einkäufe für ihre Sprösslinge geht.

Besonders beim Outfit muss es die richtige Marke sein: Hier sind es vor allem Sportschuhe (57 Prozent), Taschen/Rucksäcke (53 Prozent) und Bekleidung (50 Prozent), die zudem eine wichtige Funktion als Statussymbole erfüllen. Es folgen Schulsachen (44 Prozent), Handy (41 Prozent) und Spielwaren (34 Prozent). Bei fast allen untersuchten Produktbereichen sind die Eltern bereit, den konkreten Markenwünschen ihrer Kinder nachzukommen. Lediglich bei teurerem technischem Equipment wie dem Handy ist die Bereitschaft deutlich geringer. Zum eigenen Style gehören bei vielen Kids nicht nur Klamotten und Accessoires, sondern auch individuelle Produkte zur Körperpflege. In den letzten Jahren nahm generell die Verwendung von Duschgel, Cremes, Haarpflegeprodukten oder Parfums bei Kindern zu. Dabei haben immer mehr von ihnen ihre eigenen Produkte im Bad stehen.

Dies ist nicht nur bei Mädchen, sondern auch bei Jungen zu beobachten. Es beginnt bei der eigenen Zahncreme (72 Prozent), geht über Shampoo (58 Prozent) und Duschgel (52 Prozent) bis hin zu eigenen Haarstylingprodukten (31 Prozent), Cremes (28 Prozent) und Deos (26 Prozent). […]

(Ingo Höhnt/Ralf Bauer, KidsVerbraucheranalyse 2007, Pressemitteilung S. 4f., Egmont Ehapa Verlag GmbH/Walistraße 59/10179 Berlin)

M 10 Die Marke macht's!

Frühe Prägung: Kinderpartys bei McDonald's erzeugen eine Vorliebe für die Marke

Schon bei Vorschulkindern prägen Fast-Food-Marken den Geschmack. Dies fanden US-Kinderärzte bei einer Studie mit Drei- bis Fünfjährigen heraus, denen sie für Schnellrestaurants typische Speisen und Getränke servierten. Die jeweils identischen Hamburger, Chicken McNuggets und Pommes frites waren in neutrale Kartons sowie solche mit McDonalds-Aufdruck verpackt. Nach der Mahlzeit erklärte eine klare Mehrheit der Kleinen, die Produkte mit McDonalds-Logo hätten besser geschmeckt.

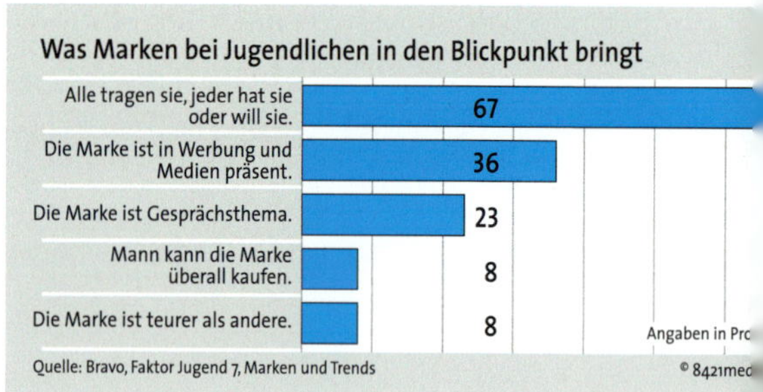

Ähnliches behaupteten die Kinder auch, wenn sie nur glaubten, die Speisen seien von dieser Firma. Diejenigen, die am häufigsten die Werbung der Burger-Kette gesehen oder dort schon gegessen hatten, zogen zumeist auch deren Menüs vor.

(FOCUS Nr. 32/2007, S. 16; Verf.: Michael Odenwald)

1. In M9 heißt es: Kids sind Markenkenner! In welchen Bereichen kennen sie sich denn am besten aus?
   a) Stellt die Informationen in einem Schaubild zusammen.
   b) Welche Produkte sind im Moment in den genannten Bereichen (Sportschuhe, Kleidung, Rucksäcke u. a. m.) besonders gefragt?

2. Wie wird begründet, dass die Kinder so viel Wert auf Markenprodukte legen? Was meint ihr dazu und welche Gründe haltet ihr für die wichtigsten?

3. Stellt das in M10 dargestellte Experiment vor. Welche Schlussfolgerungen kann man aus dem Ergebnis des Experimentes ziehen?

M11 Die Marke muss sein!

Dass Aldi in seinen Sonderangeboten kaum Hosen, T-Shirts und Schuhe für Kinder zwischen sechs und sechzehn führt, hat seinen Grund. Mit Aldi-Klamotten könnte man in der Schule, beim Jugend-Treff oder in der Disko schlicht und einfach nicht antreten. Das wäre uncool. Kultig ist etwas anderes – kultig ist die Markenware, kultig sind Designer-Klamotten; das Original-Fußballerdress von Bayern München oder von ManU (Manchester United) ist zumindest unter Jungs ohnehin Pflicht. Dementsprechend gehen den Kindern zig Markennamen leichter von den Lippen als so manche Vokabeln aus dem Englischunterricht. […]

Die Eltern wissen ein Lied davon zu singen, was das heißt, wenn ihre Kinder die Schule als Laufsteg betrachten. Die Einkleidung der Kinder im Bekleidungsgeschäft oder in der Boutique wird dann zum Kampf und das morgendliche Anziehen zum Drama. „Mit diesen Fetzen kann ich mich nicht sehen lassen, damit steh ich ja da wie ein Asi (Asozialer)!" So oder noch viel deftiger fallen dann die Weigerungen aus, ein T-Shirt oder einen Pullover von der Stange anzulegen. Was Wunder, wenn in den Elternhäusern das Wort vom Markenterror die Runde macht!

Da ist es dann keine Seltenheit, wenn die Zehnjährige oder der Zwölfjährige mit Kleidung im Wert von 500 Euro und mehr am Leib in die Schule marschieren – Handy und Discman nicht mitgerechnet. Die meisten Lehrer haben keinen Blick dafür. Vor und zwischen den Stunden, im Schulbus und in den Pausen genießt man dann als solchermaßen gedresster und gestresster Schüler die tatsächlich oder vermeintlich neidvollen Blicke der Mitschüler. Und wenn man sie nicht genießt, dann ist man wenigstens damit glücklich, nicht verspottet zu werden.

(Josef Kraus, Präsident des deutschen Lehrerverbandes, 28.1.2002; http://www.lehrerverband.de/dralauf.htm)

In M11 übt ein Lehrer-Vertreter heftige Kritik an der „Marken-Konkurrenz" unter Schülerinnen und Schülern. Entspricht seine Darstellung euren eigenen Erfahrungen? Setzt euch mit dieser Kritik auseinander und nehmt auch Bezug auf die Meinung, die eure Eltern dazu haben.

Methode M 12 Markenwelt: gut oder schlecht? – Diskussion

Jetzt mal ganz ehrlich! Uns geht es um die Frage: Wie frei bist du wirklich, wie vernünftig und wie stark? Können die Werbung und das Marketing dich so beeinflussen, dass du ständig Entscheidungen triffst, die eigentlich unvernünftig sind? Gibst du mehr Geld aus, als du dir eigentlich leisten kannst? Macht es dir etwas aus, wenn sich deine Mitschüler über die Aldi-Jeans und das Woolworth-T-Shirt lustig machen? Wenn du alle Fragen mit „ja" beantworten musst, dann hast du ein Problem.

Man muss schon ganz schön stark sein, um schlechten Verlockungen zu widerstehen. Aber immer mehr Jugendliche scheinen die Stärke aufzubringen. Zum Glück!

Wir schlagen euch vor, zu diesem Thema in der Klasse eine Diskussion durchzuführen. Bereitet euch dazu vor, indem ihr euch zunächst eure Position klarmacht und überlegt, mit welchen Argumenten ihr diese begründen wollt.

Diskussion!!

Markenwelt – ein Problem?

frei ???

stark ???

vernünftig ???

Zur Methode:

Diskutieren will gelernt sein! Es ist nämlich gar nicht so einfach, auch andere Meinungen und Auffassungen gelten lassen zu können. Diese Schwierigkeit haben auch Erwachsene. Manchmal verlaufen Diskussionen so, dass Menschen sich verletzt fühlen, weil z. B. der Ton recht barsch ist oder weil die Gesprächssituation so chaotisch ist. Das habt ihr bestimmt auch schon in Talk-Shows im Fernsehen oder bei politischen Diskussionen beobachtet.

Aber richtig und angemessen um eine Sache „streiten" zu können, ist in einer Demokratie eine ganz wichtige Fähigkeit. Um nämlich Klarheit in eine Sache zu bringen, ist es hilfreich, sie von allen Seiten zu beleuchten und sie in die unterschiedlichsten Aspekte zu „zerlegen", um abschließend zu einem umfassenderen Urteil zu gelangen.

Dabei gilt es aber, ganz bestimmte Regeln einzuhalten.

Diskussionsregeln:

1. Begründe deine Meinung!
2. Hör gut zu!
3. Lass andere ausreden!
4. Ruf nicht dazwischen!
5. Streite nur mit fairen Mitteln (z. B. keine Beleidigungen; keine Lügen)!
6. Sei nicht übertrieben rechthaberisch!

(Eine Meinung zu überdenken oder zu ändern muss keine Schwäche sein!)

Der Diskussionsleiter (Moderator)

- erklärt die Spielregeln,
- erteilt das Wort,
- lenkt durch Fragen und Impulse,
- beendet die Diskussion mit einem Schlusswort/Resümee.

(Autorentext)

1. Bedürfnisse

Die im Folgenden aufgelisteten Bedürfnisse wurden von einer Schulklasse in einer Befragung spontan genannt. Gebt an, um welche Art von Bedürfnis (vgl. M 1/M 2) es sich jeweils handelt:

trinken	.... ??? ....
schlafen	.... ??? ....
Musik hören, ausruhen	.... ??? ....
gute Schulnoten haben	.... ??? ....
Sport treiben	.... ??? ....
telefonieren	.... ??? ....
ein Buch lesen	.... ??? ....
sich mit den Eltern gut verstehen	.... ??? ....
im Internet surfen	.... ??? ....
sich verstehen	.... ??? ....
Freunde haben	.... ??? ....
gut aussehen	.... ??? ....
dem Hobby nachgehen	.... ??? ....
schicke Klamotten tragen	.... ??? ....
duschen	.... ??? ....

2. Stimmt's oder stimmt's nicht?

Was haltet ihr von den beiden unten stehenden Zitaten? Diskutiert in eurer Klasse darüber und verwendet zur Begründung eurer Meinung Erkenntnisse aus der Bearbeitung dieses Kapitels. Bereitet die Diskussion dadurch vor, dass ihr in einer Gruppenarbeit Argumente (Pro und Kontra) zusammenstellt und in den Materialien zu folgenden Themenbereichen nach Belegen sucht:

- Bedürfnisse
- Meinungsführerschaft/Bezugsgruppen
- Werbestrategien
  - Reizgruppen
  - Vermarktungsstrategien (Barbie/Star Wars)
  - Markenbewusstsein

Die Werbung schenkt uns neue Bedürfnisse und nimmt uns Stück für Stück die eigenen.

Wir verkaufen keine Produkte, wir fangen Konsumenten.

3. Umfrage: Wie hältst du es mit den Marken?

Wie sieht es in eurer Jahrgangsstufe oder Schule mit dem Markenbewusstsein aus? Wir schlagen euch vor, eine Befragung durchzuführen. Der folgende Umfragebogen kann dabei eine Hilfe sein. Vielleicht wollt ihr aber auch noch andere Fragen aufnehmen oder ihn abändern.
Über die ermittelten Ergebnisse könnt ihr in eurer Schule (z. B. in eurer Schülerzeitung oder auf der Homepage) informieren und mit euren Kenntnissen über z. B. „Meinungsführerschaft" und Werbestrategien Aufklärung betreiben. Man könnte auch mit Interviews noch stärker auf das Problem des „Markendrucks" hinweisen. Die durch die Umfrage insgesamt gewonnenen Ergebnisse können auch als Argumentationsgrundlage für eine Diskussion in der SV oder der Schulkonferenz über die Einführung einer einheitlichen Schulkleidung verwendet werden.

Umfragebogen „Marken"

1. Nenne 10 Marken, die dir spontan einfallen!

???	???
???	???
???	???
???	???
???	???

2. Wie wichtig sind dir Marken generell?

❑ sehr ❑ ziemlich ❑ weniger ❑ gar nicht

2a. Wenn „sehr" oder „ziemlich": Warum? (Stichworte)

???	???
???	???
???	???

2b. Wenn „weniger" oder „gar nicht": Warum nicht? (Stichworte)

???	???
???	???
???	???

3. Wie wichtig sind Marken in deinem unmittelbaren Freundeskreis?

❑ sehr ❑ ziemlich ❑ weniger ❑ gar nicht

4. Bei welchen Produkten achtest du besonders auf die Marke?

❑ Handy ❑ Klamotten ❑ Schuhe ❑ Kosmetik ❑ Ernährung ❑ Getränke

❑ andere: ???

???

4a. Welche Marken sind dir da am liebsten?

???

???

4b. Wie bist du auf diese Marken aufmerksam geworden?

❑ Werbespot ❑ andere Werbung ❑ Freunde

Sonstiges: ???

???

5. Wie wichtig ist Werbung deiner Einschätzung nach für die Beliebtheit einer Marke?

❑ sehr ❑ ziemlich ❑ weniger ❑ gar nicht

6. Wie wichtig ist der Freundeskreis deiner Einschätzung nach für die Beliebtheit einer Marke?

❑ sehr ❑ ziemlich ❑ weniger ❑ gar nicht

7. Denkst du, dass bekannte Marken auch generell bessere Qualität als weniger bekannte Marken haben?

❑ Ja ❑ Nein

8. Glaubst du, dass es Schüler/innen mit angesagten Markenklamotten in der Klasse leichter haben als die mit No-Name-Kleidung?

❑ Ja ❑ Nein

8b. Falls ja: Würdest du das gerne ändern?

❑ Ja ❑ Nein

9. Glaubst du, dass Schuluniformen eine gute Lösung sein könnten, um den Markendruck bei Kleidung zu verringern?

❑ Ja ❑ Nein

(© Verbraucherzentrale Nordrhein-Westfalen)

1 EURO

EURO
ΕΥΡΩ
20

Wirtschaften will gelernt sein – vom Handeln auf Märkten und der Rolle des Geldes

5

Zur Orientierung

*Sicherlich habt ihr schon einmal etwas vom „Ötzi“ gehört oder gelesen. Mit seiner interessanten Geschichte wollen wir das vorliegende Kapitel beginnen (**erster Abschnitt**), weil sich daran zeigen lässt, wann und wie wirtschaftliches Handeln entstanden ist und was man bis heute darunter versteht.*
*Zum wirtschaftlichen Handeln braucht man Handelsplätze – Märkte. Was dort geschieht, damit beschäftigen wir uns in einem **zweiten Abschnitt**. Hier wird auch geklärt, welche Rolle das Geld spielt und wie Preise entstehen. „Ohne Moos nix los!“ – das wisst ihr ja auch.*
*Im **dritten Abschnitt** untersuchen wir die Geschichte des Tauschhandels, der durch die Erfindung des Geldes eine völlig neue Entwicklung genommen hat. Ihr werdet sehen, welche vielfältigen Aufgaben Geld heute erfüllen kann.*
*Wie das Geld bei uns und zugleich in vielen Ländern Europas aussieht, das sollt ihr im **vierten Abschnitt** erarbeiten. Bei der Arbeit an verschiedenen Stationen könnt ihr zu Euro-Experten werden!*
***Zum Schluss** geben wir euch Hinweise und Anregungen, wie ihr ein Spiel zum Thema „Geld“ entwerfen und selbst spielen könnt, auch um euch zu vergewissern, was ihr in diesem Kapitel gelernt habt.*

Kompetenzen

Nach der Erarbeitung dieses Kapitels solltet ihr Folgendes wissen und können:

- erklären, was unter „wirtschaftlichem Handeln“ zu verstehen ist und ab welcher Zeit man davon sprechen kann;
- den Begriff „Tauschhandel“ erläutern und begründen, warum Tauschhandel eine weitere Stufe wirtschaftlichen Handelns ist;
- erläutern, welche Bedeutung „Märkte“ für wirtschaftliches Handeln haben;
- erklären, wie Preise zustande kommen;
- begründen, warum das Geld den Tauschhandel enorm erleichtert hat;
- wichtige Stationen der Geschichte des Geldes benennen;
- unterschiedliche Aufgaben des Geldes beschreiben und erläutern;
- mithilfe der Methode „Stationenlernen“ zum „Euro-Spezialisten“ werden;
- Frage- und Antwort-Karten für ein Quiz-Spiel entwerfen und herstellen;
- begründen, wie eine „Welt ohne Geld“ funktionieren müsste.

1. Wirtschaftlich handeln

M 1 a Von Jägern, Sammlern und Bauern – was „Ötzi" mit Wirtschaft zu tun hat!

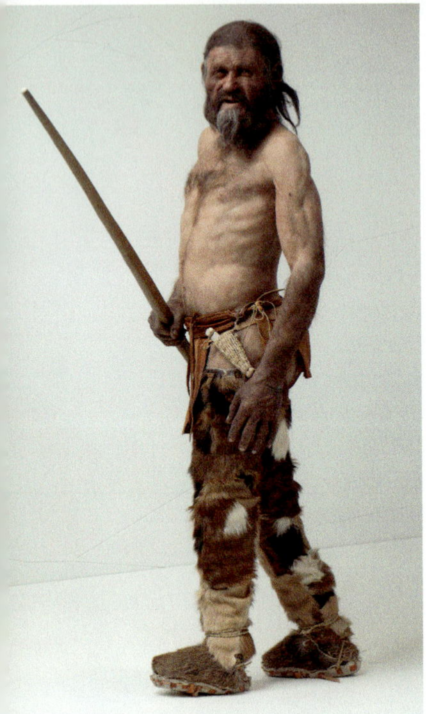

So hat Ötzi wohl ausgesehen (Südtiroler Archäologie-museum)

Im September 1991 machten deutsche Touristen in Südtirol einen spektakulären Fund: Auf einem Gletscher entdeckten sie eine Mumie – die Leiche eines Mannes, der vor ungefähr 5300 Jahren gelebt hat. Diese Zeit nennt man **Jungsteinzeit**, und der einzige bekannte Mensch aus der Endphase der Jungsteinzeit ist der „Ötzi" genannte „Mann vom Hauslabjoch". Seine Leiche blieb als gefriergetrocknete Mumie im Eis des Similaungletschers in den Ötztaler Alpen erhalten.

Warum nun war die Jungsteinzeit (Neolithikum, von altgriech. neos „neu, jung" und lithos „Stein") für die Wirtschaft so wichtig?

Ein Dach über dem Kopf zu haben und im Supermarkt Lebensmittel einzukaufen, erscheint uns heute völlig selbstverständlich. Aber die längste Zeit ihres Daseins haben die Menschen eigentlich fast immer als *Jäger und Sammler* gelebt. Als unsere Vorfahren sesshaft wurden, war das wahrscheinlich die folgenreichste Entscheidung, die sie jemals getroffen haben.

Begonnen hat alles vor elf- bis zwölftausend Jahren im Vorderen Orient, im Gebiet zwischen Persischem Golf, Zweistromland und Totem Meer. Dieser sogenannte „Fruchtbare Halbmond" gehört zu den Orten, an denen Landwirtschaft und Viehzucht erfunden wurden. Von dort breitete sich diese neue Lebensweise allmählich bis nach Mitteleuropa aus.

Der australische Archäologe Gordon Childe hat 1925 diesen *Wandel vom Jäger und Sammler zum Viehzüchter und Ackerbauern* als **„Neolithische Revolution"** bezeichnet.

Im heutigen Deutschland dauerte alles noch

Ötzi an seinem Fundort

etwas länger als im Vorderen Orient. Bis ungefähr 5800 vor Christus lebten die Menschen hier als umherziehende Jäger und Sammler. Dann begegneten ihnen Hirten, die aus Westeuropa eingewandert waren. Diese Hirtenvölker besaßen Schafe und Ziegen und stellten Keramik her. Rund dreihundert Jahre später gesellten sich Bauern zu den Jägern und Hirten. Die Bauern waren wahrscheinlich mitsamt ihren Errungenschaften vom Fruchtbaren Halbmond über den Balkan nach Mitteleuropa gewandert. Viele Menschen werden das nicht gewesen sein, aber sie machten auf die Jäger einen gewaltigen Eindruck. Aus den Jägern und Sammlern wurden rasch sesshafte Bauern. Sie schauten sich bei den Einwanderern deren Lebensweise ab und lernten von ihnen. Sie lebten in Dörfern und stellten Gefäße aus Keramik her. Sie errichteten Häuser, bauten Emmer (Getreidesorte), Einkorn (Getreidesorte) und Gerste an und hielten Hunde, Rinder, Schweine, Schafe und Ziegen als Haustiere.

Aber von der Landwirtschaft leben zu können erforderte planvolles Handeln: Land musste gerodet, Äcker mussten bestellt werden. Die Tiere brauchten Ställe und Futter für die Wintermonate, und Saatgut für das Frühjahr musste aufbewahrt werden. Es entwickelten sich Handwerke, die für ein Dorfleben erforderlich waren. Ein langfristiges, planvolles Handeln und Arbeiten heißt aber nichts anderes als wirtschaften können!

Was hat das mit Ötzi zu tun? – Vieles haben die Wissenschaftler über ihn herausfinden können und vieles deutet darauf hin, dass er ein typischer Vertreter dieser Zeit war.

(Autorentext)

M 1 b Die Geheimnisse des Ötzi

Ötzi hat in der Umgebung von Bozen gelebt. Heute sind sich die Wissenschaftler sicher, dass er die letzten Monate seines Lebens im Schnalstal verbrachte. Als guter Bergsteiger konnte er von dort aus in nur wenigen Stunden das Tisenjoch erreichen.

In dieser Zeit haben die Menschen in Dörfern in den Tälern gewohnt. Ein typisches Zeichen für das Dorfleben sind die rauchigen Lungen, die auch bei der Gletschermumie eindeutig nachzuweisen sind. Ötzis Zeitgenossen lebten von Viehzucht und betrieben aktiven Handel. Ihre Handelswege müssen quer durch die Alpen geführt haben. Zahlreiche archäologische Funde zeigen nämlich, dass bestimmte Materialien zu beiden Seiten der Alpen vorkommen. Vielleicht war er Kupferfachmann. Wie die Wissenschaftler erstaunt feststellen mussten, wurde bereits in der Jungsteinzeit sehr viel mit diesem Material experimentiert. Diese Rohstoffe und ihre Verarbeitung dürften ein gewisses Ansehen bedeutet haben. Nur hochrangige Dorfmitglieder hatte zu diesem Werkstoff Zugang. Außerdem war es sehr aufwendig, Kupfer zu verarbeiten. Schließlich musste es auch damals schon bei über 1000 Grad geschmolzen werden. Ein möglicher Hinweis darauf ist der hohe Schwermetallgehalt in Ötzis Lunge.

(Autorentext)

1. Erklärt, warum gerade die „Jungsteinzeit" – das Neolithikum – für die Wirtschaft so wichtig war und als „Neolithische Revolution" bezeichnet werden kann. Was hat sich im Vergleich zur vorherigen Zeit grundlegend geändert? (M 1 a)
2. Wann kann man von einem „wirtschaftlichen Handeln" sprechen? (M 1 a)
3. Warum ist „Ötzi" ein Beispiel für einen „wirtschaftlich handelnden" Menschen? (M 1 b)

4. Wenn ihr noch mehr über Ötzi wissen wollt: www.planet-wissen.de. Dort wird Ötzi sehr ausführlich als „archäologischer Kriminalfall" vorgestellt. Vielleicht ist jemand von euch auch schon im Südtiroler Archäologiemuseum in Bozen gewesen. Dort ist seine Mumie ausgestellt und man kann sehr viel über seine Zeit und die Lebensgewohnheiten erfahren: http://www.archaeologiemuseum.it/index_ice.html

M 2 Arbeitsteilung ermöglicht Tauschwirtschaft

Als die Menschen anfingen, in größeren Gemeinschaften zu leben und Dörfer zu errichten, stellten sie fest, dass es wesentlich effektiver ist, die Arbeit untereinander aufzuteilen. Gemeinsam ist es einfacher: Der Tauschhandel beginnt.

So konnte zum Beispiel der eine wesentlich besser Jagdwaffen herstellen, während der andere ein ausgesprochen erfolgreicher Jäger war. Der Waffenschmied konnte seine Speerspitzen nicht essen. Und der Jäger kam ohne gute Waffen mit viel zu wenig Nahrung von seiner Jagd zurück.

Die beiden tauschten also. Der Schmied erhielt seine Nahrung vom Jäger. Der wiederum konnte viel mehr Beute erzielen mit den Speerspitzen des Schmieds. Dieser sogenannte einstufige Tausch, also *Ware gegen Ware*, wird „Naturalwirtschaft" genannt.

Du kennst diesen **Tauschhandel** vielleicht selber: Wenn du zwei gleiche Dinge von einer begehrten Sammlung hast, suchst du dir jemanden, der genau eines davon haben möchte.

Dafür erhältst du dann ein anderes, das du noch nicht hast. Solange beide mit dem Gegenwert zufrieden sind, hat ein erfolgreicher Tauschhandel stattgefunden.

Dieser Tauschhandel hört sich zwar sehr einfach an, das war er aber früher nicht. Wenn du als Zahlungsmittel zum Beispiel eine Kuh hattest, musstest du jemanden finden, der dir das, was du wolltest, gegen deine Kuh eintauscht.

(http://www.kindernetz.de/infonetz/thema/geld/tauschhandel/-/id=332926/nid=32926/did=32888/r86ijk/index.html; Verf.: Friederike Wilhelmi)

M 3 Wie komme ich an einen Feuerstein?

Das Kräuterweib bringt getrocknete Kräuter zum Heilen und Würzen auf den Markt, denn es braucht einen neuen Feuerstein, um Feuer zu machen. Der Bauer hat Getreide, braucht aber dringend ein Tongefäß zur Aufbewahrung. Der Töpfer stellt praktische Tongefäße her und möchte seiner Frau ein paar Heilkräuter gegen ihre Kopfschmerzen vom Markt mitbringen. Der Fischer hatte einen guten Fang mit vollen Netzen, braucht aber dringend Getreide, um ein frisches Brot zu backen. Und der Feuersteinhändler hat nützliche Feuersteine, möchte aber gerne Heringe für die Familie haben.

(Autorentext)

1. Tauschhandel ist eine gute Sache. Aber unter welchen Bedingungen ist Tauschhandel nur möglich? (M 2)

2. Wie oft und auf welchem Weg muss das Kräuterweib (M 3) tauschen, um an den dringend benötigten Feuerstein zu gelangen?

M 4 Zum Tauschen braucht man Märkte

Man kann viel Zeit sparen, wenn man weiß, wer welches Produkt gegen welches eintauschen möchte. Wo und wie findet man am schnellsten jemanden, der überschüssige Produkte gegen Mangelware eintauscht? Heutzutage findet man das ganz schnell heraus. Man kann ins Internet gehen, Zeitungen aufschlagen, in den Supermarkt oder in andere Geschäfte gehen. Aber früher, als es das alles noch nicht gab, setzte sich die Idee durch, sich auf Marktplätzen zu treffen. Und zwar überall auf der Welt.

Der fränkische König Pippin der Jüngere, der Vater des späteren Karl des Großen, verfügte im Jahre 744, dass in allen größeren Siedlungen seines Reiches Wochenmärkte einzurichten seien. Diese Märkte unterschieden sich nicht wesentlich von denen, die es heute noch überall auf der Welt gibt. Bauersfrauen, Handwerker und Händler boten ihre Waren auf einem dafür geeigneten Platz an; die einen hatten überdachte Stände, andere breiteten Äpfel und anderes Obst nur auf einem Tuch aus, wieder andere verkauften lebende Hühner in kleinen Käfigen. Man feilschte um den Preis, wobei der Handel damals oft, oder sogar hauptsächlich, ein Tauschhandel gewesen sein muss, denn Geld war sehr knapp. Die fränkischen Könige hatten zwar die römische Münztradition übernommen; [...] aber die meisten ihrer Untertanen hatten gar keine Gelegenheit, in den Besitz von Münzen zu kommen.

Fischmarkt in einer mittelalterlichen Stadt (16. Jh.)

Märkte sind eine der erstaunlichsten Entwicklungen der Menschheit. Es gab sie zu allen Zeiten und überall auf der Welt. Niemand hat jemals das Prinzip des Marktes „erfunden“, die Menschen entwickelten es unbewusst, indem sie einfach ihren eigenen Bedürfnissen nachgingen. Es funktionierte auf den Wochenmärkten zu Pippins Zeiten nicht anders als in den Suks [Markthallen] der arabischen Städte, auf Flohmärkten oder an den modernen Börsen: Wer etwas anzubieten hat, möchte dies möglichst teuer verkaufen, wer etwas braucht, will dafür möglichst wenig bezahlen. Oder wie es die Ökonomen heute ausdrücken: Je höher der Preis ist, desto weniger Menschen möchten dieses Gut kaufen,

und deshalb fragen eben wenige Menschen danach. Die Nachfrage, so sagen die Ökonomen, ist umso geringer, je höher der Preis ist. Natürlich würden viele Anbieter bei einem hohen Preis ihr Gut verkaufen, aber sie werden es nicht los! Und dann gilt natürlich umgekehrt: Je niedriger der Preis ist, desto weniger Menschen bieten dieses Gut auf dem Markt an, aber viele würden es kaufen wollen. Sie finden aber keinen, der zu diesem Preis verkauft! Erst wenn die Käufer bereit sind, mehr für ein Gut zu zahlen, finden sich auch mehr Menschen, die dieses Gut dann verkaufen wollen. Wenn ein Markt richtig funktioniert, dann muss kein Anbieter abends nach Hause gehen und seine Waren wieder mitnehmen. Käufer und Verkäufer feilschen oder handeln eben so lange, bis jeder zufrieden und der Markt „geräumt“ ist.

(Autorentext nach: Nikolaus Piper, Geschichte der Wirtschaft, Beltz Verlag, Weinheim 2002, S. 50ff.)

1. Erklärt, warum der Tauschhandel durch die Schaffung von Marktplätzen (M4) deutlich erleichtert wurde.

2. Wo liegen die unterschiedlichen Interessen von Anbietern (diejenigen, die etwas auf dem Marktplatz anbieten und verkaufen wollen) und Nachfragern (diejenigen, die etwas kaufen wollen)? Nach welchem Prinzip versuchen sie, ihre Ziele zu erreichen?

3. Wann kann man sagen: Der Markt ist „geräumt“? (M4)

M5 Wie Preise zustande kommen

Wer z.B. auf einen Flohmarkt geht oder ins Internet auf die Seite einer Verkaufsbörse, will entweder etwas verkaufen (Angebot) oder einkaufen (Nachfrage). Auf jeden Fall aber will er handeln und möglichst günstig kaufen oder verkaufen. Auf jedem Markt gilt: Alles hat seinen **Preis**. Wie viel Geld man für eine Ware bezahlen muss oder erlösen kann, hängt von **Angebot und Nachfrage** ab. Obst und Gemüse sind im Sommer billig, weil das Angebot groß ist. Im Winter ist es genau umgekehrt: kleines Angebot, hoher Preis. Genauso verändert sich der Preis, wenn sich die Nachfrage ändert. Wenn keiner mehr die Sammelalben von Harry Potter kaufen will, sinkt der Preis. Allerdings können sich Preise nicht unbegrenzt bewegen:

Der **Hersteller** muss in der Regel zumindest seine Kosten wieder einspielen. Die Rohstoffe, die Arbeitslöhne, die Werbung, der Transport – alles wird in den Preis eingerechnet. Und verdienen will der Hersteller auch noch etwas. Er braucht den Gewinn, um sein Unternehmen weiterführen zu können.

Ähnlich überlegt der **Käufer**: Welchen Preis

kann ich bei meinem Einkommen für eine Ware noch bezahlen? Und brauche ich sie zu diesem Preis überhaupt, hat sie für mich einen Nutzen? Denn jeder Haushalt wird versuchen, mit seinem Einkommen seine Bedürfnisse möglichst gut zu befriedigen. Der Nutzen kann von Person zu Person sehr verschieden sein:
Manchem genügt irgendein Turnschuh, bei einem anderen muss es eine bestimmte Marke sein. [...] Der Ausgleich zwischen möglichst billig einkaufen und möglichst teuer verkaufen wird auf dem Markt gefunden – über den Preis. Angebot und Nachfrage ins Gleichgewicht zu bringen, ist das Ziel des Marktgeschehens.

(Nach: Xaver Fiederle [Hg.], P wie Politik, Band 2, Schöningh Verlag, Paderborn 1994, S. 77)

Angebot und Nachfrage

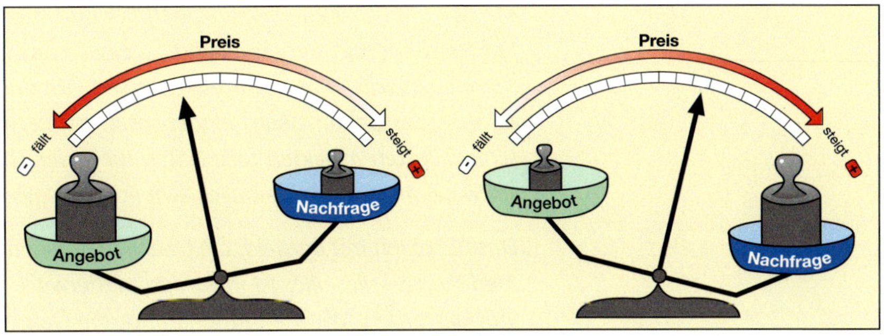

1. Stellt euch vor, ihr geht als Gemüsehändler auf den Markt und wollt eure Produkte anbieten. Was müsst ihr alles berücksichtigen, wenn ihr überlegt, zu welchen Preisen ihr die Kartoffeln, den Spargel oder den Salat verkaufen wollt?

2. Umgekehrt: Ihr seid Käufer (Nachfrager) und wollt zum Wochenende Gemüse kaufen. Auf was achtet ihr, wenn ihr die Preise miteinander vergleicht?

3. Warum ist das Bild mit der Waage so gut geeignet, um zu erklären, wie Preise entstehen?

M6 Billig einkaufen – teuer verkaufen!

Wenn du M5 sorgfältig gelesen hast, dann kannst du die Sätze ganz leicht ergänzen! Übertragt die Sätze in euer Heft und füllt die Leerstellen aus.

1. Auf einem Markt treffen sich Menschen, die entweder ______ oder ______ wollen.
2. Es hängt von ______ und ______ ab, wie hoch der Preis ist.
3. Ist das Angebot klein und die Nachfrage groß, ist der Preis ______ .
4. Im Preis sind die Kosten des Herstellers enthalten, das sind z. B. ______ .
5. Der Anbieter will aber auch noch einen ______ erzielen.
6. Der Nachfrager muss überlegen, welchen ______ die Ware bei diesem Preis für ihn hat.
7. Jeder Haushalt (Nachfrager/Konsument) wird versuchen, mit seinem zur Verfügung stehenden Geld seine ______ möglichst gut zu befriedigen.
8. Für den Ausgleich zwischen möglichst teuer verkaufen und möglichst billig einkaufen muss der ______ sorgen.

(Autorentext)

2. Geschichte und Aufgaben des Geldes

M 7 Stationen der Geldgeschichte

Mit M 7 könnt ihr euch einen Überblick darüber verschaffen, in welchen Stationen sich das Geld über Jahrtausende hin entwickelt hat – eine interessante Geschichte! Beim abschließenden Test (siehe Kompetenzseite) könnt ihr euer Wissen einbringen. Die Deutsche Bundesbank hat unter folgender Adresse ein Geldmuseum eingerichtet: http://www.geldmuseum.de. Dort könnt ihr zu den unterschiedlichsten Aspekten tolle Seiten für unser Thema finden, z. B. zur Geschichte des Geldes (http://www.geldmuseum.de/einblick/einblick_geldgeschichte.php).

Das Bezahlen mit Bargeld, die Überweisung von Konto zu Konto oder das Einkaufen mit der EC- oder Kreditkarte – dies alles ist in Europa mittlerweile Alltag. Und auch der Euro ist inzwischen zur Normalität geworden. Welche Stationen hat die Geschichte des Geldes vom Tausch von Gegenständen bis heute durchlaufen? Das Geld hat sein „Gesicht" im Laufe der Geschichte viele Male geändert; aber seine grundlegenden Aufgaben sind weitgehend gleich geblieben.

Naturaltausch: Am Anfang stand der Naturaltausch: Der Jäger brachte Fleisch und Felle und erhielt dafür Salz oder Speerspitzen. Die Sammlerin tauschte Kräuter und Beeren gegen Fisch oder Kleidung. Dies klappte, solange die Menschen in kleinen Dorfgemeinschaften zusammenlebten und jede Person darin ihrer besonderen Aufgabe nachging. Mit der Zeit brachte der Naturaltausch aber immer mehr Probleme mit sich: Was tun, wenn der Fischer für seinen Fang von dem Tauschpartner Felle angeboten bekommt, er aber ein Netz braucht – derjenige, der ein Netz anbietet, aber keinen Fisch benötigt? Ein Zwischentauschmittel wurde eingeführt: das Naturalgeld.

Pfeilspitzen

Naturalgeld: Der zweistufige Tauschhandel mit Naturalgeld funktionierte so: Kam ein Jäger mit seiner Beute nach Hause und benötigte neue Speerspitzen, tauschte er zunächst das Fleisch gegen ein allseits anerkanntes Zwischentauschmittel, z. B. Salz. Für das Salz bekam er dann von einer anderen Geschäftspartnerin oder einem anderen Geschäftspartner die benötigten Speerspitzen. Ein weit verbreitetes Naturalgeld war die Kaurimuschel, mit der vor ca. 4000 Jahren zunächst in China, später auch in Nordafrika und ganz Südostasien bezahlt wurde. Sie war klein und handlich, leicht zu zählen und zu transportieren und stand nur in begrenzten Mengen zur Verfügung: Sie besaß schon viele Eigenschaften unseres heutigen Geldes. Metalle wie Kupfer, Silber oder Gold waren ebenfalls beliebtes Naturalgeld, denn auch sie sind selten, haltbar und gut zu transportieren.

Kaurimuschel

Hack- oder Wägegeld: Die Metalle wurden in Ringe, Stäbe, meistens aber in Barren gegossen. Von diesen Metallbarren hackte man bei Bedarf entsprechend große Stücke ab und wog sie anschließend. Hack- oder Wägegeld nannte man diese Form des Metallgelds. Im Gegensatz beispielsweise zur Kaurimuschel ergab sich aber folgendes Problem: Es musste bei jedem Tauschhandel eine Waage verfügbar sein, um das exakte Gewicht des Metallgelds herauszufinden.

Münzen: Einen Ausweg boten erst die Münzen, die von den Lydern, einem Volk in Kleinasien, um 650 v. Chr. erfunden wur-

Antike römische Silbermünzen

den. Einheitlich große Stücke aus Edelmetall wurden mit einem Wappen versehen, mit dem der lydische König Krösus („Reich wie Krösus“, sagt man bis heute) für das Gewicht und den Wert der Münze garantierte. Die Griechen und Römer übernahmen dieses Münzsystem und verfeinerten es – und Münzen sind bis heute aus keiner modernen Währung wegzudenken.

Papiergeld: Aber was tun, wenn wertvolle Güter zu bezahlen waren? Große Mengen an Münzen ließen sich schwer transportieren und aufwendiges Zählen war bei der Übergabe erforderlich. Papiergeld erleichterte das Begleichen größerer Summen. Anfänglich misstrauten viele den Scheinen, denn anders als Gold- oder Silbermünzen hat Papiergeld praktisch keinen Materialwert. Der Schotte John Law erfand Anfang des 18. Jahrhunderts ein System, das das Vertrauen der Menschen in Papiergeld stärken sollte. Er ließ Papierzettel ausgeben, auf denen die Garantie vermerkt war, dass man sie jederzeit gegen eine bestimmte Menge von Münzgeld oder Edelmetallen eintauschen konnte. Dieses Prinzip der Wertsicherung wurde später auch auf „echte“ Geldscheine übertragen. […] Heute steht der Staat mit seinem Besitz als Garant für die ausgegebenen Geldscheine.

Papiergeld

Buchgeld: Stellt euch vor, am Ersten jedes Monats kommen eure Eltern nach Hause und leeren eine Tüte voller Geld auf dem Küchentisch aus. Von diesem Geldberg zählen sie dann euer Taschengeld ab, legen die Summen für Strom oder Telefon beiseite und schließen den Rest als Haushaltsgeld in eine Kasse ein. So oder so ähnlich hätte es sich noch vor 60 Jahren abspielen können. Bis in die 1950er-Jahre trugen Berufstätige ihre Löhne und Gehälter genau abgezählt in Lohntüten nach Hause. Mit diesem Bargeld wurden dann die laufenden Rechnungen bezahlt, wurde eingekauft oder in Urlaub gefahren. Nur ein Bruchteil des Betrags wurde zur Bank gebracht und z. B. auf ein Sparkonto eingezahlt. Und heute? Ein Großteil des Geldes, das als Gehalt ausgezahlt und zum Begleichen von Rechnungen oder zum Einkaufen in Geschäften genutzt wird, bleibt unsichtbar. Als Buch- oder Giralgeld wird es vom Arbeitgeber auf die Girokonten* der Angestellten überwiesen. Sie tätigen davon bargeldlos die Zahlungen für Miete, Strom, Autoversicherung usw. Nur ein kleiner Teil des Gehalts tritt schließlich als Bargeld in Erscheinung. […]

„Plastikgeld“: Aber beim Einkauf ist das „Plastikgeld“ auf dem Vormarsch. Ob die neue Jeans im Geschäft per Electronic Cash bezahlt oder am Fahrkartenautomat zur Geldkarte gegriffen wird, der prall gefüllte Geldbeutel kann immer öfter zu Hause gelassen werden. Wir können vier Arten von „Plastikgeld“ unterscheiden: Kreditkarte, EC-Karte, Geldkarte, Kundenkarte.

(Das Geldbuch, Bundesverband deutscher Banken [Hrsg.], Ausgabe 2002, S. 8–14)

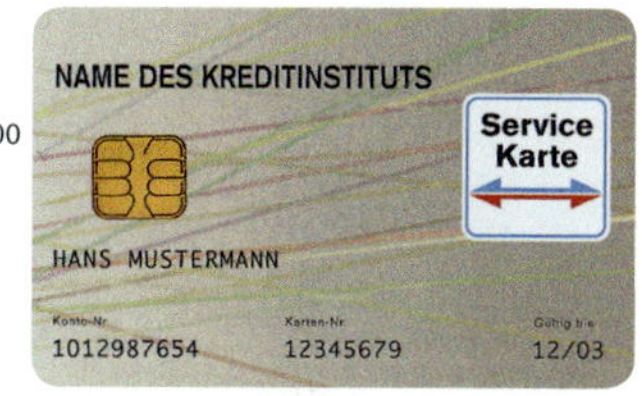

Kundenkarte

Kreditkarte

ec-Karte

M 8 Aufgaben des Geldes

Ihr wisst jetzt, dass das Vorhandensein von Geld den Austausch von Gütern äußerst vereinfacht und die wirtschaftliche Entwicklung ermöglicht und vorangetrieben hat. Was die Geldsorten anbelangt – der Einfallsreichtum der Menschen ist groß!

Aber das Geld übernimmt noch weit mehr Aufgaben als nur die Bezahlung von Rechnungen.

- Mithilfe des Geldes können wir Waren oder Dienstleistungen verschiedenster Art miteinander vergleichen, zum Beispiel einen Computer mit einem Pfund Bananen. Aber *um wie viel* er mehr wert ist, das können wir erst mithilfe des Geldes ausdrücken. Geld dient also als *Wertmaßstab* und *Rechenmittel*.
- Mit Geld kann man sich Güter (z. B. Kleidung) und Dienstleistungen (z. B. einen neuen Haarschnitt) kaufen, man tauscht also eine Leistung gegen eine andere ein, Geld ist ein allgemein anerkanntes *Tauschmittel*.
- Als *Zahlungsmittel* wird es benutzt, wenn mal wieder z. B. Steuern zu bezahlen sind oder eure Eltern euch das Taschengeld ausbezahlen, also kein unmittelbarer Tausch von Gütern und Dienstleistungen vorliegt.
- Geld kann auch als *Wertaufbewahrungsmittel* dienen. Niemand muss sein erworbenes Geld sofort wieder gegen Ware eintauschen, er kann es aufbewahren, zum Beispiel bei einer Bank sparen.
- Die Bank wiederum kann dieses gesparte Geld – gegen Zinsen[1] – an Menschen weitergeben, die sich Geld leihen wollen oder müssen; dann wird Geld zu einem *Kreditmittel*[2].

(Autorentext)

[1] **Zinsen**. Sie sind der Preis, den man entweder für geliehenes Geld (Kredit) zahlen muss oder den man erhält, wenn man sein Geld einer Bank oder Sparkasse auf Zeit zur Verfügung stellt (Sparguthaben).

[2] **Kredit**. Eine Geldsumme, die eine Bank einem Kunden leihweise zur Verfügung stellt. Einen größeren Kredit erhält ein Kunde nur, wenn die Bank darauf vertrauen kann (das Wort Kredit kommt von lat. credere – glauben, vertrauen), dass der Kunde nicht nur die Kreditsumme zurückzahlen, sondern auch die Zinsen (s. o.) dafür bezahlen kann.

1. Stellt in einem Kurzvortrag (siehe auch S. 233) die unterschiedlichen Stationen der Entwicklung des Geldes vor (M 7).

2. Versucht die in M 8 dargestellten Aufgaben des Geldes mithilfe der Bilder und an weiteren Beispielen zu verdeutlichen.

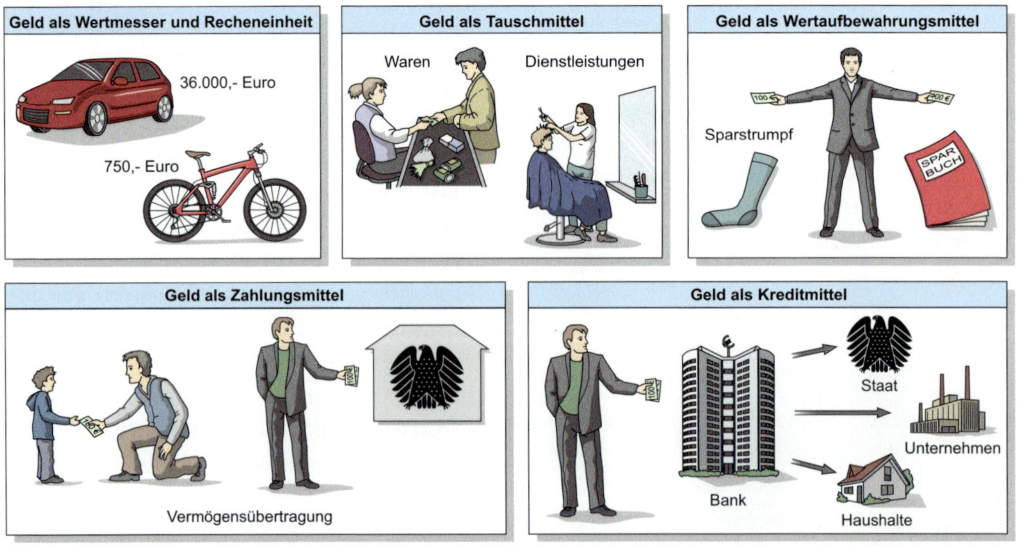

In M 9 werden euch Beispiele für die Verwendung von Geld vorgegeben. Überlegt, wie darin jeweils das Geld eingesetzt wird (als Zahlungsmittel, Wertmaßstab und Rechenmittel, Tauschmittel, Kreditmittel oder Wertaufbewahrungsmittel). Manchmal ist das gar nicht so einfach zu entscheiden und man kann auch mehrere Möglichkeiten gelten lassen. Auch hier sei verwiesen auf die Deutsche Bundesbank: http://www.geldmuseum.de/einblick/einblick_geldfunktionen.php

M 9 Welche Aufgaben des Geldes sind gemeint?

1. Tobias will sich einen Fußball kaufen; deshalb spart er jeden Monat 5 Euro.

2. Vater ist ärgerlich; schon wieder ist die Kraftfahrzeugsteuer fällig.

3. Susanne hat es geschafft! Endlich kann sie sich für 550 Euro das lang ersehnte Fahrrad kaufen!

4. Thomas erbt von seinem Onkel aus Amerika 5 000 Dollar.

5. Steffi und Lisa sind gute Freundinnen; deshalb tauschen sie auch oft untereinander Kleidungsstücke. Heute hat Steffi ein Auge auf Lisas rot-weißen Pullover geworfen; sie will ihr dafür ihr neues T-Shirt anbieten. Doch Lisa ist nicht einverstanden, denn der Pullover hat 100 Euro gekostet!

6. Die Firma Produkta will neue Maschinen kaufen, die schneller und besser arbeiten. Sie verspricht sich dadurch einen höheren Gewinn. Doch im Moment ist sie nicht „flüssig" und benötigt deshalb unbedingt Geld von der Bank.

7. Damit Familie Reisegern im Sommer endlich ihren lang geplanten Urlaub in Amerika verbringen kann, überweist Frau Reisegern bereits seit zwei Jahren monatlich 200 Euro auf ein Urlaubskonto.

8. Oma Weißhaar bekommt eine Rente*, von der sie jeden Monat 25 Euro beiseite legen kann. Dafür hat sie eine besonders schöne Geldkassette aus Birkenholz, die ihr ihr Sohn Jan aus Finnland mitgebracht hat.

9. Zur Bundesligasaison 2010/2011 wechselte der brasilianische Fußballspieler Diego für 15 Millionen Euro vom AC Turin zum VfL Wolfsburg.

(Autorentext)

3. Rund um den Euro!

Methode

M 10 Stationenlernen

Ihr sollt natürlich auch Bescheid wissen über die Währung, die für uns und für viele Länder in Europa gilt. Dazu schlagen wir euch eine neue Methode zur Erarbeitung vor: das Stationenlernen. An drei unterschiedlichen Stationen sollt ihr arbeiten. Es müssen sich dann nicht alle gleichzeitig mit einer Aufgabe beschäftigen und ihr könnt das Thema vor allem selbstständig erarbeiten. Die Lehrerin oder den Lehrer sollt ihr nur in Ausnahmefällen – wenn ihr alleine gar nicht mehr weiterwisst – zu Rate ziehen. Es ist ratsam, jede Station zwei- bis dreimal einzurichten, damit eure Arbeitsgruppen nicht zu groß werden. Eure Ergebnisse haltet ihr – wenn möglich – auf einem Plakat fest, das ihr dann bei der Vorstellung eurer Ergebnisse nutzen könnt.

Die Vorbereitung des „Stationenlernens" besteht im Wesentlichen im Aufbau der drei Stationen. Dafür ist euer Lehrer oder eure Lehrerin verantwortlich; ihr solltet ihm oder ihr aber natürlich dabei helfen. Womit die einzelnen Stationen ausgestattet sein müssen, wird im Folgenden jeweils angegeben.

1. Station A: Münzen

Hier sollten bereitgestellt werden:
- echte Euro- und Cent-Münzen aus verschiedenen Ländern
- Lupen
- Wandplakate für die Fixierung der Ergebnisse

Arbeitsblatt:

Euro-Münzen
1. Welche unterschiedlichen Werte haben die Euro-Münzen?
2. Wie sehen die Vorderseiten der verschiedenen Euro-Münzen aus?
3. Welche Buchstaben gibt es auf den Münzen und was bedeuten sie?
4. Welche Symbole sind auf den Rückseiten der deutschen Euro-Münzen zu sehen?
5. Wie können blinde Menschen die verschiedenen Münzen auseinanderhalten?
6. Aus welchen Materialien sind die Münzen hergestellt?
7. In welchen Ländern wurden die Münzen, die auf dem Tisch verteilt sind, hergestellt?

2. Station B: Scheine

Hier sollten bereitgestellt werden:
- echte 5-Euro-Scheine
- Papiergeld (Spielgeld)
- Lupen

Arbeitsblatt:

1. Welche unterschiedlichen Werte haben die Euro-Scheine?
2. Welche Bildmotive findet man auf den Euro-Scheinen auf der Vorder- und Rückseite und was könnten diese bedeuten?
3. Jeder Geldschein besitzt eine bestimmte Anzahl von Kennzeichen, an denen ihr erkennen könnt, ob ihr echtes oder Falschgeld in der Hand habt. Nehmt einen 5-Euro-Schein zur Hand und versucht die vorhandenen Sicherheitsmerkmale herauszufinden. Betrachtet den Euro-Schein ganz genau, haltet ihn dazu auch gegen das Licht und befühlt ihn! Achtet auf Vorder- und Rückseite!
4. Welche Gebäude eurer Stadt ähneln den Bauelementen auf den verschiedenen Euro-Scheinen?
5. Welche Farbe hat der 1000-Euro-Schein?

3. Station C: In welchen Ländern ist der Euro eingeführt und wo liegen diese Länder?

In dieser Buchstabenbox sind (senkrecht und waagerecht) die 17 Länder versteckt, in denen nach dem Stand vom 1. Januar 2011 der Euro als Bargeld eingeführt ist. Schreibe sie heraus.

R	A	U	F	I	N	N	L	A	N	D	E	M	E	E	X
N	U	X	S	R	A	L	B	C	H	E	V	Z	S	Q	Y
I	Q	R	A	L	U	X	E	M	B	U	R	G	T	G	Z
E	H	I	J	A	G	K	L	M	N	T	O	P	L	R	Y
D	S	T	U	N	R	V	W	X	A	S	Y	Z	A	B	P
E	C	D	E	D	I	F	G	E	H	C	J	I	N	F	E
R	K	L	M	E	E	N	O	P	Q	H	I	R	D	R	R
L	S	P	T	U	C	V	S	E	W	L	X	A	Y	A	N
A	Z	O	A	B	H	C	P	I	T	A	L	I	E	N	A
N	D	R	E	F	E	G	A	H	I	N	J	K	L	K	D
D	M	T	N	O	N	P	N	Q	R	D	P	S	T	R	M
E	U	U	B	E	L	G	I	E	N	Q	C	D	E	E	A
V	B	G	C	F	A	I	E	K	M	F	P	Q	R	I	L
W	A	A	D	G	N	J	N	L	N	I	A	O	U	C	T
X	Z	L	E	H	D	S	L	O	W	A	K	E	I	H	A
Y	O	E	S	T	E	R	R	E	I	C	H	V	L	K	E
U	V	W	X	S	L	O	W	E	N	I	E	N	A	B	C

Trage die Namen der Länder, in denen der Euro als Bargeld eingeführt ist, in eine vergrößerte Kopie dieser Karte ein. Am besten malst du die Länder auch farbig aus, damit du sie besser erkennen kannst. Vielleicht kannst du auch die Hauptstädte einiger Länder benennen?

Folgende Internet-Adressen können euch bei der Bearbeitung dienlich sein:

- *http://www.kindernetz.de/infonetz/thema/geld/eurolaender.html*
- *http://www.bundesbank.de/info/info_sitemap.php#anchor_bargeld*

Kompetenzcheck

1. Ein Quiz für Experten! – Wer wird Champion?

Wir schlagen euch vor, ein Quiz-Spiel zum Thema „Geld“ und „Wirtschaften“ zu erstellen und natürlich auch zu spielen! Die Fragen sind verschiedenen Bereichen zugeordnet. Die richtigen Antworten werden je nach Schwierigkeitsgrad mit 10, 20, 30, 40 oder 50 Punkten belohnt!

Fragenbereiche:
1. Aufgaben des Geldes
2. Geschichte des Geldes
3. Euro
4. Verschiedenes

Anfertigung der Spielkarten:

Aufgaben des Geldes 20

Aufgaben des Geldes 20
Lisa zahlt seit zwei Monaten ihr ganzes Taschengeld auf ihr Sparbuch ein, um im Sommer auf den Reiterhof fahren zu können. Welche Aufgabe hat das Geld hier?
Antwort: Geld als Wertaufbewahrungsmittel

Auf der Vorderseite stehen der Themenbereich und die Ziffer für den Schwierigkeitsgrad. Auf der Rückseite stehen die Frage und die richtige Antwort. Man kann vielleicht auch Jokerkarten einbauen. Dann hat man Glück und bekommt Punkte gutgeschrieben, ohne die Antwort wissen zu müssen. Natürlich könnt ihr über die hier angebotenen Fragen hinaus noch weitere Fragen aufnehmen. Geht ruhig das gesamte Kapitel durch, ihr findet bestimmt noch weitere. Vielleicht wissen ja auch einige von euch noch mehr, als im Buch steht! Das könnt ihr unter „Verschiedenes“ anbieten. Für den besseren Gebrauch ist es sicher sinnvoll, die Kärtchen zum Schutz zu laminieren. In eurer Schule gibt es diese Möglichkeit bestimmt. Gebt euch bei der farbigen Gestaltung Mühe! Vielleicht könnt ihr euch an dem Aussehen der Karten anderer Quizspiele orientieren, damit das Spielen noch mehr Spaß macht.
Für den ersten Aufgabenbereich **Aufgaben des Geldes** liefern wir euch Beispielfragen und für die anderen Bereiche jeweils eine Frage, für die wir 10 Punkte vergeben würden. Aber ihr sollt dann ein eigenes Spiel in eurer Gruppe (am besten vier Schüler/innen) mit eigenen Fragen entwerfen. Ihr müsst also Fragen finden und bestimmen, wie schwierig sie eurer Meinung nach zu beantworten sind. Je nach Schwierigkeitsgrad legt ihr dann die zu erreichende Punktzahl fest. Je nach Klassengröße habt ihr dann wohl in etwa 6 bis 8 Spiele zu diesem Thema erstellt.

1. Aufgaben des Geldes

Welche Aufgaben übernimmt in diesen Beispielen das Geld?

10: Auf einer Klassenfahrt geben die Schüler der 5 b die gesamte Klassenkasse für Eis aus. (Lösung: Tauschmittel)

20: Lisa zahlt seit zwei Monaten ihr ganzes Taschengeld auf ihr Sparbuch ein, um im Sommer auf den Reiterhof fahren zu können. (Lösung: Wertaufbewahrungsmittel)

30: Kevin erbt von seiner Oma aus Australien 3 000 Dollar. (Lösung: ???)

40: Frank möchte von Mike eine halbe Tafel Schokolade und bietet ihm dafür 10 Gummibärchen. Mike findet das ungerecht. (Lösung: ???)

50: Familie Mertens wünscht sich ein Haus im Grünen. Doch das Ersparte reicht nicht aus, und Herr und Frau Mertens entschließen sich, zu einer Bank zu gehen. (Lösung: ???)

2. Geschichte des Geldes

10: Vor Tausenden von Jahren lebten die Menschen noch in kleinen Dorfgemeinschaften zusammen. Jeder trug zum Lebensunterhalt mit dem bei, was er am besten konnte. Der Jäger brachte Fleisch und Felle und erhielt dafür Salz oder Speerspitzen, die Sammlerin tauschte Kräuter und Beeren. Wie bezahlten die Menschen die Dinge, die sie zum Leben brauchten? (Lösung: ???)

3. Der Euro

10: Seit wann können wir in Deutschland mit dem Euro bezahlen? a) seit dem 17.12.2001; b) seit dem 1.1.1999; c) seit dem 1.1.2002 (Lösung: ???)

4. Verschiedenes

10: Welche Unterschrift ist auf den Euro-Scheinen abgedruckt? a) die der Bundeskanzlerin; b) die von Daniel Düsentrieb; c) die des Präsidenten der europäischen Zentralbank (Lösung: ???)

2. Eine Welt ohne Geld – ein Gedankenspiel

Das wäre eine Überraschung, wenn die Zeitungen meldeten: „Das Geld wird abgeschafft! Ab morgen gibt es kein Geld mehr!" Stell dir das mal vor: Du hast Hunger und gehst zum Bäcker, nimmst dir einfach ein paar Brötchen – oder besser: fünf Stück Kuchen – und gehst wieder. Du brauchst ja nicht mehr zu bezahlen. Und der Bäcker? Geht zum Müller und lädt sich so viel Mehl auf den Wagen, wie er braucht. Und der Müller? Geht zum Bauern und holt sich das nötige Korn umsonst. Und der Bauer, der Kunstdünger haben muss für den Weizenacker? Er bekommt ihn in der chemischen Fabrik ohne Geld. Denn die Leute, die den Dünger herstellen, werden auch nicht mehr bezahlt, bekommen keinen Lohn. Sie brauchen kein Geld mehr, denn es gibt alles umsonst. Man wohnt, ohne Miete zu zahlen. Man fährt mit dem Zug ohne Fahrkarte, geht ins Schwimmbad ohne Eintrittskarte, ins Gasthaus ohne Geldbeutel. Du brauchst ein Paar neue Schuhe? Im Schuhladen stehen sie zur freien Auswahl. Schön wär's. Und das müsste doch eigentlich gehen, oder nicht? Natürlich ginge das. Es würde wirklich alles gut gehen – solange alle Leute ...??
[...]

(Nach: Claus D. Grupp, Mit Tausch fing's an, Verlag Deutsche Jugendbücherei, Köln 1986, S. 4)

Es handelt sich bei diesem Text um den Anfang einer Geschichte. Den Schlussteil haben wir weggelassen, weil ihr bestimmt selbst darauf kommt, wie sie wohl zu Ende zu schreiben wäre. Was würde passieren, wenn ...? Vielleicht helfen euch die beiden eingefügten Bilder dabei!

internet-abc

Das Portal für Kinder, Eltern und Pädagogen

Computerspiele, Internet und Handy – Kinder und neue Medien

6

Zur Orientierung

Während eure Eltern in ihrer Kindheit als technisches Medium wohl hauptsächlich das Fernsehen nutzten, gehören für euch Computer, Internet und Handy ganz selbstverständlich zu eurer Alltagswelt. Viele von euch gehen vor allem spielerisch mit diesen Medien um.
*So geht es im **ersten Abschnitt** dieses Kapitels um Computerspiele. Wie ihr sicherlich selbst erfahren habt, kann man mit einigen dieser Spiele etwas Neues lernen, andere dagegen sind sehr bedenklich. Anhand der Informationen in diesem Abschnitt könnt ihr euch eine Meinung zu der Streitfrage bilden, inwieweit Computerspiele in Kinderzimmern geduldet werden sollten.*
*Beim „Surfen" durch das Internet stößt man auf gute, auf interessante und auf „blöde" Seiten. Ihr sollt Seiten kennenlernen, die für euch sinnvoll sein können. Mithilfe des Computers kann man auch sehr leicht mit anderen Menschen in Verbindung kommen, z. B. beim „Chatten". Das kann sehr interessant, aber auch mit Gefahren verbunden sein. Ihr werdet von diesen Schattenseiten des Internets erfahren und lernen, wie man sich ihnen gegenüber verhalten sollte. Das sind die Inhalte des **zweiten Abschnitts**.*
*Im **letzten Abschnitt** geht es um das Handy. Sein Gebrauch wird für einige von euch mehr oder weniger selbstverständlich sein. Aber aufgepasst: Es kann auch erhebliche Probleme geben!*

Kompetenzen

Nach der Erarbeitung dieses Kapitels solltet ihr Folgendes wissen und können:

- erläutern, welche Vorteile, aber auch Gefahren der Umgang mit dem Computer mit sich bringt;
- erklären, warum Computerspiele allgemein nicht nur „schlecht" oder „gut" sind;
- die Dauer der Beschäftigung mit dem Computer sinnvoll begrenzen;
- Gefahren beim Surfen und bei Kontakten im Internet benennen, aber auch Möglichkeiten aufzeigen, sich davor zu schützen;
- beurteilen, wann Internetseiten für Kinder sinnvoll sind;
- verantwortungsvoll mit einem Handy umgehen;
- geeignete Fragen für eine „Expertenbefragung" formulieren und diese durchführen.

1. Computerspiele – reizvoll und umstritten

M 1 Weniger Zeitschriften – mehr Internet

Die Zahl der Kinder, die regelmäßig Zeitschriften liest, hat 2009 abgenommen – gleichzeitig surfen immer mehr Kids im Netz. Haben 2008 noch 4 Mio. Kinder zwischen 6 und 13 Jahren ihre Köpfe in Magazine wie „Micky Maus“ gesteckt, sind es 2009 300 000 weniger. Immer größerer Beliebtheit bei Kindern erfreuen sich elektronische Medien wie Handy, Computer und Internet.

(http://kress.de/tagesdienst/detail/beitrag/99578-kidsverbraucheranalyse-2009-weniger-zeitschriften-lesen-mehr-surfen.html)

Bei größeren Anschaffungen haben die Eltern mitzureden. So bleibt vor allem bei den unter Zehnjährigen der Wunsch nach einem eigenen Mobiltelefon oftmals unerfüllt. Nur 16 Prozent in dieser Altersgruppe haben bereits ein Handy, bei den 10- bis 13-Jährigen sind dies hingegen schon 69 Prozent. Mit Computerspielen sind die Kinder recht gut ausgerüstet. Drei von zehn Kindern besitzen sowohl ein Handspielgerät als auch eine Konsole. Die meisten Kinder können auch auf neue Medien zurückgreifen: Zwei von drei Jungen und Mädchen haben daheim Zugriff auf einen Computer, bei den 10- bis 13-Jährigen sind es einer Studie zufolge 87 Prozent. 84 Prozent der Kinder dieser Altersklasse sind online […].

Trotz der technischen Aufrüstung in den Kinderzimmern steht auch klassisches Spielzeug nach wie vor hoch im Kurs. 84 Prozent der Sechs- bis Neunjährigen und 77 Prozent der 10 bis 13-Jährigen nutzen Brett- und Kartenspiele, jeweils 76 beziehungsweise 61 Prozent puzzeln. Auch in Büchern und Zeitschriften wird nach wie vor gern geschmökert.

(http://www.familienhandbuch.phase4.de/archiv/kids-verbraucheranalyse-weniger-taschengeld-und-ofter-am-computer; leicht vereinfacht)

1. Beschreibt das Bild in M 1. Welche Medien sind zu sehen, die der Junge nutzen kann?

2. Berichtet, mit welchen Medien euer Zimmer ausgestattet ist. Dürft ihr diese immer uneingeschränkt benutzen?

3. a) Im Text wird beschrieben, über welche Medien immer mehr Kinder verfügen. Listet alle genannten Medien auf, die der Freizeitbeschäftigung dienen (auch die nicht-elektronischen).
   b) Stellt dann in einer Umfrage in eurer Klasse fest, wie häufig diese Medien in eurem Zimmer vorkommen.

4. In dem Bericht wird gesagt, dass „bei größeren Anschaffungen die Eltern mitzureden“ haben. Wie ist dieser Satz hier gemeint? Trifft er für euch auch zu?

M 2 Gehören Computer in ein Kinderzimmer?

Viele Kinder haben einen eigenen PC im Zimmer oder wünschen sich einen. Das ist gut so, findet Stefan Müller, Mitbegründer der Internetsuchmaschine „Blinde Kuh“. Er sagt: Computer sind Arbeitsgeräte, und Kinder müssen mit ihnen umgehen können. Christian Pfeiffer, Direktor des Kriminologischen Forschungsinstituts Niedersachsen, meint hingegen: Kinder ohne eigene Computer sind gesünder und haben bessere Noten.

Christian Pfeiffer: DAGEGEN

„Ich bin nicht nur gegen Computer im Kinderzimmer, auch Spielkonsolen und Fernseher haben dort nichts zu suchen. Denn ohne diese Geräte sind Kinder gesünder, haben bessere Schulnoten und mehr Freunde. Das haben Studien ergeben. Wir haben in den vergangenen Jahren mehr als 14 000 Kinder befragt. Diejenigen, die einen eigenen Rechner haben, spielen an Schultagen im Durchschnitt eine Stunde länger Computerspiele als Kinder, die nur den PC der Eltern nutzen können. Außerdem beschäftigen sie sich häufiger mit Spielen oder Internetseiten, die erst für Ältere geeignet sind. Oft wollen die Kinder eigentlich etwas anderes machen, etwa lesen oder Fußball spielen, aber der eigene Computer ist einfach zu verführerisch. Sie denken sich: Nur eine halbe Stunde – und ehe sie sich versehen, haben sie zwei Stunden „verdaddelt“. Sie bewegen sich deshalb weniger, naschen zwischendurch und werden dicker. Sie verbringen weniger Zeit mit anderen und haben deshalb weniger Freunde. Und ihre Noten werden schlechter, weil sie durch [...] Spiele Gelerntes eher vergessen. Deshalb meine ich: Kinder müssen zwar fit am PC sein, aber dazu müssen sie keinen eigenen haben.“

Stefan Müller: DAFÜR

„Kinder wachsen heutzutage mit Computern auf, genauso wie beispielsweise mit Radios oder Armbanduhren. Es sind ihre Arbeitsgeräte. Sie müssen mit ihnen umgehen können – und dann lieber ganz als gar nicht. Computer ermöglichen wunderbare Dinge: Man kann sich im Internet Fotos und Filme von fremden Ländern anschauen, kann Fremdsprachen lernen und mit anderen Kindern rund um den Erdball chatten oder E-Mails austauschen. Doch dafür müssen sich Kinder mit dem Rechner auskennen. Papas Computer im Arbeitszimmer ist da vielleicht viel zu unübersichtlich: Dutzende Programme, seltsame Internetlinks und womöglich Dinge von seiner Arbeit, die man versehentlich löschen kann. Einen eigenen Computer im Kinderzimmer kann man viel passender für das Kind einrichten: Mal-Software installieren, eine geeignete Startseite für das Internet aussuchen, wichtige Programme, die man für die Schule braucht, so anlegen, dass man sie sofort findet. Wichtig ist natürlich, dass man die Kinder bei ihrem Umgang mit dem Computer begleitet, sie auf mögliche Gefahren hinweist und sich dafür interessiert, was sie damit machen.“

(Dein SPIEGEL Nr. 2/2010; http://www.spiegel.de/spiegel/deinspiegel/d-68719183.html; 19.01.2010)

Die Frage, ob Computer in ein Kinderzimmer gehören, ist umstritten. Das zeigen die zwei gegensätzlichen Meinungen in M 2.

1. Stellt in einer Übersicht gegenüber, welche Gründe Herr Pfeiffer und Herr Müller jeweils für ihre Meinung anführen.

2. An welcher Stelle kommt bei Herrn Müller zum Ausdruck, dass auch er Gefahren sieht, wenn Kinder einen eigenen PC haben?

3. Welche Gefahren, die Herr Pfeiffer anspricht, habt ihr bei euch selbst oder bei anderen Kindern schon festgestellt?

M3 Was Kinder zu Computerspielen meinen

Manche Computerspiele finde ich gut wie „Petparty“ oder „Sim home“, weil man sich in diesen um etwas kümmern muss, z. B. dass die Tiere sauber sind oder satt. Ballerspiele wie „GTA“ finde ich sehr schlecht, weil die meistens aggressiv machen.
(Sophie)

Computerspiele sind eigentlich ganz gut, außer Fantasiespiele, weil sie fast immer süchtig machen. Ich habe z. B. einen Freund, der ein Jahr lang nur Fantasiespiele gespielt hat und dafür mehrere hundert Euro Ausgaben hatte. Aber sonst mag ich eigentlich alles, von „legoinstant“ bis „flight simulation“. Ich spiele eigentlich auch viel online.
(Lauritz)

Mein Spieletipp ist „Fifa 11“. Bei diesem Spiel kann man in verschiedene Rollen schlüpfen. Man kann als Manager, einzelner Fußballprofi, mit seinem eigenen erstellten Fußballverein oder mit seinem selbst erstellten Fußballprofi Spiele spielen. Es macht sehr viel Spaß. Wenn man aber zu oft am Computer spielt, hängt man Tag und Nacht am PC und denkt, die echte Welt ist auch ein Computerspiel. *(Tristan)*

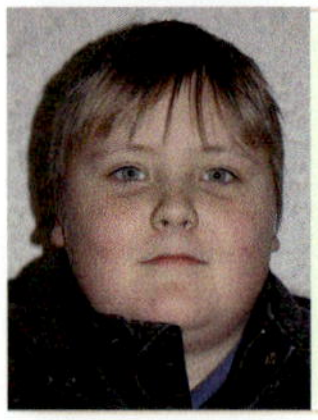

Ich finde gut, wenn man etwas lernen kann, wie z. B. bei „Wild Life Park“. In dem Spiel lernt man Tierarten, Baumarten, Länder und Kontinente kennen. Spiele, wobei man töten muss, finde ich sehr schlecht, davon wird man aggressiv. Freunde von mir spielen Spiele, die erst ab 18 Jahre sind, das finde ich nicht in Ordnung.
(Nils)

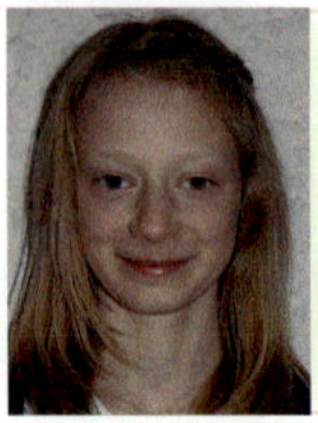

Computerspiele sind nicht immer gut, weil man oft süchtig wird und so nur noch am Computer rumhängt. Die Leute verschwinden in eine andere Welt. Bei manchen Computerspielen kann man sich das Leben erkaufen genauso wie die Waffen.
(Miriam)

(Autorentext – eigene Befragung)

M4 Lieber Computerspiele als Fernsehen

Beim Computerspielen können Kinder Erfahrungen und Fehler machen, ohne dass ihnen wirklich etwas passiert. Sie messen ihre Kräfte mit Freunden, indem sie versuchen, mehr Punkte oder höhere Spielebenen als diese zu erreichen. Sie tun sich zusammen und treffen sich bei dem, der das neueste „Game" hat. Sie helfen einander weiter, wenn's bei einem Spiel knifflig wird, und tauschen Spielerfahrungen und Spieldisketten aus. Und der Computer macht das, was sie wollen. Der Computer gehorcht ihnen (einmal einer, der den Kindern gehorcht, sonst müssen immer sie gehorchen!). Aus all diesen Gründen ist den meisten Kindern der Computer lieber als das Fernsehen, das ihnen zwar Unterhaltung bietet, bei dem sie aber nicht aktiv eingreifen können.

(Otto Mantler: Computerspiele, in: www.lernspiele.at/comspie.html-18k; 27.8.2007)

Der Psychotherapeut [Arzt für seelische Krankheiten] Wolfgang Bergmann, der sich seit 15 Jahren mit Computerspielen beschäftigt, glaubt, dass die Spiele „ein Ersatz für Abenteuer sind, die Kinder früher draußen, ohne ständige Aufsicht der Eltern, erlebt haben". Außerdem können sie sich „endlich einmal als strahlender Held fühlen". […]

(http://www.brigitte.de/frau/familie/computerspiele/index.html?print=1; 29.07.2007; Verf.: Beate Koma)

1. a) Stellt die Gründe heraus, warum bzw. wann die Kinder in M3 Computerspiele positiv beurteilen.
b) Listet auf, was man nach Meinung der Kinder – und auch eurer Meinung nach – durch Computerspiele lernen kann.
c) In M4 werden von Experten Gründe für die Beliebtheit von Computerspielen genannt. Nennt diese und erklärt, ob ihr sie aus eigener Erfahrung so bestätigen könnt.

2. Erläutert die negativen Seiten von Computerspielen, die die Kinder ansprechen (M3).

3. Berichtet von Computerspielen, die ihr selbst schon kennengelernt habt. Welche würdet ihr empfehlen, welche nicht? Nennt die Gründe für euer Urteil.

M5 „Ich bin computersüchtig"

Bei mir ging die Computersucht mit einem Problem los: Ich war damals 10 oder 11 Jahre alt, hatte in meiner Realschulklasse nicht viele Freunde und bekam dann noch einen Bruder. So drehte sich dann alles um den Bruder und nicht mehr um mich. Da zog ich mich am Computer meines Vaters zurück, damals nur eine Stunde, den Rest verbrachte ich mit Lernen und TV. Meine Schulnoten waren damals richtig gut, bis ich dann meinen eigenen Computer hatte. Die Noten wurden immer schlechter, ich wollte was dagegen machen, konnte aber nichts ändern, denn wenn ich zu Hause war, zog es mich immer an den Computer. Es war einfach ein tolles Gefühl, am Computer zu sitzen. In der 8. Klasse hatte ich gute Noten, in der 9. Klasse wurden sie schon schlechter und in der 10. Klasse waren sie ganz schlecht. Die 11. Klasse auf

dem Gymnasium war die schlechteste, ich hatte keinen Bock auf Schule und so waren auch die Noten.

Aber nicht nur die Noten wurden schlechter, auch mein Kontakt zu anderen Leuten, zur Familie wurde fast komplett abgebrochen. Man sah sich nur mal kurz zum Essen. Die einzigen realen Freunde hatte ich in meiner Handballmannschaft, sonst nur Freunde aus dem Internet, die auch täglich mehrere Stunden davorsaßen.

Die Sucht hatte also schon mit 11 Jahren angefangen, mit 12 Jahren hatte ich meinen eigenen Computer im Kinderzimmer. Das war der größte Fehler. Ein Computer ist ein Arbeitsgerät und kein Spielzeug, deswegen sollten die Computer aus allen Kinderzimmern verschwinden. Mit 13 Jahren hatte ich dann ein Modem. Die Forderungen nach noch mehr wurden immer größer: DSL, dann DSL Flat. Ich versprach, dass ich dann weniger am Computer sitzen würde, weil durch das DSL ja alles schneller geht. Aber leider war dem nicht so, ich saß länger denn je. Der Computer bestimmte meinen Lebensablauf, wie bei einem Alkoholiker, der sein Bier braucht, man glaubt es nicht, aber es ist so.

Letztes Wort: Wenn ich zurückblicke, finde ich es schade, was ich alles verpasst habe durch sechs Jahre Computersucht.

(Auszugsweise entnommen: http://www.freetagger.com/Computersucht-ich-bin-betroffen/, Eintrag am 5.4.2007; Download 25.9.2007)

M 6 Alarmzeichen für eine Spielsucht

- Ich denke ständig an mein aktuelles Spiel und daran, wann ich wieder spielen kann.
- Ich verbringe mehr Zeit mit dem Spielen als früher.
- Die Zeit, die ich täglich spiele, wird immer länger.
- Ich lasse mir meine Spielzeit von niemandem einschränken.
- Ich finde immer Wege, um spielen zu können.
- Ich werde ruhelos, launenhaft, reizbar oder depressiv*, wenn ich längere Zeit nicht spielen kann.
- Ich spiele meistens länger, als ich beim Spielstart vorhatte.
- Es ist mir egal, ob die Schule, meine Arbeit oder meine Freundschaften darunter leiden, dass ich so viel spiele.
- Ich verheimliche, wie viel Zeit ich mit dem Spielen verbringe. Wenn es sein muss, lüge ich auch.
- Das Spielen hat körperliche Auswirkungen auf mich (ich nehme deutlich zu/ich magere deutlich ab/mein Rücken schmerzt/meine Handgelenke schmerzen/ich bekomme Kopfschmerzen).

(http://lehrerfortbildung-bw.de/kompetenzen/medien/medgew/spiele/exsp/sucht.htm)

1. a) In M 5 berichtet ein Jugendlicher eindringlich über seine Computersucht. Wie erklärt er, dass es bei ihm so weit gekommen ist? Nennt die verschiedenen Gründe.
b) Beschreibt, was im Leben des Jugendlichen unter der Computersucht gelitten hat.
c) Wie beurteilt der Jugendliche in der Rückschau auf seine Sucht die Bedeutung eines Computers? (Vgl. dazu auch M 2.)

2. a) In M 6 lernt ihr Merkmale kennen, die zeigen, wann jemand computerspielsüchtig sein könnte. Stellt fest, welche dieser Merkmale bei dem Jungen aus M 5 vorliegen.
b) Prüft ehrlich, welche Anzeichen ihr vielleicht bei euch selbst feststellen könnt.
c) Falls schon einige Alarmzeichen bei euch vorliegen, überlegt, wie ihr euer Computerspielen einschränken könntet und welche anderen Freizeitbeschäftigungen für euch infrage kämen.

M 7 Wie lange soll ein Kind höchstens am Computer spielen?

Die Arbeitsgemeinschaft für Jugendschutz gibt zu dieser Frage folgende Empfehlungen; dabei soll aber berücksichtigt werden, dass jedes Kind unterschiedlich ist:

- bis 7 Jahre: etwa 30 Minuten am Tag
- 8–10 Jahre: etwa 60 Minuten mit Pause
- 10–12 Jahre: etwa 75 Minuten
- ab 12 Jahren: abhängig vom Spiel, aber nicht länger als zwei Stunden.

Es sollte möglich sein, das begonnene Spiellevel abzuschließen.

… und fernsehen?

Diese Zeiten sollten aber nicht durch Fernsehen deutlich verlängert werden. Gerade bei den jüngeren Kindern (bis 10 Jahre) sollten die Zeiten entweder für Fernsehen oder für das Computerspielen verwendet werden. Ab 12 Jahren empfiehlt es sich, einen Wochenumfang für Spielen und Fernsehen zu vereinbaren. Außerdem sollte die für Computerspiele zur Verfügung stehende Zeit von den jeweiligen schulischen Belastungen abhängig gemacht werden.

(Nach: http://www.ajs.nrw.de/pdf/comspiel.pdf, 29.8.2007)

1. Die Überschrift von M 7 enthält eine wichtige Frage. Ist diese auch zwischen euch und euren Eltern ein Problem? Zu welcher Regelung seid ihr gekommen?

2. a) Erklärt, warum es sich bei den angegebenen Spielzeiten nur um Richtwerte handeln kann, sie also nicht auf die Minute genau zu nehmen sind. Wann könnten sie überschritten, wann sollten sie unterschritten werden?
b) Sind die empfohlenen Spielzeiten nach eurer Erfahrung einzuhalten?
c) Der Arbeitsgemeinschaft für Jugendschutz ist es offenbar wichtig, die Spieldauer nicht unabhängig von der Dauer des Fernsehens zu sehen. Was stellt sie in dieser Hinsicht fest?

Wie ihr seht, können Computerspiele einerseits Spaß machen, andererseits manchmal sogar süchtig machen. Viel diskutiert wird auch die Frage, ob Computerspiele zu aggressivem Verhalten führen können. Kinder oder Jugendliche, die durch Gewaltanwendung aufgefallen sind, haben häufig auch gewalthaltige Computerspiele besessen. Führen solche Spiele bei Kindern und Jugendlichen also zu Gewalttaten? Diese Frage ist nicht einfach zu beantworten. Die folgenden Materialien (M 8 – M 10) ermöglichen euch ein Urteil, das viele unterschiedliche Aspekte beleuchtet.

M 8 Harmloses Töten?

Wenn man in einem Spiel seine Gegner tötet, kommen sie nach einiger Zeit immer wieder. Nach dem Auflösen der virtuellen* Gegenspieler kommt ihr Körper völlig ohne Schaden zurück.

Das heißt, man hat immer irgendjemanden zu bekämpfen, der vielleicht schon mal erschossen wurde.

(Vincent, 12 Jahre)

M 9 Was Computerspiele bewirken können

Die Untersuchungen, die sich gezielt mit der *kurzfristigen* Wirkung gewalthaltiger Computerspiele befassen, zeigen relativ eindeutige Ergebnisse. In der wissenschaftlichen Fachwelt anerkannte Studien [...] belegen: Gewalthaltige Computerspiele fördern kurzfristig aggressives Verhalten, aggressive Wahrnehmung und aggressive Gemütszustände. So sind Nutzende gewalthaltiger Computerspiele nach dem Spiel eher geneigt, eine Bewegung einer anderen Person als feindselig zu interpretieren oder einen Angriff zu vermuten. [...]

Ob und wie der eindeutig nachgewiesene kurzfristige Effekt von Computerspielgewalt auch bei häufiger Nutzung von gewalthaltigen Computerspielen eine *langfristige* Änderung des Verhaltens nach sich zieht, ist sicher noch nicht abschließend untersucht. Es sind noch Fragen offen, wie nachhaltig die Entwicklung von Kindern oder Jugendlichen [...] durch gewalthaltige Computerspiele beeinflusst wird. Aufgrund der derzeit vorzufindenden Forschungslage ist jedoch davon auszugehen, dass tatsächlich ein langfristiger, durch die Nutzung gewalthaltiger Computerspiele hervorgerufener negativer Effekt zu beobachten ist. Die Ausbildung einer aggressiven Persönlichkeit und die Nutzung gewalthaltiger Computerspiele bedingen sich offensichtlich gegenseitig. [...] Unter bestimmten Bedingungen kann sich Computerspielgewalt [...] [also] negativ auf Einstellungen und Verhalten von Heranwachsenden auswirken. Die Bedingungen, die gegeben sein müssen, damit negative Einflüsse auftreten, lassen sich allerdings nicht so exakt bestimmen, dass eine Verhaltensvorhersage möglich ist.

(Wolfram Hilpert: Computerspiele. Reiz und Risiken virtueller Spiel- und Lebenswelten, Bonn 2011, S. 15 f.; www.bundespruefstelle.de)

Wer Killerspiele mag, wird nicht automatisch zum Gewalttäter, es müssen viele Faktoren zusammenkommen. Gewaltdarstellungen können vor allem bei einer bestimmten Risikogruppe gewalttätiges Verhalten auslösen: bei jüngeren, männlichen Vielsehern, die in Familien aufwachsen, in denen viel Fernseh(gewalt) gesehen wird und die in ihrem unmittelbaren sozialen Umfeld viel Gewalt erleben. Eine andere Folge tritt häufiger auf: Mediengewalt kann zur Abstumpfung führen und die Fähigkeit verringern, Mitgefühl zu empfinden.

(Ariane Heimbach, in: http://www.brigitte.de/frau/familie/computerspiele/index.html?print=1; 29.7.2007)

1. In M8 beschreibt ein Junge, was er erlebt hat, wenn in einem Computerspiel Menschen getötet werden. Welche Folgen, die in der wirklichen Welt eintreten würden, werden in dem Spiel ausgeblendet?

2. Was könnte die Folge sein, wenn jemand sehr häufig solche Spiele spielt?

3. Bei gewalthaltigen Computerspielen wird zwischen lang- und kurzfristigen Folgen unterschieden, die bei Spielern ausgelöst werden können. Was wird in M9 dazu festgestellt?

4. a) Viele behaupten: „Kinder, die Computerspiele spielen, in denen Gewalt vorkommt, werden selber gewalttätig." Was ist zu dieser Behauptung aufgrund der Feststellungen in M9 zu sagen?
b) Wann ist die Wahrscheinlichkeit groß, dass bei einem Kind oder Jugendlichen ein gewalthaltiges Spiel auch gewalttätiges Verhalten auslöst? (M9)
c) Welche bedenkliche Wirkung ist noch häufiger festzustellen als die Anwendung von Gewalt? (M9)

M10

Beschreibt die Karikatur. Erklärt die Aussagen der Eltern in den Sprechblasen.

M 11 Nicht alle Spiele sind erlaubt!

a) Die Kennzeichen der USK (Unterhaltungssoftware Selbstkontrolle)

Für Computerspiele sind *Altersfreigaben* gesetzlich vorgeschrieben. Diese stehen auf entsprechenden Stickern auf der Verpackung oder auf dem Datenträger. So soll sichergestellt werden, dass Kinder und Jugendliche nur Zugang zu Spielen haben, die für ihr jeweiliges Alter unbedenklich sind. Die Zuordnung zu einer bestimmten Altersgruppe wird von der USK vorgenommen. Die USK prüft zusammen mit den obersten Landesjugendbehörden, welche Wirkungen das Computerspiel vermutlich auf bestimmte Altersgruppen hat. Dabei geht es aber nur um den Gesichtspunkt des Jugendschutzes. Die Kennzeichnung sagt nichts über die allgemeine Qualität des Spiels aus, z. B. über die Grafik, den Sound oder die Bedienbarkeit.

(Autorentext)

(http://www.usk.de/)

b) Die PEGI-Kennzeichen

Neben den USK-Kennzeichen sind manchmal weitere Kennzeichen und Symbole zur Orientierung für den Spieler angebracht, die PEGI-Kennzeichen. Die Pan European Game Information (PEGI) ist das erste europaweite Alterseinstufungssystem für Computer- und Videospiele. Beispiele für PEGI-Kennzeichen:

freigegeben ab 12 Jahren

Verängstigende Inhalte im Spiel

(http://www.spielbar.de/neu/praxiswissen-computerspiele/jugendschutz/alterskennzeichen/)

1. a) Erklärt, warum für Computerspiele Alterskennzeichen eingeführt worden sind (M 11).
b) Worüber sagt die Alterskennzeichnung nichts aus? Weitergehende Informationen erhaltet ihr auf der Seite http://www.internet-abc/Kinder/.

2. Geht auf die Internetseite http://www.usk.de/und stellt fest, was die jeweilige Alterskennzeichnung der USK bedeutet.

3. Stellt fest, ob sich auf euren Computerspielen auch PEGI-Kennzeichen befinden. Auf der unter den Kennzeichen als Quelle angegebenen Seite könnt ihr noch mehr über diese Kennzeichen erfahren.

2. Surfen – Chatten – Mailen

In diesem Abschnitt geht es darum, dass Kinder in eurem Alter häufig das Internet nutzen ohne zu ahnen, dass dabei auch Gefahren lauern können. Diese haben in den letzten Jahren deutlich zugenommen. Ihr erfahrt in den folgenden Materialien, welche Gefahren das sind und wie man sie vermeiden kann.

M 12 Internet-Tätigkeiten von Kindern (6 – 13 Jahre)

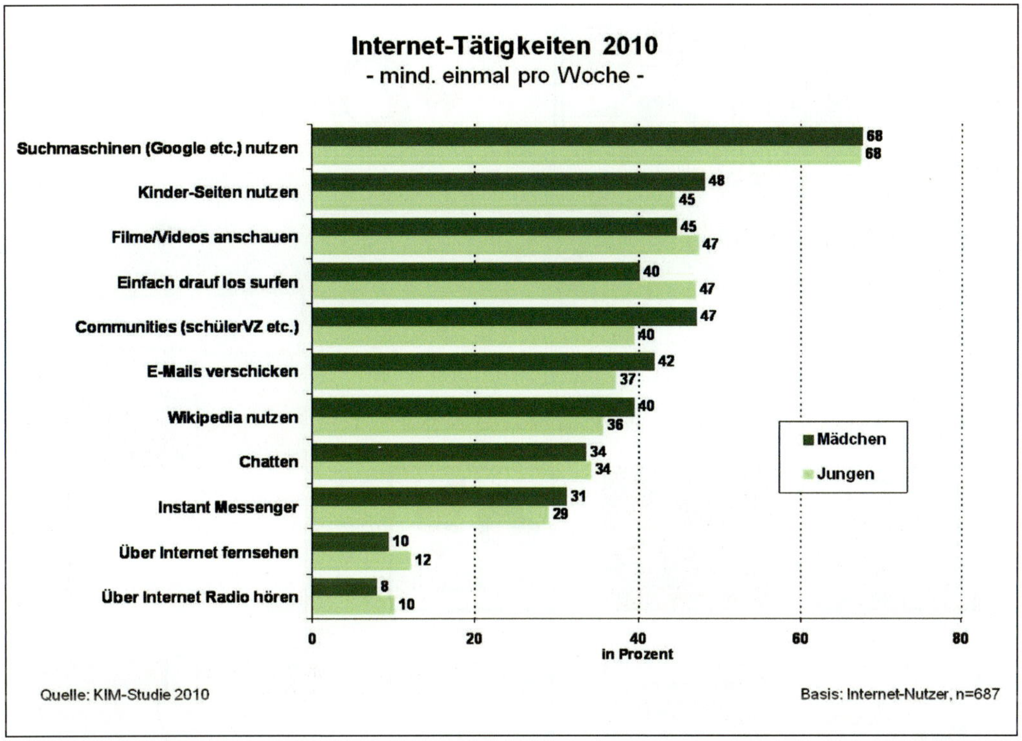

1. a) Seht euch die Ergebnisse zu den Internet-Tätigkeiten von Kindern an. Hättet ihr die Rangfolge der Häufigkeiten auch so erwartet? Welche Unterschiede sind bei Mädchen und Jungen festzustellen und wie könnte man sie erklären?
b) Stellt für die genannten Tätigkeiten in einer kurzen Befragung in der Klasse (durch Handzeichen) fest, wie diese in eurer Klasse verteilt sind.

2. Seid ihr bei der Beschäftigung mit den genannten Internet-Tätigkeiten frei oder kontrollieren das eure Eltern? Worauf legen sie Wert, wenn ihr den Computer nutzt?

*Im Folgenden machen wir euch auf Internetseiten aufmerksam, die sich speziell an Kinder richten. **Seitenstark.de** ist ein Zusammenschluss von verschiedenen Seiten, die einen sinnvollen Umgang mit dem Internet ermöglichen. Einen Ausschnitt aus dieser bunten Kinderseitenlandschaft könnt ihr in M 13 sehen. Eine besonders gute Orientierungshilfe stellt die Seite **„Blinde Kuh" (www.blinde-kuh.de)** dar, die man z. B. auch als Suchmaschine nutzen kann. Sie wurde mit dem Kinderkulturpreis ausgezeichnet und wird durch das Bundesministerium für Familie, Senioren, Frauen und Jugend gefördert.*

M 13

M 14 Kinder beurteilen Internetseiten

„Mir gefällt es, weil man Nachrichten über den Krieg erklärt bekommt“ (Linda, 12)

„Es gibt so viele verschiedene Themen auf der Insel, da findet man immer was Neues.“ (Xenia, 11)

„Man kann alles finden, was man wissen will.“ (Katja, 12)

„Mitmachen kann man, denn es gibt Spiele und Bauanleitungen. Unten steht oft, wer die Seite gemacht hat. Das beste sind wahrscheinlich die Grafiken.“ (Judith, 15)

„Alles ist übersichtlich und schön gestaltet! Die Seiten werden schnell geladen! Neues gibt's immer. Man erkennt sofort, wer die Seite macht und was mit meinen Daten passiert.“ (Franziska, 11)

„Die Nachrichten sind oft alt. Gut finde ich, dass man seine Meinung dazu schreiben kann. Machen aber nicht viele.“ (Stephanie, 10)

„Das Tolle: Sie ist aktuell und erklärt, wenn man z. B. was über Krieg oder wichtige Sachen, die passieren, wissen will.“ (Stephanie, 10)

„Es ist eine gute Idee, seine Meinung zu den Nachrichten sagen zu können. Bei Sport steht nicht viel. Bei ‚gefragt‘ ist das besser.“ (Benjamin, 11)

„Die Mail-Addys der Macher sind angegeben. Sie schreiben auch zurück.“ (Lea, 13)

„Die Figuren, also Bugfrog, Kingkid und Skatergirl, sind sehr schön und lustig.“ (Hannah, 11)

„Man kann viele interessante Sachen finden.“ (Sven, 10)

„Sehr viel Text und manchmal lange Ladezeiten.“ (Bianca, 11)

„Die Insel ist toll. Man weiß nicht gleich, was hinter den Bildern steckt. Das ist spannend. Aber schade, dass es nicht mal was zum Mitmachen gibt.“ (Mädchen, 8)

„Die Schatzkarte kann man nicht gut lesen.“ (Rick, 12)

(Aus: Ein Netz für Kinder – Surfen ohne Risiko?, hrsg. v. Bundesministerium für Familie, Senioren, Frauen und Jugend, Düsseldorf 2003, S. 44 ff.)

1. Arbeitet heraus, welche Merkmale die Seiten haben, die die Kinder als gut und hilfreich beurteilen (M 14). Stellt diese Merkmale in einer Liste zusammen.

2. Teilt euch in Gruppen auf und untersucht einige der unter seitenstark.de angebotenen Seiten einmal genauer. Als Maßstab nehmt die bei Aufgabe 1 in der Liste zusammengestellten Qualitätsmerkmale. Gebt der Seite abschließend eine Gesamtnote. Tragt die Ergebnisse der Klasse vor.

Bei der Beschäftigung mit den Internetseiten, die sich vor allem an Kinder richten, habt ihr sicherlich festgestellt, dass sie interessant und nützlich sein können.
In der Regel surft ihr aber nicht nur auf speziellen Kinderseiten. Deshalb möchten wir darauf hinweisen, dass auf anderen Seiten im Internet auch Gefahren lauern können. Die folgenden Materialien (M 15 – M 17) zeigen euch, welche das sein können und was man tun kann, um ihnen nicht zum Opfer zu fallen.

M 15 Warum sind gerade Kinder gefährdet?

Kinder und Jugendliche sind eine lohnende Zielgruppe für Seitenbetreiber mit unlauteren Absichten. Sie sind mit ‚kostenlosen' Angeboten leicht zu ködern. Gutgläubig geben sie ihre persönlichen Daten heraus, ohne über mögliche Konsequenzen nachzudenken. Kinder und Jugendliche fallen auf ‚Abzocke' herein, weil sie oft das ‚Kleingedruckte' missachten. Der Wunsch, die heiß begehrte Musikdatei sofort auf die Festplatte zu laden, online SMS verschicken zu können oder schnell das Test-Ergebnis zur eigenen Intelligenz zu erhalten, ist übermächtig und besiegt die Vernunft. Ein schneller Klick auf ‚ok', schon hat man die AGBs* akzeptiert.
So weit, so gut. Leider kann das Kleingedruckte aber auch Bestimmungen enthalten, die unfair sind und unwissentlich z. B. zu einem Abonnement verpflichten. Den Gratis-Lockangeboten folgen dann teure Rechnungen. Aus Unsicherheit oder weil sie die Rechtslage nicht kennen und Angst haben, zahlen die Minderjährigen dann oft sogar – ohne den Eltern davon zu berichten.

(Nach: http://www.internet-abc.de/newsletter/iabc_newsletter070523.pdf)

M 16 Teure Hausaufgaben

Immer wieder versuchen „Abzocker" Wissbegierde oder Faulheit von Schülern gnadenlos auszunutzen und verknüpfen die Frage nach Referaten, Texten oder Formeln mit zum Teil sehr hohen Kosten – entweder über Dialer* oder, in letzter Zeit häufiger, schlicht per schriftlicher Rechnung. Die Suche nach Referattexten und fertigen Hausaufgaben kann dann schnell einige Hundert Euro teuer werden. Was allerdings über die Qualität der Fundstücke nichts aussagt. Wer auf diesen Seiten leichtfertig das Kleingedruckte überliest und persönliche Daten preisgibt bzw. auf einen „OK"-Button drückt, wird bald tief in die Tasche greifen dürfen.

(http://www.internet-abc.de/eltern/112271.php)

M 17 Widerrufsrecht

Wenn man auf so ein Köder-Angebot reingefallen ist und wieder raus will, [...] gibt es zum Glück ein *Widerrufsrecht* für die meisten Geschäfte im Internet. Man kann in den ersten zwei Wochen alles wieder rückgängig machen. [...] Es ist daher eine gute Idee, die Eltern einzuweihen. Sie können dem Abo-Vertrag widersprechen. Denn: Kinder und Jugendliche unter 18 Jahren dürfen selbst gar keine Verträge machen. Wenn jemand mit Minderjährigen Geschäfte machen will, müssen die Eltern einverstanden sein. Wenn die Eltern sagen, dass Sohn oder Tochter sich ohne ihr Einverständnis bei dem SMS- oder Hausaufgabenanbieter angemeldet haben, dann hat es praktisch nie einen Abo-Vertrag gegeben.

(Auszugsweise entnommen: http://www.br-online.de/kinder/fragen-verstehen/computer/2006/01385/; Verf.: Peter Stenz)

1. Nennt und erläutert die Fallen, in die Kinder auf Internetseiten leicht hineintappen können (M15–M17).

2. Erklärt, warum es sehr wichtig ist, sich an die Eltern zu wenden, wenn man in eine solche Kostenfalle geraten ist (M17). Was können diese konkret tun, um das Problem zu lösen?

Methode

M 18 Internetrecherche

In M16 wird festgestellt, dass Schüler im Internet nach Referaten oder anderem Material für die Schule suchen. Vielleicht habt ihr das auch schon getan. Damit die Internetrecherche planvoll verläuft, solltet ihr sie in folgender Weise durchführen:

1. Bevor du den PC benutzt, musst du dir einen genauen Überblick über deine Aufgabe verschaffen. Schreibe alle wichtigen Stichworte auf, die zu dem Thema gehören.
2. Schlage die Begriffe auch in einem Lexikon oder Buch nach. Notiere dabei evtl. weitere Stichworte, Namen, Zahlen oder Meinungen zu dem Thema.
3. Um Ordnung in die Vorinformationen zu bringen und eine Übersicht über den Themenkreis zu bekommen, kann es sinnvoll sein, eine Mindmap aus den gefundenen Begriffen zu bilden.
4. Jetzt kannst du das Internet gezielt nutzen. Wähle eine Suchmaschine aus (das kann z. B. zunächst „blinde-kuh.de" sein) und gib ein entsprechendes Suchwort ein. Damit das gewünschte Suchergebnis möglichst genau eingegrenzt wird, kannst du auch mehrere Suchwörter eingeben und jeweils mit einem Pluszeichen verbinden.
5. Du solltest gefundene Materialien im Textverarbeitungsprogramm (Word) abspeichern, um dann offline am Text weiterzuarbeiten.
6. Einige Stellen in den gefundenen Texten sind oft nicht zu gebrauchen. Um zu vermeiden, dass du sie mit ausdruckst, kannst du den gewünschten Teil des Textes markieren und nur diesen ausdrucken.
7. Um zu entscheiden, welche Textstellen wichtig sind, musst du den Text genau lesen und überlegen, welche Informationen für das Thema von Bedeutung sind.
8. Texte lassen sich gründlicher bearbeiten und besser verstehen, wenn sie ausgedruckt sind. Man kann Wichtiges unterstreichen und am Textrand Ausrufezeichen oder Fragezeichen setzen, wenn etwas sehr wichtig oder unklar ist.
9. Wenn du widersprüchliche Informationen findest, darfst du nicht darüber hinweggehen. Du musst prüfen, welche zutreffen. Dazu solltest du im Internet weitersuchen oder auch in einem Lexikon oder Buch nachlesen.
10. Halte stets die Quelle des gefundenen Materials fest. Sichere also die Internetadresse und das Datum des Ausdrucks/Downloads.
11. Stöbere nicht in zu vielen Internetseiten herum. Beschränke dich auf einige, z. B. vier, sonst verlierst du dich in einem Dschungel von Material. Frage auch deine Lehrerin oder deinen Lehrer nach sinnvollen Seiten.
12. Du lernst kaum etwas, wenn du die ausgedruckten Materialien einfach nur abliest oder unbearbeitet ins Heft einordnest. Wenn du ein Thema richtig verstehen willst, musst du in der Lage sein, die Informationen mit deinen eigenen Worten wiederzugeben bzw. niederzuschreiben. Was du vorträgst oder aufschreibst, muss deine eigene Arbeit sein. Du kannst dir dann auch die Zusammenhänge besser merken.

(Autorentext)

Immer mehr Menschen nutzen im Internet sogenannte ***soziale Netzwerke****. Auch viele Schülerinnen und Schüler „treffen" sich in solchen Netzwerken mit Freunden, Bekannten und Mitschülern. Eines der bekanntesten sozialen Netzwerke (neben Facebook) dürfte für euch schülerVZ sein. Es bietet viele Möglichkeiten, sich darzustellen und miteinander Kontakt aufzunehmen. Dabei sollte man sich allerdings umsichtig verhalten. Die Möglichkeiten und Probleme solcher Netzwerke sollen euch die folgenden Materialien bewusst machen.*

M 19 Durch den Computer verbunden

Ein soziales Netzwerk ist eine Community („Gemeinschaft") im Internet, in der die Nutzer von sich selbst Profile mit persönlichen Angaben erstellen, um sich miteinander zu vernetzen und auszutauschen. Soziale Netzwerke funktionieren somit über die Selbstdarstellung ihrer Nutzer. Sie richten sich oft an bestimmte Ziel- bzw. Interessengruppen. SchülerVZ richtet sich beispielsweise nur an Schüler zwischen 12 und 21 Jahren. Die Nutzer tauschen sich über ihre Interessen aus, beschreiben ihre Lebenssituation oder pflegen Freundschaften.

(Autorentext)

M 20 schülerVZ – Freunde im Netz

Warum machst du bei schülerVZ mit?
Welche Möglichkeiten nutzt du bei schülerVZ?
Wie stellst du dich in deinem Profil auf der Seite dar?
Wie schützt du dich vor möglichen Gefahren?

- ist cool
- gruscheln
- gebe meinen Geburtstag an
- Gruppenzwang
- aus Langeweile
- stelle nur meinen Vornamen ein
- verschicke Nachrichten
- mit meiner Familie
- nenne mein Lieblingsfach
- mit einem Bild von mir im Karnevalskostüm
- nehme keine Profile an, die ich nicht kenne
- mit Freunden chatten
- kann mit Freunden aus der ganzen Welt chatten
- kann mit Freunden aus meiner alten Klasse zusammenbleiben
- viele Leute haben es
- in einer Gruppe sein
- habe ganz viele Freunde, ca. 110
- schreibe was über Mitschüler auf die Pinnwand
- mit Apps spielen
- wechsle jeden Monat mein Passwor
- können nur Freunde sehen
- stelle ein, wer mein Profil sehen darf
- habe Bilder aus dem letzten Familienurlaub eingestellt

(Autorentext)

1. Erklärt, was man unter einem sozialen Netzwerk versteht (M 19). Berichtet, wo ihr eventuell Mitglied seid und welche Netzwerke ihr außer schülerVZ noch kennt.

2. Ordnet den Fragen, die in der Mitte von M 20 stehen, die passenden Antworten zu.

3. Besprecht, auch aufgrund eurer eigenen Erfahrungen,
   a) welche der Schülerantworten ihr für bedenklich haltet,
   b) welche Äußerungen zum persönlichen Schutz ihr für sehr wichtig haltet.

4. Ein Nutzer in M 20 behauptet, er habe 110 Freunde bei schülerVZ. Haltet ihr das für möglich? Wie unterscheiden sich Freunde im realen Leben von Freunden, die man online hat? Stellt die Unterschiede zusammen.

Wenn ihr euch in einem sozialen Netzwerk bewegt, müsst ihr Regeln beachten, damit ihr euch selbst vor Gefahren schützt und auch andere nicht gefährdet. Damit ihr darüber besser informiert seid, schlagen wir euch eine Expertenbefragung vor. Die Experten könnten z. B. Mitarbeiter eines Medienzentrums sein oder auch das Informationsteam von schülerVZ. Da sie möglicherweise nicht in eure Schule kommen können, bietet es sich gerade bei diesem Thema an, das Expertengespräch in Form einer Skype-Konferenz via Webcam und Mikrofon durchzuführen.

Methode M 21 Expertenbefragung

1. Legt fest, wann die Expertenbefragung stattfinden soll. Entweder nimmt eure Lehrerin oder euer Lehrer oder ihr selbst nehmt Kontakt mit den Experten auf, um Zeitpunkt und Dauer der Befragung abzustimmen. Ihr könnt zum Beispiel eine Mail schreiben an: schule@schuelervz.net.
2. Zur Vorbereitung des Expertengespräches müsst ihr zunächst die Fragen zusammenstellen, die euch interessieren. Überlegt genau, was ihr wissen wollt. Teilt euch in verschiedene Arbeitsgruppen auf, die Fragen zu unterschiedlichen Bereichen erarbeiten und formulieren (z. B. zur Sicherheit des Netzwerkes, zur Gestaltung des persönlichen Profils, zu den Regeln etc.).
3. Stellt sämtliche Fragen in der Klasse vor. Bringt sie in eine inhaltlich sinnvolle Reihenfolge.
4. Legt fest, wer die Fragen stellen soll.
5. Bestimmt, wer als Beobachter die Antworten festhält.
6. Ein Moderator muss durch das Gespräch führen. Klärt, ob eure Lehrerin/euer Lehrer oder einer von euch diese Aufgabe übernimmt.
7. **Nach der Durchführung der Befragung:** Fasst die Antworten übersichtlich zusammen.
8. Überlegt, wie ihr die Ergebnisse anderen mitteilen könnt (Mitschülern anderer Klassen z. B. in einer Übersicht als Flyer, auf der Homepage eurer Schule, in einem Bericht der Schülerzeitung oder der allgemeinen Presse).
9. Wenn das Expertengespräch als **Skype-Konferenz** durchgeführt werden soll, müssen folgende Voraussetzungen an eurer Schule gegeben sein: geeigneter Raum (z. B. Informatikraum), Laptop oder PC, Beamer, Leinwand/Projektionsfläche, externes Mikrofon, externer Lautsprecher, Skype (www.skype.com/intl/de), Breitband-Internetzugang, Webcam.

(Autorentext)

M 22 Getäuscht!

Im Internet kannst du Freunde finden, die dieselben Interessen haben wie du. Aber es fehlen dir beim Kontakt mit ihnen viele Sinne, die du im normalen Leben benutzen kannst. Du kannst dein Gegenüber nicht sehen und normalerweise auch nicht hören oder riechen. Dies nutzen manchmal Erwachsene aus, die Kinder belästigen oder ihnen Gewalt antun wollen. Sie geben sich einfach als Kinder aus und kommen so mit dir in Kontakt.

(Nach: Kindersache, hrsg. v. Deutschen Kinderhilfswerk e. V., 3. Aufl. Berlin, S. 6)

1. Beschreibt die Abbildung in M 22. Was soll sie verdeutlichen?
2. Angenommen, ihr werdet in der Stadt von einem Unbekannten angesprochen. Wie würdet ihr euch verhalten?
3. Seid ihr im Internet schon einmal nach euren Kontaktdaten gefragt worden? Was habt ihr dann gemacht?

M 23 Mobbing im Internet

Ich bin mir nicht sicher, ob das, was ich hier schreibe, wirklich hier hineingehört, aber ich bin wirklich fertig, und deshalb schreibe ich einfach mal:

Es fing alles an vor einem Jahr, da bekam ich plötzlich fremde SMS und E-Mails, die saublöd waren. „Du blöde Kuh“ stand da und „Pass ja auf – wir kriegen dich“. Am Anfang war mir das egal, aber irgendwann nervte es doch ziemlich. Nach ein paar Wochen sagte eine Klassenkameradin zu mir, dass ich ja wohl nicht richtig ticke, solche Dinge in Internetforen zu schreiben, und ich wusste gar nicht, wovon sie redet. Dann hat sie es mir gezeigt: Irgendwelche Idioten haben in meinem Namen Einträge gemacht, mal finde ich Hitler gut, dann mal wieder hasse ich alle Lehrer, und … klaro, dass mein Name mit Adresse und Telefonnummer dort auftauchte. Bei schülerVZ gab es eine Hassgruppe mit meinem Namen. Ich habe mich kaum mehr in die Schule getraut und ich hatte dauernd Bauchschmerzen. Irgendwann kamen auch meine Eltern auf meine schlechte Laune

und meine Probleme zu sprechen, und wir haben alle Forenbetreiber angeschrieben, diese Einträge zu löschen. Es tauchten aber immer wieder neue auf. Und da ging es mir schon richtig schlecht, ich hatte schlaflose Nächte, bekam das Zittern und musste dauernd aus dem kleinsten Anlass heulen. Kaum jemand in der Schule wollte noch etwas mit mir zu tun haben. [...] Ich fühle mich so miserabel. Muss ich erwähnen, dass meine Leistungen in der Schule im Keller sind? Dabei will ich doch nur meine Ruhe!

(Aus einem Eintrag in einem Internetforum, in: Was tun bei Cyber-Mobbing? Zusatzmodul zu Knowhow für junge User. Materialien für den Unterricht, Arbeitsblatt 3, hrsg. v. klicksafe.de, Düsseldorf 2008)

M 24 Wichtige Tipps zum Schutz vor Cyber-Mobbing*

Sperre die, die dich belästigen! Die meisten Websites und Online-Anbieter geben dir die Möglichkeit, bestimmte Personen zu sperren. Nutze dieses Angebot, denn du musst dich nicht mit jemandem abgeben, der dich belästigt. Wenn du mit Anrufen oder SMS belästigt wirst, kannst du auch deine Handynummer ändern lassen.

Antworte nicht! Reagiere nicht auf Nachrichten, die dich belästigen oder ärgern. Denn genau das will der Absender oder die Absenderin. Wenn du zurückschreibst, wird das Mobbing wahrscheinlich nur noch schlimmer.

Sichere Beweise! Lerne, wie du Kopien von unangenehmen Nachrichten, Bildern oder Online-Gesprächen machen kannst. Sie werden dir helfen, anderen zu zeigen, was passiert ist. Außerdem kann mit den Beweisen auch dein Peiniger oder deine Peinigerin gefunden werden.

Rede darüber! Wenn du Probleme hast, wende dich an Erwachsene, denen du vertraust, zum Beispiel deine Eltern, einen Lehrer/eine Lehrerin oder einen Jugendbetreuer/eine Jugendbetreuerin.

Melde Probleme! Nimm Belästigungen nicht einfach hin, sondern informiere umgehend die Betreiber der betreffenden Website. Vorfälle, die illegal* sein könnten, solltest du den Behörden melden.

Unterstütze Opfer! Wenn du mitbekommst, dass jemand anderer per Handy, Internet oder SMS belästigt wird, dann schau nicht weg, sondern hilf ihm/ihr und melde den Vorfall. Wenn der Täter oder die Täterin merkt, dass das Opfer nicht alleine gelassen wird, hören die Beleidigungen oft schnell auf.

Schütze deine Privatsphäre! Sei vorsichtig, welche Angaben du im Internet machst. Deine persönlichen Daten (E-Mail-Adresse, Wohnadresse, Handynummer oder private Fotos) können auch von „Cyber-Bullys*" gegen dich verwendet werden. Achte insbesondere darauf, deine Zugangsdaten geheim zu halten und ein sicheres Passwort zu verwenden.

Kenne deine Rechte! Wenn du es nicht erlaubst, darf niemand Fotos von dir ins Internet stellen, die dir peinlich sein könnten. Außerdem darf dich niemand vor anderen verspotten oder beleidigen. Wenn Cyber-Mobbing besonders ernst ist, kann dies für den Täter/die Täterin rechtliche Konsequenzen haben. [...]

Vertraue dir! Wichtig ist, dass du an dich selbst glaubst und dir nichts von anderen einreden lässt. Lass dich nicht fertigmachen und mach keine anderen fertig!

(http://www.saferinternet.at/themen/cyber-mobbing/#c687)

1. Ein Mädchen beschreibt verzweifelt seine Lage in der Schule (M 23).
a) Worunter leidet das Mädchen, welche Probleme hat es?
b) Was unternimmt es, um eine Lösung für seine Probleme zu finden?

2. In M 24 werden wichtige Tipps zum Schutz vor Belästigung im Internet gegeben. Welche dieser Tipps hat das Mädchen (M 23) nicht beachtet? Welchen Ratschlag hat es, gemeinsam mit den Eltern, befolgt?

3. Spaß und Ärger mit dem Handy

M 25 Ein Handy – nur zur Sicherheit

Hallo! Ich war eigentlich immer der Meinung, dass Kinder noch kein Handy brauchen, habe meine Meinung darüber aber grundlegend geändert ...! Der Auslöser, dass mein Sohn auch schon mit 8 ein Handy bekam, war die Tatsache, dass er in eine Schule geht, die er nur mit dem Bus erreichen kann. Da er nach Schulschluss gerne trödelt, saß ich zu Hause oft wie auf Kohlen und stand manchmal wirklich Ängste aus, wenn er dann mal wieder nicht kam; den Schulweg abgehen und ihn suchen konnte ich aufgrund der Entfernung nicht. Als er dann das Handy hatte, konnte er anrufen, wenn es später wurde, und ich war beruhigt. Wirklich bewährt hat sich das Handy dann, als er einmal einen Unfall mit dem Fahrrad hatte, bei dem er sich das Bein verletzte und nicht mehr laufen konnte, da konnte er mich anrufen.

(Nach: http://www.gutefrage.net/frage/ab-welchem-alter-haben-eure-kinder-handys)

M 26 Handy in Kinderhand

Kinder nutzen das Handy nicht hauptsächlich, um sich zu verständigen, wie beispielsweise Erwachsene. Wenn Eltern ein Handy für ihr Kind anschaffen, dann geschieht das oft, weil sie an die Sicherheit ihrer Kinder denken.

Kinder haben andere Bedürfnisse. Der Handybesitz stellt für viele Kinder einen Ausdruck dar, dass wieder eine neue Altersstufe erreicht wurde: Guckt mal, ich bin groß, ich habe ein Handy! Telefonieren und SMS spielen noch nicht die größte Rolle. Viel interessanter ist das Handy als neues Spielzeug mit Gestaltungsmöglichkeiten. Das „Daddeln“ mit dem Handy ist für viele Kinder eine der wichtigsten Handynutzungen. Mädchen spielen übrigens auch gern Handyspiele und sind mit den oft vorinstallierten Spielen länger zufrieden als die Jungs. Diese wollen öfter neue Spiele haben. Außerdem kann man sich mithilfe des Handys in eine Gruppe integrieren: Ich habe auch ein bestimmtes Spiel, Lied oder Bild!

(Nach: http://www.handywissen.info/forschung/handynutzung/handynutzung.html)

1. Die Anschaffung eines Handys ist manchmal ein Streitpunkt zwischen Kindern und Eltern. Welchen Grund hatte die Mutter in M 25 hauptsächlich für den Kauf eines Handys?

2. Vergleicht die Gründe von Eltern für den Kauf eines Handys mit denen, die Kinder dafür haben (M 26).

3. Diskutiert eure Meinungen zur Anschaffung eines Handys für Kinder. Bildet dazu eine Pro- und eine Kontra-Gruppe von jeweils vier Schülern. Ein Schüler oder eine Schülerin leitet die Diskussion. Diejenigen, die nur zuhören und beobachten, halten die jeweils genannten Argumente fest.

M 27 Kostenfalle Handy

Gefährliche SMS

Handys sind doch wunderbar: Mal kurz mit den Freunden sprechen, noch eine SMS hinterherschicken, schnell ins Internet einwählen und das Lieblingslied als Klingelton herunterladen. Wenn das alles nur nicht so teuer wäre: Viele Jugendliche haben sich so verschuldet. Besonders teuer wird es, wenn man vermeintlich nur einen Gratis-Klingelton bestellt, tatsächlich aber ein ganzes Abo geordert hat: drei weitere Klingeltöne für den nächsten Monat, drei weitere für den übernächsten usw. Zwar müssen die jeweiligen Preise und auch die Dauer des Herunterladens inzwischen deutlich bekannt gemacht werden, über die finanziellen Folgen sind sich viele aber trotzdem nicht im Klaren.

Gesetz ist, dass man erst mit 18 im geschäftsfähigen Alter ist und ohne Einverständnis der Eltern Verträge abschließen kann. Deshalb nutzen immer mehr Jugendliche Handys mit Prepaid-Karten, die immer wieder aufgeladen werden. Aber auch damit kann man zum Beispiel Probleme bekommen, wenn man ein Klingelton-Abo abgeschlossen hast. Wenn die Prepaid-Karte leer ist, werden die fälligen Gebühren dann abgebucht, sobald sie aufgeladen wird.

Teure Taste

Mit vielen Handys kann man ins Internet gehen, häufig schon mit einem einzigen Knopfdruck. Das kann gefährlich sein, denn es kann schnell passieren, dass diese eine Taste aus Versehen gedrückt wird. Dann ist man vielleicht für Stunden unbemerkt im Internet. Besonders teuer wird das, wenn man im Ausland ist.

Lockanrufe

Der Lockanruf ist eine betrügerische Methode, um Geld mit ahnungslosen oder leichtsinnigen Telefonkunden zu verdienen. Beim Lockanruf werden massenhaft Telefonnummern angerufen, aber schon nach dem ersten Klingeln wird der Anruf wieder unterbrochen. Die Angerufenen sehen in ihrem Telefon dann die Nachricht, dass ein

Anruf eingegangen ist. Wenn sie dann zurückrufen, verdienen die Betrüger. Denn der Rückruf auf diese Nummer kann den Telefonkunden ein bis zwei Euro pro Minute kosten. Und wer nicht merkt, dass hier etwas nicht stimmt, und nicht ganz schnell auflegt, wird sogar noch mehr bezahlen.

Übersicht bewahren

Wenn man merkt, dass das Handy mehr Geld kostet, als man sich leisten kann, helfen oft einfache Fragen: Wie viel Geld hat man im Monat zur Verfügung? Wofür gibt man es aus? Wenn man dies genau aufschreibt (siehe auch M 28), hat man eine bessere Übersicht und kann viel sparen: Telefonierst du viel? Rufst du andere Handys an oder eher Festnetznummern? Schickst du viele SMS? Lädst du dir viele oder besonders teure Sachen herunter?

(Autorentext)

M 28 Handy-Tagebuch zur Kostenkontrolle

Handy-Tagebuch für die Woche vom ... bis ...

Tag, Uhrzeit	Wofür Handy genutzt?	Dauer (in Minuten)/ Häufigkeit (bei SMS)	Kosten (Dauer oder Häufigkeit mal Preis)
Mo			
Di			
Mi			
Do			
Fr			
Sa			
So			

(Autorentext)

1. a) Worauf wollen die Abbildungen in M 27 aufmerksam machen?
b) Nennt und erklärt die Kostenfallen, in die man beim Handy tappen kann.
c) Schreibt auf, was man tun kann, um den Kostenfallen aus dem Weg zu gehen.

2. In M 28 wird das Muster eines Handy-Tagebuches vorgestellt, das dabei helfen soll, die Kosten möglichst gering zu halten. Übertragt es in euer Heft und füllt es für eine Woche aus.

Tipp: Stellt unter der Überschrift „Stopp der Kostenfalle Handy!" Maßnahmen und Verhaltensweisen zusammen, die dazu beitragen können, die Kosten für ein Handy möglichst gering zu halten. Nützliche Hinweise erhaltet ihr dazu auch auf den Seiten
www.mobilfunkundschule.bayern.de/download/handy_flyer.pdf;
www.handysektor.de/download/handy_internet_tipps_gegen_kostenfallen.pdf;
www.handy-in-kinderhand.de.
Unter www.netzcheckers.de wird erklärt, wie ihr kostenlos Klingeltöne und Handylogos bekommen oder sogar selbst herstellen könnt. In dieser Hinsicht findet ihr auch Hilfe unter www.internauten.de. Ihr könnt die Liste der Maßnahmen auf ein **Plakat** schreiben oder eure Ergebnisse auf der **Homepage** eurer Klasse präsentieren.

M 29 Gewalt-Videos auf Handys

„In manchen Risikogruppen ist Gewalt auf Handys ein Alltagsphänomen“, sagte die Stuttgarter Kommunikationswissenschaftlerin* Prof. Petra Grimm. Dargestellte und tatsächliche Gewalt seien in den Handyvideos vermischt. „Die Jugendlichen haben furchtbare Angst, selbst von Gewalttätern gefilmt und dadurch als Opfer abgestempelt zu werden.“ Grimm begründete diese Furcht mit der Verbreitung der Videos von Handy zu Handy und über das Internet.

In den vergangenen Jahren habe sich das „Mobile Bullying“ ausgebreitet, bei dem Jugendliche in peinlichen Situationen aufgenommen werden, um die Bilder anschließend zu verbreiten.

Als „Slapping“ werden Grimm zufolge Videos bezeichnet, in denen Menschen ohne Grund geschlagen werden.

93 Prozent der Jugendlichen haben einer Umfrage zufolge bereits von solchen Videos gehört. „Diese verunsichernden Inhalte anzuschauen und weiterzugeben, ist eine Mutprobe“, sagte Grimm. „Viele Kinder und Jugendliche können diese Bilder aber nicht verdauen und ängstigen sich.“

(Auszugsweise entnommen: dpa, Jugendliche in Angst vor der Opfer-Rolle, in: Westfälisches Volksblatt, 28.9.2007)

Gewaltdarstellungen verboten

Strafbar macht sich, wer Minderjährigen vorsätzlich grausame Gewaltdarstellungen auf Bildern oder Filmen zugänglich macht. Bereits das Versenden von solchen gewaltverherrlichenden Bildern an einen anderen Minderjährigen, z.B. mittels Bluetooth, ist also strafbar. Ebenso strafbar ist es, solche Bilder zu verbreiten oder öffentlich zugänglich zu machen (nach dem Strafgesetzbuch § 131 Absatz 1).

(Aus: Gewalt auf Handys, hrsg. v. der Arbeitsgemeinschaft Kinder- und Jugendschutz Landesstelle Nordrhein-Westfalen e.V., Köln/Essen 2006, S. 7)

1. Schaut euch das Bild in M 29 an. Was wird auf dem Handy dargestellt? Versucht zu erklären, wie es zu dem dargestellten Geschehen kommen konnte.
2. Gewaltvideos auf Handys zeigen „tatsächliche“ oder nur „dargestellte“ Gewalt. Erklärt, worin der Unterschied besteht und worum es sich hierbei handeln kann (M 29).
3. Welcher Grund für das Ansehen und die Weitergabe von Gewaltdarstellungen wird genannt (M 29)? Stimmt ihr ihm zu?
4. Erklärt, warum Jugendliche in Gewaltvideos nicht gezeigt werden wollen und dürfen.
5. Der kurze Text im Kasten in M 29 stellt eine knappe Zusammenfassung eines wichtigen Paragraphen aus dem Strafgesetzbuch dar. Erläutert, was er verbietet.
6. An vielen Schulen gibt es gesonderte Regelungen für die Nutzung von Handys. Welche gibt es an eurer Schule und wie ist eure Meinung dazu?

Kompetenzcheck

1. Wer weiß weiter? Vervollständigt die folgenden Sätze in eurem Heft:

- Computerspiele können sinnvoll sein, wenn …
- Computerspiele sind bedenklich, wenn …
- Computerspiele sind für mein Alter erlaubt, wenn …
- Die Sucht nach Computerspielen ist für den Betroffenen ein großes Problem, weil …
- Dass jemand computerspielsüchtig ist, erkennt man daran, dass …
- Wenn man am Computer spielt, sollte man …

2. Unangenehme Erfahrungen im Internet

Welcher Aussage stimmt ihr jeweils zu, der linken oder der rechten? Begründet eure Entscheidung.

Ich spreche über meine Erlebnisse.	Ich spreche lieber mit niemandem über meine Erlebnisse.
Auf Beleidigungen antworte ich nicht.	Auf Beleidigungen antworte ich wütend.
Komische Seiten zeige ich meinen Eltern.	Komische Seiten halte ich geheim.
Ich nehme das nicht persönlich.	Warum passiert mir das? Wer hat nur etwas gegen mich?

(Margret Datz, Unterrichtseinheit: Internet: Sicher surfen, Schulen ans Netz, 2005)

Wenn ich gemobbt werde, klicke ich schnell die Seite weg.	Ich notiere die Mobbing-Handlung, den Tag und die Uhrzeit in ein Mobbing-Tagebuch.
Wenn ich mitbekomme, dass jemand gemobbt wird, schweige ich darüber.	Wenn jemand gemobbt wird, halte ich zu dem Opfer und zeige ihm meine Unterstützung.

(Aus: www.internet-abc.de)

3. Richtiges Verhalten gegen Abzocke im Internet – Welche Lösung ist jeweils richtig?

a) Bevor du etwas im Internet herunterlädst oder einen Vertrag abschließt, besprich dich auf jeden Fall mit deinen ??? (Handyanbietern/Eltern/Freunden)

b) Vorsicht! Oft will man dich im Netz mit Gratis-Angeboten ködern, doch meist gibt es irgendwo auf der Internetseite eine versteckte ??? (Zustimmung der Eltern/Sammlung von Tipps/Preisangabe)

c) Hast du trotz aller Vorsicht versehentlich einen Vertrag abgeschlossen, sei beruhigt: in deinem Alter ist er ungültig ohne die Zustimmung der ??? (Eltern/Handy-Anbieter/Verbraucherberatung)

d) Sprich mit deinen Eltern und lass dich nicht einschüchtern von ??? (SMS/Zahlungsaufforderungen/Handy-Anbietern)

e) Wenn du eine sehr hohe Handyrechnung hast oder viel Guthaben von deiner Prepaid-Karte abgebucht wurde, sprich mit deinem ??? (Freund/Nachbarn/Handyanbieter)

(Aus: www.internet-abc.de)

4. Was gehört wozu?

Ordnet die Begriffe (1–12) den Erklärungen (A–L) richtig zu.

2 Kostenfalle

1 Klingeltöne

A Kann man bekommen, wenn man zu lange am Computer spielt.

C Aber wer von ihnen hilft mir wirklich, wenn ich mal ein Problem habe?

B Damit Bilder von Gewalt zu verbreiten ist verboten.

4 Handy

5 Chatten

K Das werden nicht alle Kinder, die am Computer spielen, aber …

10 www.seitenstark.de

D Ist eine sehr sinnvolle Seite für Kinder und ein Tor für weitere Internetseiten.

I Man muss besonders das Kleingedruckte und dieses bis zum Ende der Seite lesen.

6 Kennzeichen der USK

7 Handy-Schulden

F Nicht alle Computerspiele sind für dein Alter geeignet. Welche Farbe sagt dir: „Das ist o.k. für dich"?

8 Freunde

E Da hilft eine Prepaid-Karte.

3 Computerspiele

J Die könnt ihr auch selbst herstellen, um Geld zu sparen. Tipps findet ihr im Internet.

G Dabei könnt ihr Leute kennenlernen. Aber passt auf! Warum?

11 schlechte Schulnoten

H Sind umstritten. Manchmal kann man aber auch etwas durch sie lernen.

9 Probleme durch Internet

12 aggressiv

L Dann wendet euch an eure Eltern oder andere Vertrauenspersonen.

Wie ihr es seht
Was ihr könnt
Was ihr wisst
Kompetenzcheck

24 hour
cash
VISA

PEPINO
DAS SPIELZEUGPARADIES

50 EURO

Haushaltsplan
Einnahm
Ausgaben
Lohn
Gehalt
Miete
Strom
Versicherung
Auto
Wasser
Kinder
Essen
Kleidung
Benzin

Was können wir uns leisten? – Mit dem Einkommen auskommen

7

Zur Orientierung

In Kapitel 4 ist deutlich geworden, wie reichhaltig und unterschiedlich unsere Bedürfnisse sind. Wenn auch die Wunschliste lang ist – alle Wünsche zu erfüllen, das wird kaum jemandem gelingen! „Was können wir uns leisten?", fragen wir in diesem Kapitel.
*Im **ersten Abschnitt** beschäftigen wir uns damit, wie Einkommen entstehen und welche unterschiedlichen Möglichkeiten es gibt, Einkommen zu erlangen.*
*Im **zweiten Abschnitt** widmen wir uns der Frage, welches Einkommen eigentlich Kinder haben und wofür sie es ausgeben. Dabei wird das Taschengeld eine wichtige Rolle spielen.*
*Das Problem kennt ihr sicher auch: Es ist fast immer zu wenig Geld da für all die Wünsche, die man hat. Auch die Eltern müssen mit ihrem Einkommen sorgfältig planen. Worauf man beim Geldausgeben achten sollte, darauf gehen wir in einem **dritten Abschnitt** ein.*

Kompetenzen

Nach der Erarbeitung dieses Kapitels solltet ihr Folgendes wissen und können:

- erklären, welche unterschiedlichen Einkommen Menschen haben können;
- begründen, warum es wichtig ist, dass Kinder Taschengeld bekommen;
- wie viel Taschengeld Kinder und Jugendliche in etwa bekommen und wofür sie es ausgeben;
- eine Umfrage zum Thema Taschengeld durchführen und deren Auswertung vornehmen;
- erklären, warum man planvoll mit seinem Geld umgehen muss und wie man das am besten anstellt;
- in der Lage sein, in einem Rollenspiel aus unterschiedlichen Perspektiven Argumente für oder gegen eine Kaufentscheidung zu vertreten und abschließend zu einer Lösung des Konflikts beizutragen.

1. Einkommen muss hereinkommen

M1 Woher kommen die Einkommen?

Unter „Einkommen“ versteht man im Allgemeinen den Geldbetrag, der einer Einzelperson oder einem privaten Haushalt (Haushaltseinkommen) in regelmäßigen Abständen (z.B. monatlich oder jährlich) zufließt und der ihm daher für seine Ausgaben zur Verfügung steht. Doch woher kommt das Einkommen? Die „Quellen“, aus denen der Betrag fließt, sind ganz unterschiedlich, je nach der **beruflichen Tätigkeit**, die ein Einkommensbezieher ausübt, oder je nach dem **Vermögen***, das er besitzt. Und: Die meisten Leute beziehen Einkommen gleichzeitig aus mehreren Quellen. Im Einzelnen kann man folgende Quellen unterscheiden:

- Wer bei einem Unternehmen arbeitet, erhält dafür einen bestimmten **Lohn** (Arbeiter) oder monatlich ein **Gehalt** (Beamte und Angestellte). Ein privates Unternehmen kann z.B. eine Firma sein, die Produkte herstellt wie Autos oder Zahnbürsten, oder eine Firma, die Dienstleistungen* anbietet, z.B. Reparaturen, oder ein Handelsunternehmen, das Waren verkauft. Das kann aber auch der Staat sein, wenn man dort im „öffentlichen Dienst“ arbeitet, z.B. als Lehrerin oder Finanzbeamter. Diese Art von Einkommen nennt man Einkommen aus **„abhängiger Beschäftigung“**.
- Wer nicht abhängig, sondern **„selbstständig“** tätig ist (z.B. als Unternehmer oder Landwirt oder in einem „freien Beruf“ wie z.B. Arzt, Künstler oder Rechtsanwalt), bezieht sein Einkommen als **Gewinn** aus seinem Betrieb oder als **„Honorar“** für seine freiberufliche Tätigkeit.
- Wer Grundstücke, Gebäude oder Wohnungen besitzt und sie vermietet, bekommt dafür **Einkommen aus Vermietung oder Verpachtung aus (Sach-) Vermögen**.
- Wer in der Lage ist, Geldbeträge anzulegen (d.h. an Banken oder Sparkassen zu verleihen), erhält dafür **Zinsen***. Wer Geld in Aktien* (Anteilen an Unternehmen) anlegen kann, erhält Gewinnanteile des betreffenden Unternehmens.

- In den beiden erstgenannten Fällen (abhängige und selbstständige Tätigkeit) spricht man von **Erwerbseinkommen**, in den beiden letzten Fällen von **Vermögenseinkommen**.

In jedem Fall entsteht das Einkommen aus einer bestimmten Leistung, die der Einkommensbezieher erbringt, sei es aus seiner Arbeit oder aus dem Vermögen, das er zur Verfügung stellt.

Viele Haushalte erhalten aber auch Einkommen, für die sie keine Gegenleistung erbringen müssen: Sie erhalten *Leistungen vom Staat*, der von den Steuern*, die alle Einkommensbezieher an ihn zahlen müssen, bestimmte Beträge an bestimmte Haushalte zahlt. Man nennt solche staatlichen Hilfen **„Sozialleistungen*"**. Sie dienen dazu, Personen oder Haushalte mit einem sehr geringen Einkommen zu unterstützen (z. B. durch Arbeitslosengeld* oder Wohngeld*) oder Familien zu unterstützen (z. B. durch Kindergeld). Zu den Sozialleistungen* werden aber auch die **Renten*** gezählt. Für diese haben die Empfänger während ihres Arbeitslebens Beiträge in die staatliche Rentenkasse gezahlt, sie werden aber zu fast einem Drittel auch aus Steuern finanziert.

(Autorentext)

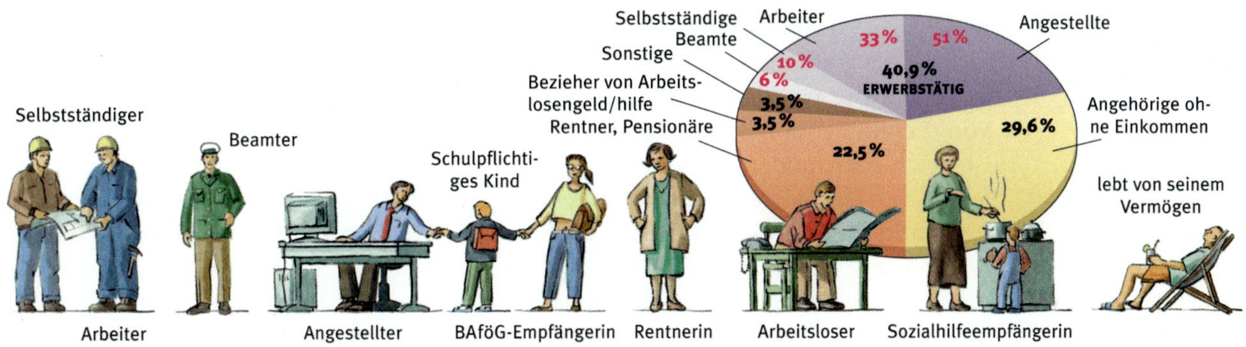

Klärt – ggf. mithilfe eurer Lehrerin oder eures Lehrers –, aus welchen unterschiedlichen „Quellen" Familien und Einzelpersonen ihr Einkommen beziehen können. Als Ergebnis eurer Textbearbeitung, bei der ihr auch die Abbildungen zu Hilfe nehmen könnt, solltet ihr in der Lage sein, die im Text fett gedruckten Begriffe mit eigenen Worten und möglichst mit Beispielen zu erläutern.

Wenn ihr meint, dass ihr die Begriffe beherrscht, macht ein Quiz daraus und nehmt euch gegenseitig dran.

Gehalt | selbstständig | Erwerbseinkommen | Honorar

Einkommen aus Vermietung und Verpachtung | Lohn | Gewinn(-anteile) | abhängig beschäftigt

Vermögenseinkommen | Zinsen | Sozialleistungen | Renten

M 2 Personen und ihre Einkünfte

- **Familie Becker** besteht aus drei Personen. Herr Becker ist Abteilungsleiter („leitender Angestellter“) in einem großen Elektrokonzern. Seit Mirja, die 14-jährige Tochter, auf der Welt ist, hat Frau Becker ihre Berufstätigkeit aufgeben. Sie wohnen in einer vornehmen Wohnsiedlung in Düsseldorf. Frau Becker liebt es besonders, ihre Kleidung in dieser Stadt einzukaufen. Sie und ihr Mann gehen sehr oft ins Theater oder besuchen Konzerte. Herr Becker ist großer Fußballfan und hat eine Jahreskarte für die Heimspiele von Borussia Dortmund; gemeinsam mit seiner Tochter fährt er oft eben mal schnell nach Dortmund. Noch lieber geht Mirja allerdings zu Rockkonzerten. Alle drei reisen sehr gern.
- **Frau Ruhe** ist alleinerziehende Mutter von drei Kindern (3, 4 und 7 Jahre alt). Sie ist geschieden und muss von Sozialhilfe* leben. Ihr ehemaliger Mann ist arbeitslos und kann ihr kein Geld geben. Frau Ruhe selbst kann wegen der Kinderbetreuung nicht arbeiten gehen. Das Geld ist immer knapp; deshalb ist sie froh, dass ihre Mutter ihr manchmal etwas „zusteckt“.
- **Jörg Brauer** ist 27 Jahre alt und studiert in Heidelberg Medizin; eigentlich wollte er sein Studium schon abgeschlossen haben. Er bekommt vom Staat zwar Ausbildungsförderung (Bafög), doch leider reicht dieses Geld nicht aus, um damit Wohnung, Essen, Kleidung und Bücher bezahlen zu können. Da er nicht immer seine Eltern um Geld bitten will, verdient er sich etwas dazu: Er kellnert häufig abends einige Stunden in der Pizzeria „Vesuvio“. Deshalb konnte er nicht immer die Zeit für sein Studium aufbringen, die für ein früheres Examen notwendig gewesen wäre.
- **Sabine Laufer** (19) hat gerade ihr Abitur erfolgreich bestanden und möchte nun in München eine Ausbildung zur Hotelkauffrau beginnen. Sie hat auch schon eine kleine Wohnung gefunden und freut sich darauf, sie gemütlich einrichten zu können. Zum Glück hat ihr ihre Oma zum Abitur ein Sparbuch mit einem größeren Betrag geschenkt. Das kann sie jetzt gut gebrauchen. Sie will aber auf keinen Fall alles ausgeben, denn ein Sparbuch bringt ja auch Zinsen*!
- **Frau und Herr Ferner** arbeiten zusammen mit noch fünf Mitarbeitern in ihrer eigenen Software*-Firma. Zum Glück ist am Ort ein sehr großes Unternehmen ansässig, das sie mit vielen Aufträgen versorgt. Die Firma läuft so gut, dass sie überlegen, einen weiteren Mitarbeiter einzustellen. Das wollen sie aber nur tun, wenn noch genug Geld für sie übrig bleibt.

(Autorentext)

1. Untersucht die in M 2 beschriebenen Personen und Haushalte unter dem Gesichtspunkt, woher sie jeweils ihr Einkommen erhalten. Nehmt dabei Bezug auf die verschiedenen „Einkommensquellen“ in M 1 und stellt auch fest, zu welcher der in der Abbildung (Kreisdiagramm in M 1) dargestellten Gruppen sie jeweils gehören.

2. Erkundigt euch bei euren Eltern, zu welcher Gruppe von Einkommensbeziehern sie gehören und über welche Arten von Einkommen sie verfügen können.

2. Rund um das Taschengeld

M3 Das liebe Geld

Lina
12 Jahre, 7. Klasse, aus Hamburg

„Ich bekomme **3,70 Euro pro Woche**. Seit Kurzem lasse ich mir das Geld aber monatlich auszahlen. Denn das Wochengeld konnte ich schlecht sparen und habe es meist sofort für Kleinkram ausgegeben. Die 14,80 Euro verbrauche ich dann meistens auf einen Schlag beim Shoppen: für Kleidung, Schmuck, Bodylotion oder Gesichtswasser. Oder mal fürs Kino. Natürlich hätte ich gern ein bisschen mehr. Aber ich glaube, ich liege mittendrin. Eine Freundin von mir bekommt viel weniger."

Max
12 Jahre, 6. Klasse, aus München

„Meine Eltern überweisen mir **18 Euro im Monat** aufs Konto. Letztes Jahr habe ich mir eine Kamera davon gekauft, davor ein Keyboard. Hin und wieder hebe ich auch Geld ab für Markenklamotten […]!"

Katharina
11 Jahre, 6. Klasse, aus Hamburg

„Meine **3 Euro pro Woche** stecke ich oft in die Spardose. Wenn ich dann etwas raushole, schreibe ich das Datum und den Betrag auf. Denn es waren mal 50 Euro weg, und ich konnte mich nicht mehr erinnern, wofür ich die ausgegeben habe. Das fand ich blöd. Wenn ich nicht spare, gebe ich das Geld für Schmuck und Kino aus. Jedes Jahr zum Klassenwechsel bekomme ich von meinen Eltern 50 Cent mehr als im Vorjahr."

Jan
10 Jahre, 5. Klasse, aus Düsseldorf

„Ich bekomme **13 Euro im Monat** am Ende des Monats, manchmal auch früher, wenn meine Eltern gerade Geld im Portmonee haben und ich sie darum bitte. 10 Euro kommen in die Spardose. 3 Euro gebe ich für Süßigkeiten aus. Von meinem gesparten Taschengeld habe ich mir zuletzt ein Nintendo-Spiel gekauft. Was ich mir als Nächstes leisten will, weiß ich noch nicht. Für Klamotten gebe ich aber nichts aus."

(Dein SPIEGEL Nr. 3/2010, S. 31)

Vergleicht eure Taschengeldsituation mit der von Max, Katharina, Lina und Jan. Wie viel Taschengeld bekommt ihr und was kauft ihr euch davon? Bekommt ihr es wöchentlich, monatlich oder immer dann, wenn ihr etwas braucht?

Das folgende Material ist zusammengestellt aus Tipps für Eltern zu Fragen rund um das Taschengeld. Was haltet ihr von diesen Ratschlägen?

M4 Taschengeld – warum, wofür, wie viel?

50 Cent oder 5 Euro – die Meinungen über die Höhe des Taschengelds gehen auseinander. Wie viel Taschengeld ist in welchem Alter angemessen? Zahlt man wöchentlich oder monatlich? Dürfen sich die Kleinen mit dem Taschengeld alles kaufen, was sie wollen, oder darf man als Erwachsener auch hier Grenzen setzen? Hier erfahren Sie mehr.

Brauchen Kinder Taschengeld?

Ja, Kinder brauchen Taschengeld als einen wichtigen Baustein, um mit Geld eigenverantwortlich und sinnvoll umgehen zu lernen. Der richtige Umgang mit Geld ist für das spätere Leben eines Kindes von entscheidender Bedeutung. Dies ist nur durch persönliche Erfahrung und rechtzeitige Übung möglich. […]

Zahlungsweise

Um Ihrem Kind Sicherheit zu vermitteln, sollten Sie das Taschengeld regelmäßig zahlen. So fördert es die Selbstständigkeit und ermöglicht Entscheidungsfreiheit […]. Man kann sich damit kleinere oder größere Wünsche selbst erfüllen und muss sich nicht alles erbetteln. Aber auch anderen – etwa Eltern, Geschwistern oder Freunden – kann damit Freude bereitet werden. Dies gibt die Chance, großzügig zu sein, ohne zum Verschwender zu werden.

Wofür?

Wenn das Taschengeld erzieherischen Wert haben soll, muss das Kind frei darüber verfügen können. Es muss (sich) selbst entscheiden dürfen, wann, wie und wofür es dieses, sein eigenes Geld ausgeben oder sparen will. Nur so lernt es, bewusst und kritisch damit umzugehen. Auch wenn besonders kleinere Kinder ihr Geld scheinbar planlos ausgeben, ist das kein Grund zur Aufregung. Finden Sie sich damit ab, dass zum Lernen auch „Experimentieren“ gehört. Kauft sich ein Kind zum Beispiel am ersten Tag für sein gesamtes Geld Süßigkeiten, so wird es sich schon bald ärgern, dass es nichts mehr hat. Verliert es sein Geld, dann lernt es, damit sorgfältiger umzugehen. […] Alle diese oder ähnliche Erfahrungen sind wichtig. Eltern sollten nicht versuchen, solche negativen und zum Teil auch schmerzlichen Erfahrungen vom Kind abzuwenden.

[…] Es ist allerdings auch wichtig, das Kind zu einem planvollen und sparsamen Umgang mit Geld zu erziehen. Kinder sollen auch lernen, verzichten zu können. Sie sollen den Sinn des Sparens selbst erkennen und danach handeln lernen. Das Sparziel soll vom Kind selbst gewählt werden! Nach dem Erreichen dieses Zieles muss sich das Kind dann auch seinen Wunsch erfüllen dürfen.

Wie viel?

Die Höhe des Taschengeldes bemisst sich grundsätzlich nach den finanziellen Möglichkeiten der Eltern. […]

Die Werte in der Grafik gelten einfach nur als Orientierung. Über die Höhe des Taschengeldes darf und muss in der Familie diskutiert werden. Zum einen entscheidet die finanzielle Lage der Familie.

Andererseits sind nicht alle Kinder gleich. Geben Sie nicht zu viel Geld, sonst verliert das Kind den Überblick. Wer sich alle Wünsche leicht erfüllen kann, […] lernt nicht, sinnvoll zu haushalten.

Taschengeld sollte immer pünktlich gegeben werden. Kinder sollen nicht darum betteln müssen. Und noch weniger darf das Geld an das Verhalten des Kindes geknüpft sein. Taschengeld ist kein Mittel zum Bestrafen oder zur Kontrolle des Kindes.

(Zusammengestellt aus: http://www.soskinderdorf.de/sos_beratungsstelle_landsberg/de/erziehungstipps/taschengeld.html; http://www.hoppsala.de/index.php?menueID=35&contentID=150)

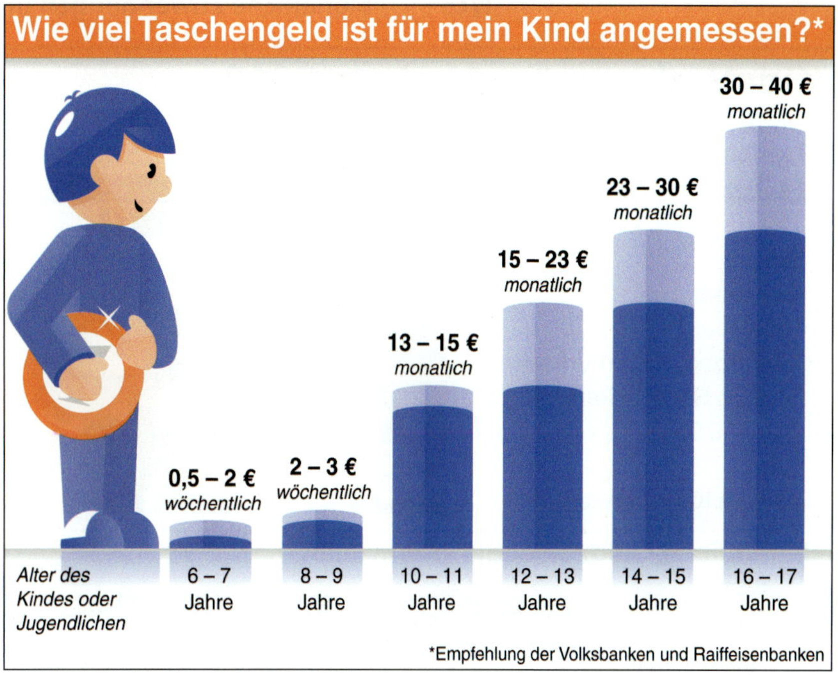

Grafik: Taschengeldempfehlungen (Stand Juni 2010)

1. Wie wird begründet, dass Kinder Taschengeld bekommen sollen? Was sollen sie dadurch lernen? Stellt eine Liste zusammen. Argumente findet ihr im Text (bis Z. 61).

Regelmäßige Taschengeldzahlungen für Kinder sind wichtig, weil
- sie lernen, …
- sie …
- …

2. Welche Argumente haltet ihr für die wichtigsten? Stellt für euch eine Rangfolge auf und vergleicht sie mit euren Mitschülern.

3. Die im Schaubild und im Text (Z. 62–81) angegebenen Taschengeldempfehlungen ähneln den Empfehlungen vieler anderer Institute (Verbrauchereinrichtungen, Erziehungsberatungsstellen, Jugend- und Sozialämtern). Haltet ihr die Richtwerte für die Höhe und für die Zahlweise (wöchentlich/monatlich) für angemessen? Was muss bei der Beurteilung berücksichtigt werden?

M 5 Monatliche Zuwendungen und wofür Kinder ihr Geld ausgeben

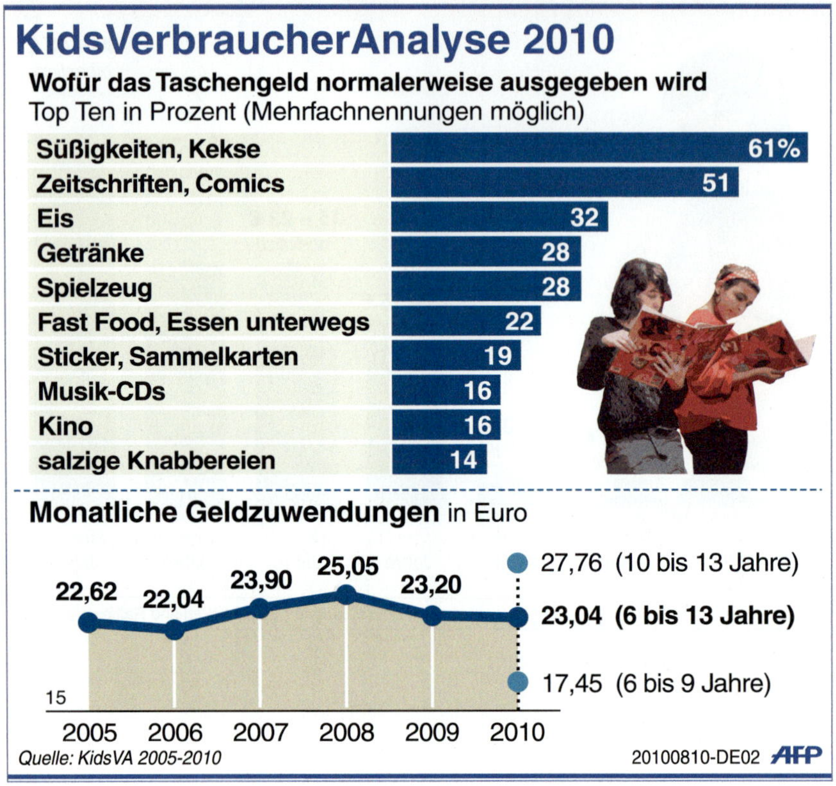

Finanziell geht es den Kindern und Jugendlichen heutzutage gut. Monatlich erhalten sie durchschnittlich 23 Euro Taschengeld und kleinere unregelmäßige Zahlungen; damit erhalten sie in etwa so viel wie im Jahr 2009. Die Geldgeschenke zum Geburtstag, zu Weihnachten und Ostern summieren sich auf 186 Euro, 2009 waren es noch 216 Euro. Sie sind in den monatlichen Zahlungen nicht enthalten. Für die KidsVerbraucheranalyse wurden im Auftrag des Egmont Ehapa Verlages mehr als 1700 Kinder zwischen sechs und 13 Jahren und ein Elternteil befragt.

(Autorentext)

Zur Erleichterung der Auswertung der Grafik hier ein Lesebeispiel: 61 % der befragten Kinder zwischen 6 und 13 Jahren gaben an, dass „Süßigkeiten und Kekse“ zu den Sachen gehören, für die sie normalerweise ihr Geld ausgeben.

1. Das Schaubild in M 5 ist zweigeteilt. Findet heraus, worüber es Aufschluss gibt.

2. Stellt fest, wodurch sich die in M 5 angegebenen Beträge zum Taschengeld von den in M 4 empfohlenen Beträgen unterscheiden. Nehmt auch die in M 5 neben dem Schaubild stehenden Informationen zur Hilfe. Achtet auf die Altersgruppen! Entsprechen diese Beträge in etwa euren Erfahrungen oder sind sie zu hoch bzw. zu niedrig angesetzt?

3. Bedenkt bei allen Angaben zum Taschengeld in M 4 und M 5, dass es sich um Durchschnittsbeträge handelt. Was kann man daher diesen Angaben nicht entnehmen?

4. Vergleicht die Top Ten der Taschengeldausgaben mit eurem eigenen Konsumverhalten. Entsprechen sie in etwa euren Erfahrungen und Gewohnheiten oder überraschen euch bestimmte Angaben?

3. Mit Geld planvoll umgehen

M6 „Das Geld reicht nie bis zum Monatsende!"

Max hat ein Problem: Es ist erst Mitte des Monats, im Laden gibt es die neue CD der Lieblingsband, seine Freunde wollen mit ihm ins Kino, und bei ihm? Es herrscht wieder einmal Ebbe im Portmonee. Eigentlich wollte er auch noch etwas gespart haben, denn schon lange wünscht er sich ein ganz bestimmtes Skateboard, das aber leider 199 € kosten soll. Seinen Eltern ist es zu teuer, er soll etwas dazutun, mindestens 50 €! Wie soll ihm das nur gelingen, bei 30 € Taschengeld im Monat? Er weiß, das ist schon viel mehr, als andere aus seiner Klasse bekommen, aber irgendwie bekommt er das mit seinen Finanzen nicht geregelt! Er weiß, dass seine Mutter zur besseren Übersicht monatlich einen Haushaltsplan aufstellt, in dem sie alle Einnahmen und Ausgaben der Familie festhält und so besser entscheiden kann, was sich die Familie in diesem Monat noch leisten kann oder aber eben nicht.

Rund 2930 Euro verdienen Max' Eltern zusammen. Das kommt Max ziemlich viel vor. Aber schließlich muss davon die Familie ernährt werden und die festen Kosten gehen auch noch davon ab. Ein Haushaltsplan hilft herauszufinden, wie viel Geld für den Einzelnen zur freien Verfügung übrig bleibt. Den Einnahmen (z. B. Lohn, Gehalt oder Ausbildungsvergütung) werden die festen Ausgaben (z. B. Miete oder Telefon-Grundgebühren) und die veränderlichen Ausgaben (z. B. Nahrungsmittel oder Benzin) gegenübergestellt.

Auch ohne eigenen Haushalt kann ein derartiger Plan nützlich sein. Max zum Beispiel kann sich mit einem Taschengeldplan einen Überblick über seine Finanzen verschaffen. Das könnte so aussehen:

Taschengeldplan/Haushaltsplan

Einnahmen:		**Ausgaben:**	
Taschengeld	30,00 Euro	*Feste Ausgaben:*	
Einkaufen für Oma	7,00 Euro	Schwimmbad	2,50 Euro
Sonstiges (z. B. Geschenke)	7,00 Euro	Fußballzeitschrift	6,00 Euro
Summe	**44,00 Euro**	*Veränderliche Ausgaben:*	
		Eis und Pommes frites	12,50 Euro
		Geburtstagsgeschenke	5,50 Euro
		Kino, CD oder Ähnliches	10,00 Euro
		Summe	**36,50 Euro**

Rest:
44,00 Euro – 36,50 Euro = 7,50 Euro

Max' Haushaltsplan ergibt danach tatsächlich eindeutig, dass er durchaus jeden Monat etwa acht Euro und mehr sparen könnte, wenn er seine veränderlichen Ausgaben sorgfältig überlegen würde und vielleicht auch einmal auf etwas verzichtete. Außerdem gibt ihm seine Mutter noch folgende Tipps:

- Das Geld wochenweise portionieren!
- Einnahmen verteilen: Geld für Taschengeld und für Jobs nicht zur gleichen Zeit auszahlen lassen!
- Liste für wichtige Geburtstage oder Veranstaltungen für den Monat im Voraus erstellen und das dafür benötigte Geld zurücklegen!
- Das Geld, das man sparen will, gleich zur Seite legen!

(Autorentext)

1. Erstellt für euch einen vergleichbaren Haushaltsplan mit festen und veränderlichen Einnahmen und Ausgaben.
2. Siehst du Möglichkeiten, deine Einnahmen zu erhöhen und die Ausgaben zu senken?
3. Fallen dir noch weitere Tipps für Max ein?

M 7 Wie handele ich wirtschaftlich?

Das knapp bemessene Taschengeld von Max zwingt ihn dazu, sorgfältig zu haushalten und vernünftig zu handeln. Er muss die richtigen Entscheidungen treffen. Die Wirtschaftswissenschaftler („Ökonomen") würden sagen: Sein wirtschaftliches („ökonomisches") Handeln muss „vernünftig" und „rational" (vom Verstand, nicht vom Gefühl bestimmt) sein. Er muss seine zur Verfügung stehenden Mittel so einsetzen, dass er seine Bedürfnisse bestmöglich („optimal") befriedigen kann. Das könnte er auf zweierlei Weise (nach zwei unterschiedlichen Grundsätzen/Prinzipien) zu erreichen versuchen:

Maximalprinzip ← **Das ökonomische Prinzip** → **Minimalprinzip**

Maximalprinzip: Man verfügt über bestimmte *Mittel* und will damit einen größtmöglichen Erfolg erzielen.

Minimalprinzip: Man strebt ein bestimmtes *Ziel* an und will dabei möglichst geringe Mittel aufwenden.

(Autorentext)

1. Erklärt die beiden Prinzipien, nach denen man sich „ökonomisch" verhalten kann. Von welchem unterschiedlichen Ausgangspunkt geht man jeweils aus?
2. Die beiden Prinzipien spielen nicht nur beim Umgang mit Geld eine Rolle, sondern auch bei sonstigem Aufwand (z. B. Arbeitszeit), den man betreibt, um bestimmte Ziele zu erreichen. Denkt dabei einmal an eure Situation und euer Verhalten als Schüler(innen): Nach welchem Prinzip handelt jemand, der für die nächste Klassenarbeit nur so viel „tut", dass er wenigstens eine „Vier" schafft? Was unterscheidet dieses Verhalten von jemandem, der sich so gut vorbereitet wie nur eben möglich, um eine möglichst gute Note zu erreichen?
3. Minimal- oder Maximalprinzip? Entscheide jeweils und „erfinde" weitere Fälle!

Deine Familie möchte mit der vorhandenen Urlaubskasse so weit weg/so lange/so luxuriös wie möglich verreisen.

Du hast 20 Euro und willst für jedes Familienmitglied ein passendes Geschenk kaufen.

Du willst für deine Geburtstagsfeier eine Pizza so günstig wie möglich einkaufen.

Du willst die brandneue Spielkonsole als Schnäppchen „ergattern".

?????

Methode M8 Rollenspiel – Mit dem Einkommen auskommen

Die Situation

1. Wir lesen und besprechen den Fall: die Situation

Familie Breuer besteht aus einem 4-Personen-Haushalt. Herr und Frau Breuer haben ihrem Sohn Fabian, der 16 wird, einen Computer versprochen. Jana, die 12 Jahre alt ist, wünscht sich schon seit Längerem ein neues Mountainbike. An dem Abend, an dem Herr Breuer mit seinem Sohn den Computer kaufen will, kommt er verspätet mit dem Bus nach Hause. Sein Wagen ist auf dem Heimweg liegen geblieben und musste in die Werkstatt abgeschleppt werden. Der Motor ist kaputt. Herr Breuer würde am liebsten jetzt einen neuen Wagen kaufen, wenn er auch ursprünglich den Wagen noch weiterfahren wollte. Doch an ein neues Auto zu denken ist nur möglich,

- wenn der Sohn auf seinen Computer (ca. 1 000 Euro) verzichtet,
- die Tochter jetzt kein neues Fahrrad (500 Euro) bekommt,
- die geplante Urlaubsreise nach Spanien (ca. 2 900,– Euro) ausfällt.

Die Mutter plädiert dafür, einen preisgünstigen Wagen oder einen neuen Motor zu kaufen. Familie Breuer muss eine Entscheidung treffen: Wie soll man mit dem Einkommen auskommen?

Die Meinungen der einzelnen Familienmitglieder gehen dabei auseinander. Das gleiche Problem stellt sich für jedes Mitglied anders dar.

Rollenverteilung

2. Wer möchte spielen?

Wie im Theater werden die Rollen verteilt. Ihr müsst den Text der teilnehmenden Spielerinnen und Spieler vorab besprechen, evtl. sogar schreiben. Die Rollenbeschreibungen der einzelnen Familienmitglieder sollen euch dabei eine Hilfe sein.

Koordination

3. Die Szene, die gespielt werden soll, wird aufgebaut.

Zuschauer

4. Die Zuschauer sehen nicht nur zu; sie machen Notizen, um das Spiel beurteilen zu können.

Analyse

5. Das Spielgeschehen wird besprochen, vor allem geht es um das Verhalten und die Aussagen der Spieler.

Rollentausch

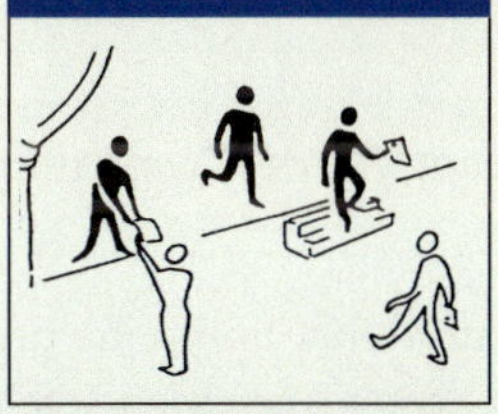

6. Eine andere Gruppe spielt die Diskussion.

Auswertung

7. Das Spielgeschehen wird ausgewertet. Was ist aus ihm für Konfliktfälle zu lernen?

Rollenkarte: Mutter Breuer

Persönliche Daten:

39 Jahre alt; seit der Geburt der Kinder nicht mehr berufstätig.

Rollenbeschreibung:

Durch den Hausbau vor vier Jahren hat Familie Breuer hohe Abzahlungen zu leisten und deshalb muss Frau Breuer mit dem Haushaltsgeld sehr sparsam umgehen. Für überflüssigen „Schnickschnack" hat sie nicht sehr viel übrig. Es muss alles sehr solide sein.
Sie plädiert für den Kauf eines Gebrauchtwagens oder für die Reparatur des alten Wagens. Sie war seit fünf Jahren nicht mehr im Urlaub und würde gerne endlich einmal wieder gemeinsam mit der Familie verreisen, am liebsten nach Spanien.

Rollenkarte: Vater Breuer

Persönliche Daten:

43 Jahre alt, Bauingenieur bei einer Hoch- und Tiefbaufirma

Rollenbeschreibung:

Herr Breuer hat in der Firma viel zu tun und ist froh, wenn er zu Hause seine Ruhe hat. Er ist häufig mit dem Auto beruflich unterwegs und daher auf ein Auto angewiesen. Deshalb möchte er sofort einen Neuwagen kaufen. Er befürchtet, dass bei seinem alten Wagen noch weitere Reparaturen anfallen werden. Gegenüber seinen Kindern und ihren Wünschen ist er sehr tolerant, nur ausgefallene Sachen mag er nicht.

Rollenkarte: Fabian Breuer

Persönliche Daten:

16 Jahre alt, besucht die Jahrgangsstufe 10 des Gymnasiums

Rollenbeschreibung:

Er bekommt 50 Euro Taschengeld im Monat und seine große Leidenschaft ist der Computer; mit seinen Freunden spielt er sehr häufig und lange die neuesten Spiele, die auf dem Markt sind, doch leider reicht die technische Ausstattung seines Gerätes für viele Spiele nicht mehr aus. Im Betriebspraktikum war er in einem Computerladen und hat sich in der Zeit zu einem richtigen „Fachmann" weitergebildet. Schon seit einem Jahr spart er für einen neuen Computer und hat sich darauf verlassen, dass seine Eltern ihm Geld dazugeben.

Rollenkarte: Jana Breuer

Persönliche Daten:

12 Jahre alt, Schülerin in einer 6. Klasse des Gymnasiums

Rollenbeschreibung:

Jana möchte gerne wie ihre Freundin Silke immer auf dem „neuesten Stand" sein. Leider reicht aber dafür ihr Taschengeld – sie bekommt 15 Euro im Monat – nicht immer aus; deshalb ist sie bei vielen Dingen auf die finanzielle Unterstützung durch ihre Eltern, Großeltern und andere „Geldgeber" angewiesen. Schon lange wünscht sie sich dieses neue Fahrrad, damit sie bei Radtouren ihrer Clique oder der Klasse nicht immer mit dem alten „Schätzchen" ankommen und die mitleidigen Blicke der anderen ertragen muss. Dafür würde sie auch auf eine Urlaubsreise mit der Familie verzichten.

Beobachtungsbogen

Konfliktkategorien	Familie Breuer Spielszene 1	Familie Breuer Spielszene 2
1. Konfliktgegenstand Worum geht es bei dem Konflikt?		
2. Konfliktursache Wo liegen die Ursachen für den Konflikt?		
3. Stellung der Konfliktparteien a) Wer argumentiert gegen wen? b) Wer verbündet sich mit wem?		
4. Austragungsweise Wie wird der Konflikt ausgetragen? Sind die Auseinandersetzungen sachlich, handgreiflich oder gefühlsbetont?		
5. Argumentation Wie begründen die Konflikt-Parteien ihre Meinung?		
6. Lösung Wie wird der Konflikt gelöst?		

(Autorentext)

1. Provokation!

„Warum sollen 10-Jährige schon ein regelmäßiges Taschengeld bekommen? Die verplempern es doch nur, und außerdem – braucht mein Sohn mal etwas Geld, gebe ich es ihm schon, wenn ich es für richtig halte!"

Was würdet ihr dem Vater auf diese Äußerung antworten? Entwerft eine überzeugende Begründung für eure Meinung.

2. Für Kreuzworträtselexperten!

1. Wer Wohnungen vermietet, bezieht Einkommen aus …
2. Die Ausgaben dürfen die … nicht überschreiten, wenn man keine Schulden machen will.
3. Damit unterstützt der Staat Familien mit Kindern.
4. Steht bei den Taschengeldausgaben an dritter Stelle.
5. Sollte man aufstellen, wenn man wirtschaftlich handeln will.
6. Zahlt der Staat jungen Menschen manchmal als Unterstützung zum Studium dazu.
7. Ein erfolgreiches Unternehmen muss … erwirtschaften.
8. Bekommt man, wenn man einem Unternehmen seine Arbeitskraft zur Verfügung stellt.
9. Können das zur Verfügung stehende Taschengeld enorm erhöhen.
10. Zahlt der Staat manchmal als Beitrag zur Miete dazu.
11. Wird demjenigen gezahlt, der kein Einkommen, keine Arbeitslosenunterstützung und keine Rente bekommt.
12. Dürfen nicht höher als die Einnahmen sein.
13. Gehört zum Einkommen aus Vermögen.
14. So heißt ein Teil des Einkommens von Kindern und Jugendlichen.
15. Erhalten Beamte, wenn sie im Ruhestand sind.
16. Erhalten Menschen, die Geld bei der Bank anlegen.
17. 16 % der 6- bis 13-Jährigen geben dafür ihr Taschengeld aus.
18. Schon siebenjährige Kinder können es bei der Bank einrichten.
19. Davon gibt es unterschiedliche Arten.
20. Erhalten Angestellte und Arbeiter, wenn sie nicht mehr berufstätig sind.

Wozu dient die Familie? – Aufgaben und Wandel der Familie in der Gesellschaft

8

Zur Orientierung

Umfragen zeigen immer wieder: Die Familie ist für die meisten Menschen, junge wie alte, das Wichtigste in ihrem Leben. Warum das so ist, welche Aufgaben die Familie darüber hinaus für die ganze Gesellschaft erfüllt und wie sich die Familie seit längerer Zeit verändert hat, darauf wollen wir im ***ersten Abschnitt*** *dieses Kapitels eingehen.*

In letzter Zeit konnte man häufiger in der Zeitung davon lesen, dass Familien auch „versagen" können, wenn die Eltern nicht in der Lage sind, ihre Pflichten gegenüber den Kindern zu erfüllen. Von den Rechten und Pflichten, die Eltern und Kinder in der Familie haben, insbesondere von der Erziehung, soll daher im ***zweiten Abschnitt*** *die Rede sein.*

Vom Wandel der Familie (der Familienformen) war schon im ersten Abschnitt die Rede. Im ***letzten Abschnitt*** *wollen wir der Frage nachgehen, ob sich im Zusammenleben der Familienmitglieder etwas geändert hat, und zwar im Hinblick auf die unterschiedliche Erziehung von Mädchen und Jungen und auf die Mithilfe der Kinder im Haushalt.*

Kompetenzen

Nach der Erarbeitung dieses Kapitels solltet ihr Folgendes wissen und können:

- angeben, welche wichtigen Aufgaben die Familie für ihre Mitglieder und für die gesamte Gesellschaft erfüllen soll;
- sagen, was man heute unter einer Familie versteht und welche drei Familienformen es gibt;
- andere Lebensformen als die Familie benennen;
- die wichtigsten Rechte und Pflichten der Eltern nennen;
- erläutern, dass Eltern auch versagen können und dass Armut es ihnen schwer machen kann, Rechte der Kinder zu erfüllen;
- die Erziehungspflicht der Eltern erläutern und Konflikte beschreiben, die sich daraus ergeben können;
- beschreiben, inwieweit sich die „geschlechtsspezifische" Erziehung in der Familie geändert hat;
- eure Einstellung zur Mithilfe im Haushalt begründen;
- die grafischen Darstellungen der Umfrageergebnisse, auf denen viele Aussagen dieses Kapitels beruhen, methodisch sicher beschreiben und auswerten.

1. Wozu brauchen wir eine Familie?

Methode

M 1 „Schreibgespräch“: Was bedeutet mir meine Familie?

Bevor ihr euch mit den in M 2 wiedergegebenen Äußerungen von Jugendlichen und einer Darstellung zu den Aufgaben der Familie befasst, solltet ihr vielleicht einmal ganz spontan formulieren, was die Familie für euch persönlich bedeutet (bisher und in Zukunft), welche Vorstellungen und welche (positiven und vielleicht auch problematischen) Erfahrungen ihr damit verbindet usw. Ihr könnt das am besten in der Form eines „Schreibgesprächs“ tun:
Jede(r) von euch schreibt ihre/seine Äußerung (einen Begriff, einen verkürzten oder kurzen Satz) in großer Schrift auf ein DIN-A 5-Blatt. Die einzelnen Blätter werden dann nebeneinandergelegt (auf einem Tisch oder auf dem Fußboden), sodass ihr zusammen feststellen könnt, welche verschiedenen Standpunkte und Beurteilungen es gegeben hat, welche davon ggf. mehrfach oder besonders häufig vorkommen usw. Vielleicht könnt ihr – ggf. nach einer Diskussion – auch ein kurzes zusammenfassendes Ergebnis dieses Schreibgesprächs an der Tafel festhalten, das ihr dann später mit den Informationen in M 2 und M 3 vergleichen könnt.
(Autorentext)

M 2 Was Kinder über ihre Familie sagen

Marco, 13 Jahre:
Ich finde es gut, dass meine Eltern mir immer sagen, ich soll was für die Schule tun. Ich habe manchmal gar keine Lust dazu.

Maike, 12 Jahre:
Durch meine Eltern, aber auch durch meine Oma wird mir vermittelt, dass man immer vernünftig und auch selbstbewusst auftreten soll, dass man immer höflich ist und immer wissen muss, mit wem man spricht und welchen Ton man anschlagen muss.

Vanessa, 12 Jahre:
Die wichtigste Regel bei uns in der Familie ist, dass man immer alles erzählt. Bis auf Kleinigkeiten mache ich das auch immer: Meinen Eltern kann ich vertrauen.

Marie, 13 Jahre:
Mit meinen Eltern gibt es manchmal auch Spannungen. Bei mir ist es aber so, dass ich das meistens auch schnell wieder vergesse. Meine Mutter ist ein bisschen nachtragender, aber das gibt sich dann auch wieder.

Paul, 13 Jahre:
Eine Grundregel meiner Eltern ist, sich nicht hängen zu lassen, wenn es mal nicht so läuft. Und wenn ich Probleme hab, kann ich kommen und darüber reden. Die stehen dann auch hinter einem. Sie haben Lebenserfahrung und können einem helfen.

(Autorentext)

M 3 Familie – das „Wichtigste im Leben"

Umfragen in der Bevölkerung zeigen immer wieder, dass die Familie für die allermeisten Menschen, also auch für die Erwachsenen, „das Wichtigste im Leben" ist. Bei der Umfrage, deren Ergebnis in der Abbildung wiedergegeben ist, wurde auch danach gefragt, worauf denn diese hohe Wertschätzung der Familie beruhe. Die Antworten zeigten, dass es vor allem das Gefühl von Zusammengehörigkeit und Sicherheit in der Familie sei; dass man sich in der Familie aufeinander verlassen könne, sich geborgen und geliebt fühle, Verständnis finde und sich gegenseitig helfe. Viele wiesen allerdings auch darauf hin, dass man in der Familie auf manches verzichten, Rücksicht aufeinander nehmen und Erwartungen erfüllen müsse.

(Autorentext)

1. Untersucht die Äußerungen der Kinder in M 2 und schreibt die Gesichtspunkte heraus, unter denen die Familie gesehen und beurteilt wird.

2. Beschreibt das Umfrageergebnis in M 3 und gebt möglichst mit eigenen Worten die angegebenen Gründe dafür wieder, dass die Familie für die allermeisten Menschen das „Wichtigste im Leben" ist. Vielleicht könnt ihr für die einzelnen Aussagen jeweils konkrete Beispiele aus eurer eigenen Erfahrung nennen.

3. Vergleicht die angesprochenen Gründe mit euren eigenen Aussagen aus dem Schreibgespräch (M 1) und den Aussagen in M 2.

4. Bedenkt, dass es sich bei den Befragten (Abbildung) um ganz unterschiedliche Gruppen von Menschen handelte (Jüngere und Ältere, Ehepaare mit Kindern und ohne Kinder, Alleinstehende/„Singles" usw.). Stellt eine begründete Vermutung darüber an, für welche Menschen vielleicht der Freundeskreis oder der Beruf an erster Stelle stehen könnten.

M4 Die Aufgaben der Familie

Eine Familie ist nicht nur der Lebensraum für ihre Angehörigen, sie ist auch eine Institution, die für die gesamte Gesellschaft von größter Bedeutung ist.*

Die Aufgaben (Funktionen), die die Familie für ihre Mitglieder und für die gesamte Gesellschaft erfüllt, haben sich im Laufe der Geschichte gewandelt. So war z.B., als es noch keine allgemeine Schulpflicht gab, die Familie weitgehend für die Bildung und Ausbildung der Kinder zuständig; und solange es noch keine Kranken- und Rentenversicherung* gab, musste die Familie allein für die Krankheitskosten aufkommen und für die Alterssicherung sorgen. Heute lassen sich im Allgemeinen vier Aufgaben der Familie unterscheiden:

- **Kindernachwuchs**

Jede Gesellschaft lebt davon, dass sie immer wieder für „Nachwuchs" sorgt, dass also immer wieder ungefähr so viele Kinder geboren und aufgezogen werden, wie ältere Menschen sterben. Der Bereich, in dem Kinder geboren und aufgezogen werden, ist die Familie. Familien sorgen also dafür, dass die Gesellschaft nicht „ausstirbt", dass sie sich immer wieder neu herstellt.

- **Lebensbedingungen**

Die Familie sorgt auch dafür, dass Kinder das erhalten, was sie unbedingt zum Leben und Aufwachsen brauchen: Nahrung, Wohnung, Kleidung, Gesundheit, Schutz vor Gefahren usw. Die Eltern sichern durch ihre berufliche und häusliche Arbeit diese äußeren Lebensbedingungen für ihre Kinder und für sich selbst.

- **Erziehung**

Über diese äußeren Lebensbedingungen hinaus kümmern sich die Eltern aber auch darum, dass ihre Kinder bestimmte Fähigkeiten erwerben, die sie brauchen, um mit anderen Menschen umgehen und mit ihnen zusammenleben zu können. Lesen, Schreiben, Rechnen zu lernen und viele weitere Kenntnisse und Fertigkeiten zu erwerben, dafür ist vor allem die Schule da. Ehrlich und zuverlässig zu sein, Verständnis für andere Menschen zu entwickeln, Rücksicht auf andere zu nehmen, höflich zu ihnen zu sein, aber auch aufgeschlossen zu sein, die eigenen Interessen und Meinungen zum Ausdruck zu bringen – all diese und andere Fähigkeiten, die auch für den Erfolg in der Schule wichtig sind, lernen Kinder hauptsächlich in der Familie. Die Eltern haben die Aufgabe, ihre Kinder dazu zu „erziehen".

- **„Kraftquelle"**

Zwischen den Familienmitgliedern sind die menschlichen Beziehungen so eng und vertraulich, wie das außerhalb der Familie nicht möglich ist. Man kann sich aufeinander verlassen, sich über alles aussprechen, kann Trost und Hilfe finden, wenn sich Probleme ergeben. In der Familie kann man sich also geborgen fühlen. Das gibt den Familienmitgliedern Zuversicht und Kraft, die sie in der Schule und im Beruf brauchen.

(Autorentext)

Wissenschaftler haben immer wieder die Bedeutung untersucht, die die Familie für den Einzelnen und die Gesellschaft hat. Sie unterscheiden dabei im Allgemeinen die in M4 kurz beschriebenen Aufgaben („Funktionen"). Erläutert sie mit eigenen Worten und stellt fest, auf welche dieser Funktionen sich eure Äußerungen im Schreibgespräch und die Aussagen in M2 jeweils beziehen.

M 5 Was ist eine Familie? Wie hat sie sich verändert?

Was eine Familie ist, ist gar nicht so leicht zu sagen, wie man zunächst meint. Um eine Übersicht (eine Statistik*) über die Zahl der Familien in Deutschland zu erstellen, muss man sich zunächst darauf einigen, welche Formen des Zusammenlebens (*„Lebensformen“*) man als „Familien“ bezeichnen will und welche nicht.

Die Daten in der Grafik stammen vom Statistischen Bundesamt* in Wiesbaden. Bis 2005 zählte dieses Amt auch kinderlose Ehepaare oder Lebensgemeinschaften (unverheiratete Paare) zu den Familien. Heute werden nur noch Ehepaare und „Lebensgemeinschaften“ mit Kind(ern) sowie „Alleinerziehende“ (allein lebende Mütter oder Väter mit Kind oder Kindern) als Familien bezeichnet (so ist es auch in der Grafik).

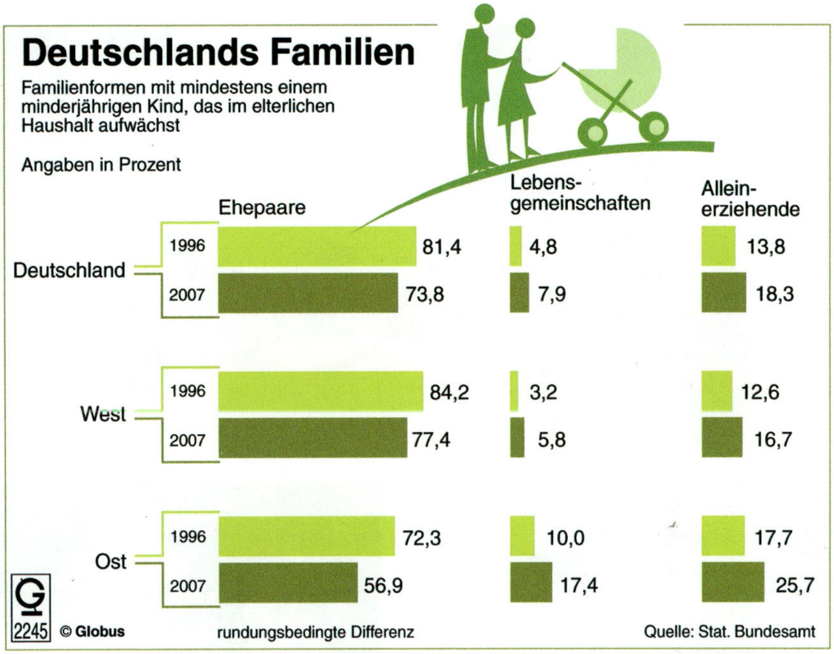

- Die Zahl der „Lebensgemeinschaften“ und der „Alleinerziehenden“ hat in den letzten Jahren deutlich zugenommen, d. h., ihr Anteil an der Gesamtzahl der Familien ist gewachsen. Dafür gibt es verschiedene Gründe. Zum einen hat sich die Einstellung zur Ehe allmählich verändert: Vor allem jüngere Paare wollen sich nicht mehr zu früh und zu fest (durch eine Heirat) aneinander binden. Zum anderen hat die Zahl der *Scheidungen* immer mehr zugenommen; die Kinder bleiben dann entweder beim Vater oder – ganz überwiegend – bei der Mutter.
- Die am meisten verbreitete Familienform ist aber immer noch das verheiratete und zusammenlebende Ehepaar mit Kind oder Kindern. Diese Form bezeichnet man als traditionelle Familie oder Normalfamilie, weil sie immer noch von den meisten Menschen als die eigentlich gewünschte Familienform betrachtet wird; außerdem wächst der größte Teil der Kinder in solchen Familien auf (in Westdeutschland 81 %, in Ostdeutschland 62 %). Etwas mehr als ein Viertel (26 %) aller Kinder sind Einzelkinder.
- Dass die Gesamtzahl der Familien seit vielen Jahren stark abgenommen hat (z. B. von 9,4 Mio. im Jahr 1996 auf 8,2 Mio. im Jahr 2009), hängt auch damit zusammen, dass immer mehr Ehepaare kinderlos bleiben und dass es immer weniger jüngere und immer mehr ältere Menschen in Deutschland gibt.
- *„Großfamilien“* sind nicht Familien mit vielen Kindern (das sind große Familien), sondern Familien, bei denen die Großeltern mit ihren Kindern und Enkelkindern zusammenwohnen. Es gibt sie nur noch selten (etwa 2 % aller Familien).

(Autorentext)

M6 Familienbilder

a

b

c

d

e

1. Informiert euch aus M5 über den Begriff und die verschiedenen Formen der Familie. Haltet in eurem Heft fest,
- welche drei Lebensformen das Statistische Bundesamt* zu den Familien rechnet,
- welche Form immer noch als „Nomalfamilie“ bezeichnet wird,
- wodurch sich eine „große Familie“ von einer „Großfamilie“ unterscheidet.

2. Überprüft, ob die folgenden Aussagen wahr oder falsch sind (M5; zwei sind falsch):
- In Westdeutschland gibt es deutlich weniger „Ein-Eltern-Familien“ als in Ostdeutschland.
- Der Anteil der (nichtehelichen) „Lebensgemeinschaften“ ist in Ostdeutschland dreimal so groß wie in Westdeutschland.
- Nur noch die Hälfte aller Kinder haben ein oder mehrere Geschwister.
- Die Zahl der Familien hat von 1996 bis 2009 um fast 1 Mio. zugenommen.

3. Stellt fest, welche Familienformen auf den Fotos in M6 zu sehen sind. Welches Foto zeigt eine Lebensform, die laut M5 nicht (mehr) zu den „Familien“ gerechnet wird?

M7 Familien und andere Lebensformen

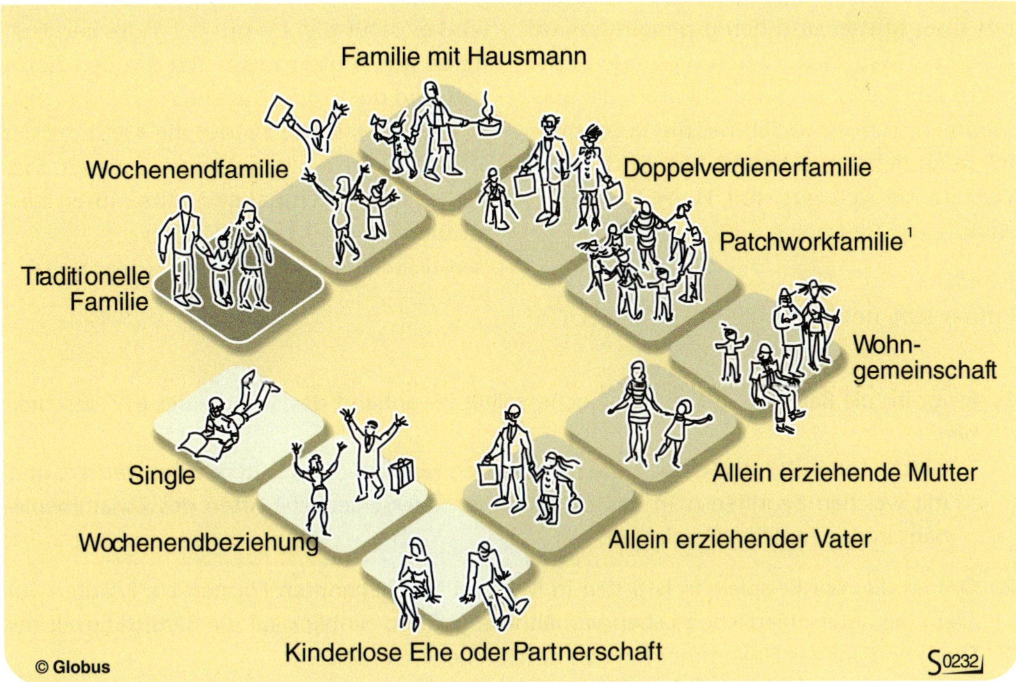

[1] Eine Patchwork-Familie (von engl. patchwork – Flickenteppich), auch Flickenfamilie genannt, ist im Sinne des Wortes ein „Flickenteppich" aus mehreren verschiedenen Familien, bei denen die Eltern ihre jeweiligen Kinder aus vorhergehenden Ehen oder Lebenspartnerschaften in die neue Beziehung eingebracht haben. Die Kinder einer Patchwork-Familie sind also nicht zwangsläufig biologische Verwandte.

M8 Familien- und Lebensformen heute – Beispiele

Familie 1

Susanne lebt mit ihren Eltern in einem gemeinsamen Haushalt. Sie hat keine Geschwister. Der Vater arbeitet, ihre Mutter hat einen Teilzeitjob, neben dem sie auch noch für den Haushalt verantwortlich ist. Eigentlich wünscht sich Susanne noch Geschwister, aber dafür reicht das Familieneinkommen nicht aus.

Familie 2

Kevin lebt nach der Scheidung seiner Eltern mit seiner Mutter zusammen. Er hat noch einen kleinen Bruder, Frank. Kevins Mutter kann deshalb nur halbtags arbeiten, was das Familieneinkommen mager aussehen lässt, obwohl Kevins Vater zum Unterhalt etwas beisteuert. Sie sind auf staatliche Unterstützung angewiesen – für schicke Klamotten, ein Handy oder gar einen Urlaub reicht das Geld aber nicht.

Familie 3

Mahmouds Familie besteht aus ihm, seinen zwei Geschwistern, Vater und Mutter und den Großeltern. Sein Onkel und seine beiden Tanten wohnen im Stockwerk über ihnen und sind oft zu Besuch und helfen auch schon mal im Haushalt. Im Sommer gehen alle gemeinsam zum Grillen in den Schrebergarten. Mahmoud findet eine so große Familie schön, wenn auch manchmal die Großeltern und die anderen Verwandten seiner Meinung nach zu viel an ihm herumerziehen.

Familie 4

Karin lebt nach der Scheidung ihrer Eltern mit ihrer Mutter und deren neuem Freund (Robert) zusammen. Durch die neue Beziehung hat Karin zwei Geschwister dazubekommen, Hans und Sabine, die Robert mit in die Beziehung gebracht hat. Mit Sabine versteht sie sich gut, mit Hans kommt es ständig zu Streitereien.

Familie 5

Emma lebt mit ihren Eltern und vier Geschwistern in einem kleinen Reihenhaus, wo es manchmal recht eng wird, langweilig wird es dafür nie. Da nur der Vater berufstätig ist (die Mutter muss sich um den Haushalt und die Kinder kümmern), ist das Geld so knapp, dass die Kinder die Kleidung der älteren Geschwister auftragen müssen. Emma ist das manchmal gegenüber ihren Mitschülern in der Klasse peinlich.

(Redaktion Wochenschau, in: Wochenschau I Nr. 3/4, Mai-August 2005, S. 108)

1. Bevor ihr die Beispiele in M8 untersucht, solltet ihr anhand des Schaubildes M7 beschreiben,
- welche Lebensformen es gibt, die nicht zu den Familien (s. M5) gerechnet werden, und
- mit welchen Begriffen man heute bestimmte unterschiedliche Arten des Zusammenlebens in den Familien bezeichnet.

2. Ordnet die fünf Beispiele in M8 den in M5 und M7 genannten Formen zu. Erläutert vor allem die unterschiedlichen Lebensverhältnisse (z. B. im Hinblick auf die Berufstätigkeit der Eltern und auf das Einkommen) in den beschriebenen Beispielen.

M9 Aus welchen Familien kommen wir selbst?

	Familie 1	Familie 2	Familie 3
1. Wie viele Personen gehören zur Familie?	?	?	?
2. Wie viele Kinder leben in der Familie?	?	?	?
3. Mutter/Vater ist alleinerziehend.	?	?	?
4. Der Vater ist berufstätig.	?	?	?
5. Die Mutter ist berufstätig.	?	?	?
6. Folgende Erwachsene (neben den Eltern) leben noch in der Familie:	?	?	?

(Xaver Fiederle [Hg.], P wie Politik, Band 1, Schöningh Verlag, Paderborn 2000, S. 63)

Auswertungshilfe:
1. Durchschnittliche Personenzahl pro Familie:
2. Durchschnittliche Kinderzahl pro Familie:
3. In … von … Familien sind … Mütter und … Väter alleinerziehend.
4. In … von … Familien sind … Väter berufstätig.
5. In … von … Familien sind … Mütter berufstätig.
6. In so vielen Familien leben noch weitere Erwachsene:

Mithilfe eines nach diesem Muster gestalteten Fragebogens könnt ihr erkunden, wie sich die Verteilung nach Familienformen für eure Klasse darstellt. Natürlich müsst ihr die Fragen anonym beantworten, sammeln und dann in der Klasse auswerten. Danach könnt ihr das Ergebnis z. B. im Hinblick auf die Kinderzahl und den Anteil der Ein-Eltern-Familien mit den Daten in M5 vergleichen.

M 10 Oma, Opa, Tante, Onkel, Cousine – Familie und Verwandte

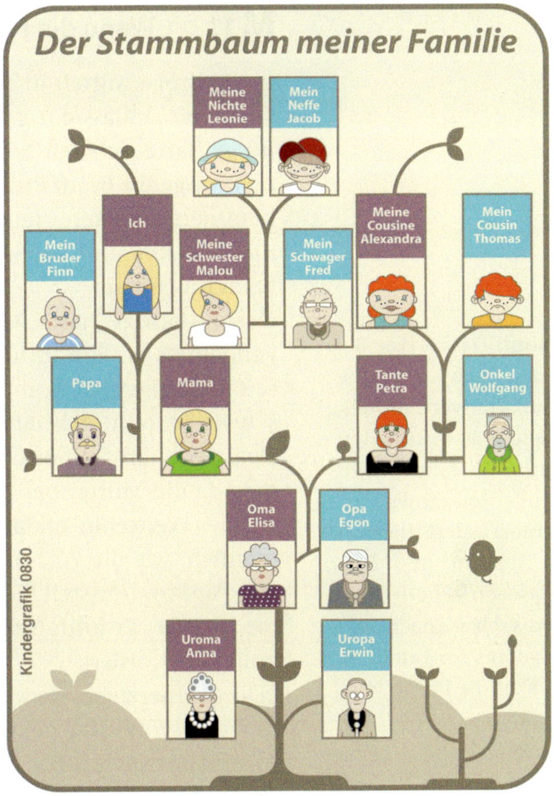

Das kennt ihr sicherlich: Zu Familienfesten (Hochzeiten, besonderen Geburtstagen, Weihnachten usw.) kommen nicht selten auch die nächsten Verwandten mit der Familie zusammen. Vielleicht habt ihr ja selbst ohnehin eine engere Beziehung zu einem oder mehreren eurer Verwandten. Das Schaubild kann euch dabei helfen, euch einmal über die verwandtschaftlichen Beziehungen klar zu werden, in die eure Familien eingebunden sind. Wenn ihr selbst den „Stammbaum" eurer Familie zeichnen wollt, könnt ihr ihn natürlich auch anders aufbauen, und ihr müsst die Personen auch nicht als Porträts zeichnen. Ausgangspunkt sollte aber in jedem Falle „Ich" sein.

2. Rechte und Pflichten von Kindern und Eltern

*In M 4 habt ihr die Aufgaben kennengelernt, die Familien in unserer Gesellschaft zu erfüllen haben. Dazu gehört als die vielleicht wichtigste Aufgabe der Eltern die **Sorge** für ihre Kinder und ihre Erziehung. Der Auszug aus dem Grundgesetz* der Bundesrepublik Deutschland (rechts) zeigt, dass der Staat die Erfüllung dieser Aufgabe unterstützt, dass er sie aber auch von den Eltern erwartet, sie zur **Pflicht der Eltern** macht und kontrolliert.*
Das tut er auch deswegen, weil es – wenn auch in insgesamt wenigen Fällen und aus unterschiedlichen Gründen – immer wieder vorkommt, dass Eltern die Sorge um ihre Kinder vernachlässigen oder sich ihrer Pflicht ganz entziehen. Über einen solchen (schwerwiegenden) Fall der Vernachlässigung *wollen wir in M 11 berichten. In M 12 weisen wir dann auch noch auf ein anderes Problem hin, das seit einigen Jahren in der Öffentlichkeit diskutiert wird: die in vielen Familien verbreitete* Armut. *Den Schwerpunkt dieses zweiten Abschnitts werden dann Fragen der **Erziehung** bilden, die allgemein als die wichtigste Pflicht der Eltern angesehen wird.*

Im „Grundgesetz der Bundesrepublik Deutschland", das die grundlegenden Bestimmungen für die staatliche Ordnung und das Zusammenleben der Menschen in Deutschland enthält, heißt es in Artikel 6:
(1) Ehe und Familie stehen unter dem besonderen Schutze der staatlichen Ordnung.
(2) Pflege und Erziehung der Kinder sind das natürliche Recht der Eltern und die zuvörderst ihnen obliegende Pflicht. Über ihre Betätigung wacht die staatliche Gemeinschaft.
In zahlreichen Einzelgesetzen werden diese Grundsätze näher bestimmt.

M 11 Wenn die Familie versagt – ein schwerer Fall von Vernachlässigung

Jugendamt: Das ist eine Behörde der Stadtverwaltung (oder der Kreisverwaltung), die für alle Angelegenheiten der staatlichen Kinder- und Jugendhilfe zuständig ist (z. B. Kinder- und Jugendschutz; Aufsicht und Eingreifen, wenn Eltern ihre Pflichten grob vernachlässigen; Erlaubnis für Familien, die ein Kind in Pflege nehmen wollen).
(Autorentext)

Die Polizei ermittelt in einem schweren Fall von Vernachlässigung. Ein zwölfjähriger Junge hatte sich seit Sommer 2006 um einen jüngeren Bruder und zwei Schwestern kümmern müssen. Jetzt wusste er nicht mehr weiter und suchte verzweifelt Hilfe beim Jugendamt.

Der 12-Jährige hatte Mitarbeitern des Jugendamtes (s. Randinfo) erzählt, er müsse seit vergangenem Sommer seine drei Geschwister (ein achtjähriger Junge sowie zwei neun- und elfjährige Mädchen) versorgen, da die Mutter bei ihrem Freund leben würde. Weiterhin erklärte er, es wäre ihm peinlich, wie die Wohnung im Berliner Bezirk Pankow (Ortsteil Prenzlauer Berg, s. Foto) aussehe. Er fühle sich mit der Situation völlig überfordert.

„Die alleinerziehende Mutter hat sich nicht um die Wohnung gekümmert", sagte die Jugendamtsdirektorin von Pankow, Judith Pfennig.

Die vom Jugendamt alarmierten Polizeibeamten suchten die Wohnung auf und fanden sie in einem katastrophalen hygienischen Zustand vor. […] Die Küche war offensichtlich seit Monaten nicht mehr benutzt worden, das schmutzige Geschirr überzogen Spinnweben. Kindgerechte Nahrung sei nicht vorhanden gewesen. Auch die Toilette wurde total verdreckt […] vorgefunden. […]

Wovon sich die Geschwister ernährt haben, war zunächst nicht ganz klar, sagte Ermittler Michael Havemann. Während die Küche unbenutzbar war, fanden die Beamten am Donnerstag im Flur der Wohnung Margarine und Toastbrot. „Davon haben sie sich wohl ernährt", sagte Havemann. Die Mutter sei wohl ab und zu erschienen und habe den Kindern fünf Euro hinterlassen. […] Weder den Jugendamtsmitarbeitern noch den Lehrern sei aber die Verwahrlosung aufgefallen. „Die Kinder gingen regelmäßig zur Schule, waren nicht unterernährt und auch bei kaltem Wetter ausreichend gekleidet", sagte Pfennig. Zu einem Termin mit Jugendamtsmitarbeitern in der Schule der Kinder war die Mutter nach Polizeiangaben nicht erschienen. Dort habe sich dann aber der 12-Jährige das Herz ausgeschüttet. […]

In Berlin gab es in den vergangenen Wochen mehrere schlimme Fälle von Kindesmisshandlung und Vernachlässigung. 2006 hatte die Polizei eine Zunahme der Fälle um 19 Prozent registriert, was nach Behördenangaben auch auf ein verändertes Anzeigenverhalten zurückzuführen ist. In Deutschland sind nach Expertenschätzung bis zu 80 000 Kinder von Verwahrlosung und extremer Vernachlässigung durch ihre Eltern bedroht.

(http://www.welt.de/berlin/article837700/Kinder_lebten_sechs_Monate_allein_in_Berliner_Wohnung.html; Verf.: Uwe Seidenfaden/Redaktion AP/dpa)

In dieser Straße in Berlin (Prenzlauer Berg) wohnten die vier Kinder.

Beschreibt mit eigenen Worten den Fall, über den hier berichtet wird. Klärt im Gespräch mit eurem Lehrer oder eurer Lehrerin, welche Aufgaben und welche Stellung ein „Jugendamt" hat. Falls ihr (z. B. aus Zeitung oder Fernsehen) von ähnlichen Fällen gehört habt, berichtet davon.

M 12 Was „Armut" in der Familie für Kinder bedeuten kann

Weil viele Eltern zu wenig Geld haben, haben sie es nicht leicht, ihren Kindern Hilfen zu geben, die diese brauchen, um ein geregeltes Leben zu führen, in der Schule Erfolg zu haben und sich nicht ausgeschlossen zu fühlen. Dabei handelt es sich meistens um Familien, in denen die Eltern über lange Zeit hin arbeitslos und deshalb auf staatliche Unterstützung angewiesen sind. Sie werden als „arm" bezeichnet, aber nicht in dem Sinn von Armut, wie sie oft in Entwicklungsländern verbreitet ist (vgl. Kapitel 12). Man nennt sie so, weil sie im Verhältnis zum Durchschnitt der Bevölkerung deutlich weniger Geld *zur Verfügung haben (man spricht hier von „relativer" Armut).*

[…] In wohlhabenden Ländern äußert sich Armut anders als in armen Entwicklungsländern, in denen viele Menschen kein Dach über dem Kopf haben und Hunger leiden müssen. Armut bedeutet hierzulande, dass eine Familie sehr wenig Geld zur Verfügung hat. Für Kinder und Jugendliche hat das aber weitreichende Folgen. Oft fühlen sie sich nicht zugehörig und werden verspottet, weil sie anders sind. Im Stillen leiden sie sehr unter ihrer Situation.

Betroffene Kinder können zum Beispiel nicht die angesagte Kleidung anziehen, die Gleichaltrige tragen. Im Gegensatz zu anderen Kindern nehmen sie keinen Musikunterricht und gehen nicht in Sportvereine. Viele der Kinder besitzen kein Handy oder keinen Computer und können nicht mit den anderen ins Kino gehen. Sie […] fahren nicht mit auf Ferienfreizeiten und bekommen so gut wie kein Taschengeld. Meist haben sie kein eigenes Zimmer und damit zu Hause keine Rückzugsmöglichkeit. Nicht selten kümmern sie sich noch um ihre Geschwister, weil ihre Eltern kaum Zeit haben oder völlig überfordert sind. Einige Kinder haben durch einseitige Ernährung und Bewegungsmangel gesundheitliche Probleme. Oft essen sie in großen Suppenküchen, weil es bei ihnen zu Hause nicht regelmäßig warme Mahlzeiten gibt. […]

Viele Einwanderer-Familien sind von Armut betroffen. Vor allem durch die hohe Zahl an Arbeitslosen ist die Kinderarmut gestiegen. […] Einige Menschen arbeiten auch hart, bekommen für ihren Job aber so wenig Geld, dass es nicht reicht, um ihre Familie zu versorgen. […]

Weiterhin haben Schüler aus wohlhabenden Familien viel bessere Chancen als andere. Ihre Eltern haben meist selbst einen guten Bildungsabschluss und können ihre Kinder deshalb in der Schule unterstützen. Hat ein Kind große Probleme in einem bestimmten Fach, kann seine Familie ihm

Essensausgabe in der Berliner Suppenküche „Arche"

auch Nachhilfestunden bezahlen. Sind Eltern aber nicht in der Lage, ihrem Kind bei den Hausaufgaben zu helfen oder mit ihm zu lernen, und stehen keine finanziellen Mittel zur Verfügung, ist das Kind auf sich alleine gestellt. Besonders stark sind ausländische Schüler betroffen, die zusätzlich die Sprache nicht gut beherrschen und Verständigungsprobleme haben. Zu Hause wird sich in ihrer Muttersprache verständigt, und ihre Eltern sprechen oft noch schlechter Deutsch als die Kinder selbst. Im Unterricht kommen die Schüler dann kaum mit und in der Familie gibt es niemanden, der ihnen helfen kann.

(http://www.helles-koepfchen.de/artikel/2417.html; Verf.: Britta Pawlak, 2.2.2009)

1. Erläutert, was man unter „relativer" Armut versteht, und stellt in einer Übersicht in Stichworten zusammen, welche Nachteile Kinder in armen Familien oft in Kauf nehmen müssen.

2. Diskutiert darüber, welche der beschriebenen Folgen der Armut ihr als besonders schwerwiegend beurteilt, welche als weniger schwerwiegend.

3. Welche Ursachen nennt der Text für das Entstehen und Vorhandensein von Armut? In welchen Familien ist sie besonders verbreitet?

4. Der Staat versucht auf vielfältige Weise, arme Familien durch Geldleistungen zu unterstützen. Darauf können wir hier nicht näher eingehen. Über die Bedeutung von „Hartz IV*", der „Grundsicherung für Arbeitslose", von der in Deutschland 16 % aller Kinder unter 15 Jahren leben müssen, könnt ihr euch in Grundzügen im Glossar informieren.

M 13 Rechte und Pflichten von Kindern und Eltern

Kinderrechte

Nach einer Vereinbarung der Vereinten Nationen* (UN) haben Kinder u. a. folgende Rechte:

- Das Recht, *ohne Not heranzuwachsen*: Jedes Kind hat ein Recht auf ausreichende Nahrung. Es hat ein Recht auf Kleidung, Schulbildung und ein Dach über dem Kopf. Die Eltern müssen für diese Dinge sorgen, bis das Kind erwachsen ist.
- Das Recht auf *Bildung*: Kinder haben das Recht, so viel zu lernen, wie sie können. Jedes Kind darf zur Schule gehen.
- Das Recht, optimal *gefördert* zu werden: Behinderte Kinder haben die gleichen Rechte wie alle anderen Kinder. Oft brauchen sie besondere Pflege, Zuwendung und Unterstützung. Benötigen die Eltern hierzu finanzielle Hilfe, wird dies vom Staat auf Antrag übernommen.
- Das Recht, *nicht geschlagen oder misshandelt zu werden*: Gewalt gegen Kinder ist verboten. Kinder dürfen nicht geschlagen, eingesperrt oder misshandelt werden.
- Das Recht auf *Spiel und Freizeit*: Kinder haben das Recht auf Ruhe und Freizeit, auf Spiel und Erholung. Dafür müssen geeignete Möglichkeiten (Spielplätze, Sportanlagen usw.) bereitgestellt werden.
- Das Recht, *nicht ausgebeutet zu werden*: Kinder dürfen nicht zu Arbeiten gezwungen werden, die gefährlich oder gesundheitsschädlich sind.
- Das Recht auf *private Bereiche*: Kinder haben ein Recht darauf, dass ihr eigener Bereich respektiert wird.

Elternpflichten

Welche Pflichten haben Eltern gegenüber ihren Kindern?

Die Rechte und Pflichten der **Eltern** sind grundsätzlich im Bürgerlichen Gesetzbuch (BGB) beschrieben:

„Die Eltern haben die Pflicht und das Recht, für das minderjährige Kind zu sorgen."

Dieses umfassende *„Sorgerecht"* spielt z.B. auch eine Rolle, wenn es zu einer Scheidung der Eltern kommt und das Familiengericht entscheiden muss, ob es dieses Recht einem der beiden Elternteile oder beiden überträgt. Die wichtigste Pflicht der Eltern besteht darin, ihr Kind zu *erziehen*, d.h. ihm Werte und Regeln zu vermitteln, die es befähigen, im Zusammenleben mit anderen Menschen selbstständig zu handeln und Rücksicht auf die Rechte anderer zu nehmen. Die Eltern sollen bei ihren Entscheidungen das *Alter der Kinder* berücksichtigen und in Fragen der Bildung (Schule, Berufswahl) darauf Rücksicht nehmen, wozu sich das Kind aufgrund seiner Fähigkeiten eignet und wozu es selber neigt.

Aufsichtspflicht

Welche Pflichten ergeben sich hinsichtlich der Beaufsichtigung des Kindes?

Die **Aufsicht** des Kindes muss zuverlässig, nachvollziehbar und altersentsprechend gewährleistet sein.

Dem Kind sind notwendige *Ge- und Verbote* zu vermitteln. Dabei werden gesetzte Grenzen vom Kind nur ernst genommen, wenn auf ihre Einhaltung geachtet wird.

Entsprechend seinem Alter ist das Kind auf *Gefahren* hinzuweisen und angemessen anzuleiten. Dies trifft beispielsweise im Straßenverkehr, an Gewässern, Baustellen oder fremden Orten zu.

Weiterhin ist das Kind vor Gefährdungen zu schützen, die es selbst noch nicht einschätzen kann. Hierzu zählen unter anderem der Aufenthalt an kinder- und jugendgefährdenden Orten, der Umgang mit nicht altersentsprechenden Medien etc.

(http://www.elternimnetz.de/cms/paracms.ph?site_id=5&page_id=165)

1. Geht die aufgelisteten Rechte und Pflichten im Einzelnen durch und nennt nach Möglichkeit konkrete Beispiele dafür (M 13).
2. Stellt fest, welche Pflichten die Mutter in dem Beispiel (M 11) vernachlässigt hat und welche Rechte der Kinder dadurch verletzt wurden.
3. Armut in Familien ist häufig schuld daran, dass Rechte von Kindern verletzt werden. Vergleicht dazu noch einmal M 12 und stellt fest, welche Rechte davon besonders betroffen sein können.
4. Welche Pflichten haben eigentlich die Kinder? Davon ist in M 13 nicht ausdrücklich die Rede. Überlegt, welche Pflichten der Kinder sich aus den im letzten Abschnitt aufgeführten Aufsichtspflichten der Eltern ableiten lassen.

Dass Eltern häufig andere Vorstellungen vom Verhalten ihrer Kinder haben, beruht meistens nicht darauf, dass sie einfach „dagegen" sind, sondern dass sie ihre Pflicht zur Erziehung wahrnehmen müssen und sich dabei an bestimmten Wertvorstellungen und Zielen orientieren. Die beiden folgenden Materialien können euch dabei helfen, solche Erziehungsziele besser zu verstehen und euch bewusst zu machen, inwieweit eure eigenen Vorstellungen davon abweichen.

M 14 Erziehen und Erziehungsziele

Überall, wo Menschen in Gruppen zusammenleben, müssen sie lernen, sich so zu verhalten, dass dieses Zusammenleben für sie und die anderen mit möglichst wenigen Konflikten abläuft. Eltern versuchen ihren Kindern das beizubringen, was sie ihrer Meinung nach brauchen, um im Leben anerkannt zu werden, um Zufriedenheit und Erfolg zu haben in der Familie, im Beruf und in der Freizeit.

(Zeitlupe Nr. 37 – Familie, hg. von der Bundeszentrale für politische Bildung, Bonn 1999, S. 10f.; Verf.: Bernd Werdich)

	besonders wichtig	wichtig	unwichtig
Anpassungsfähigkeit	❑	❑	❑
Ehrlichkeit	❑	❑	❑
Fleiß	❑	❑	❑
Gehorsam	❑	❑	❑
gutes Benehmen	❑	❑	❑
Höflichkeit	❑	❑	❑
Hilfsbereitschaft	❑	❑	❑
Kreativität	❑	❑	❑
Kritikfähigkeit	❑	❑	❑
Offenheit	❑	❑	❑
Ordnung	❑	❑	❑
Pünktlichkeit	❑	❑	❑
Sauberkeit/Reinlichkeit	❑	❑	❑
Selbstständigkeit	❑	❑	❑
Sparsamkeit	❑	❑	❑
Toleranz	❑	❑	❑
Verantwortungsgefühl gegenüber Mitmenschen	❑	❑	❑
Zuverlässigkeit	❑	❑	❑

Hier findet ihr einen alphabetisch geordneten Katalog von 18 Erziehungszielen, den ihr für eine interessante Umfrage verwenden könnt (Kopien machen!):

- Jeder von euch kreuzt an, welche Ziele er für „besonders wichtig", „wichtig" und „unwichtig" hält, und befragt danach seine Eltern nach demselben Muster.
- Jeder ordnet die 18 Ziele entsprechend dem Befragungsergebnis in die drei Gruppen (besonders wichtig, wichtig, unwichtig) und vergleicht die eigene Liste mit der seiner Eltern.
- Wertet eure Fragebögen in der Weise aus, dass ihr feststellt, welche 5 (oder 10) Ziele von euch bzw. von euren Eltern die meisten Kreuzchen in der Spalte „besonders wichtig" erhalten haben, und ordnet diese Ziele dann nach der Häufigkeit (Rangfolge). Vergleicht euren Rangfolgekatalog mit dem eurer Eltern.
- Interessant wäre auch festzustellen, wie die Rangfolge der am meisten mit „unwichtig" beurteilten Ziele aussieht.

(Autorentext)

M 15 Erziehungsziele konkret

Kinder bekommen oft folgende Aussprüche zu hören:

- „Iss die Tafel Schokolade nicht auf einmal auf! Heb dir etwas davon für morgen auf!"
- „Du willst fernsehen, du willst aber auch mit zum Schwimmen – entscheide dich!"
- „Spar dir von deinem Taschengeld etwas, wenn du Inline-Skater haben willst. Wenn du 50 Euro zusammenhast, legen wir dir den Rest dazu."

- „Wasch dir die Hände! So ein schmutziges T-Shirt! So ein unordentliches Zimmer!"
- „Steh aus dem Staub auf! Nimm den Finger aus dem Mund! Du kannst eine entzündete Nase kriegen, wenn du immer mit dem Finger darin herumbohrst!"
- „Erst die Arbeit, dann das Vergnügen!"
- „Ich hab dir doch schon oft gesagt: Wenn ich beide Hände voller Geschirr habe, sollst du mir die Tür aufhalten!"
- „Du musst der älteren Frau die Taschen tragen helfen!"
- „Ich sage dir doch jeden Morgen, du sollst deine Schuhe putzen!"
- „Wir wollen im Sommer in den Urlaub fahren, dafür müssen wir alle sparen helfen!"
- „Pass auf deine kleine Schwester auf, wenn wir nicht rechtzeitig zurück sind!"
- „Geh langsamer, dein kleiner Bruder kann nicht so schnell!" (auf dem Familienausflug)
- „Du kannst es mir ruhig sagen, ich erfahre es ja doch!"

(Autorentext)

Untersucht die Aussprüche und findet heraus, welche der in M 14 mit einem einzigen Begriff bezeichneten Erziehungsziele jeweils hinter diesen Aussprüchen stehen (welche Erziehungsziele also die Eltern mit ihren Worten anstreben).

Methode M 16 Rollenspiel – Wie würdet ihr reagieren?

Macht einen „Zeitsprung" von 20 Jahren und stellt euch vor, ihr hättet selbst Kinder. Die folgenden Beispiele verlangen von euch als Eltern Entscheidungen. Wir schlagen euch vor, die drei Situationen in einem Rollenspiel zu gestalten und zu einer Entscheidung zu kommen. Der vorgeschlagene Rollenwechsel kann vielleicht zum besseren Verständnis zwischen euch und euren Eltern beitragen und euch zum Nachdenken über eure eigenen Vorstellungen anregen.

Die Methode des Rollenspiels wird euch vertraut sein (vgl. S. 135 f.). Bedenkt, dass es aus drei Phasen besteht: 1. der Vorbereitung mit der Verteilung der Rollen, 2. dem eigentlichen Spiel und 3. der Besprechung des Spiels (seiner Durchführung und seiner Ergebnisse) in der Klasse.

1. Beispiel:

Ihr habt mit eurer Familie im Urlaub eine Ferienwohnung gemietet. Bei der Aufgabenverteilung in der Familie wurde besprochen, dass die beiden Kinder für den Müll zuständig sind. Anders als zu Hause gibt es bei diesem Haus nur eine Mülltonne. Getrennte Müllentsorgung (Glas, Papier, Bio-Müll) ist etwa 300 Meter entfernt möglich. Das ist den Kindern zu umständlich.

2. Beispiel:

Die Tochter (12) plant eine Geburtstagsfete mit Mädchen und Jungen aus der Klasse. Das Nachbarmädchen, mit dem sie manchmal Hausaufgaben macht und das ihr vor Mathe-Arbeiten hilft, will sie aber nicht einladen, da es in der Klasse eine Außenseiterin („Streberin") ist.

3. Beispiel:

Der 6-jährige Sohn spielt häufig mit seinen Freunden auf dem Spielplatz in der Siedlung Fußball. Wegen des Abendessens soll er im Sommer spätestens um 18.30 Uhr zu Hause sein. Er kommt 20 Minuten später, weil er „bei dem wichtigen Spiel" nicht früher weggehen konnte.

(Zeitlupe Nr. 37 – Familie, hg. von der Bundeszentrale für politische Bildung, Bonn 1999, S. 10 f.; Verf.: Bernd Werdich)

M 17 Worüber es Streit gibt

a)

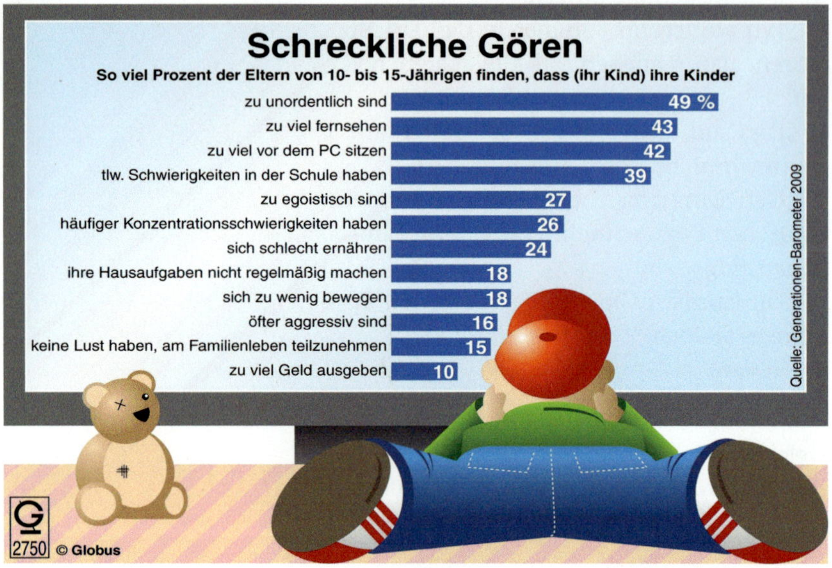

In keinem anderen Bereich prallen die Wünsche von Eltern und Kindern so häufig aufeinander wie bei der Nutzung von Fernseher und Computer. Während kleinere Kinder sich mit ihren Eltern vor allem um das Fernsehen streiten, verlagern sich die Auseinandersetzungen beim Heranwachsen der Kinder oft auf das Thema Computer.

Die Tabelle zeigt für die 6- bis 13-Jährigen, inwieweit die Eltern bei den angegebenen Bereichen Einfluss zu nehmen versuchen und inwieweit es dabei zu Streit kommt.

Lesebeispiel: 85 % der befragten Eltern gaben an, dass sie ihr Kind beeinflussen, wie viel Zeit es mit fernsehen verbringt, und 72 % antworteten, dass es dabei zu Auseinandersetzungen kommt.

b) Medienerziehung – Eltern und Kinder im Dauerclinch um die Fernseh- und Computernutzung (Angaben in Prozent)

Eltern von Kindern im Alter von 6–13 Jahren	Da will ich mein Kind beeinflussen	Dabei gibt es Auseinandersetzungen
Wie viel sie fernsehen …	85	72
Was sie im Fernsehen anschauen …	89	54
Was sie am Computer machen …	77	32
Wie viel Zeit sie am Computer verbringen …	81	49
Bei dem, was sie lesen …	27	3
Wie viel sie lesen …	22	3

(http://www.familie-stark-machen.de/files/gb09_download.pdf, S. 227; Quelle: Allensbacher Archiv, IfD-Umfrage 5256, Februar/März 2009)

1. Beschreibt, in welchen Bereichen Eltern mit ihren Kindern am meisten unzufrieden sind (Grafik M 17 a).

2. Vergleicht M 17 b mit M 17 a und untersucht die Tabelle etwas genauer:
   - In welchen Bereichen ist der Versuch der Eltern, euer Verhalten zu beeinflussen, am stärksten, in welchen deutlich geringer?
   - Welche Unterschiede zeigen sich, vor allem auch im Hinblick auf möglichen Streit, zwischen dem Gesichtspunkt „Wie viel Zeit“ und dem Gesichtspunkt „Was“?
   - Wie sind die angesprochenen Unterschiede eurer Meinung nach zu erklären?

3. Inwieweit entsprechen die Befragungsergebnisse in M 17 a und b euren eigenen Erfahrungen?

M 18 Erziehungsziele und Erziehungsmittel

Die 14-jährige Julia lebt mit ihrer Mutter in einer kleinen Wohnung. Da die Mutter vor Kurzem eine Vollzeit-Arbeitsstelle annehmen musste, vereinbarte sie mit Julia, dass diese bestimmte kleinere Aufgaben im Haushalt übernimmt. Das funktionierte bisher oft nicht, weil Julia die Aufträge vergaß, keine Lust dazu hatte oder so lange mit Freunden zusammen war, dass keine Zeit blieb, die Arbeit zu erledigen.

Die Mutter kritisiert auch, dass Julia so unordentlich ist. Nicht nur in Julias Zimmer bricht regelmäßig „das Chaos“ aus, sondern sie lässt auch im Wohnzimmer, das der Mutter als Schlafzimmer dienen muss, alles liegen. Die Mutter ist sehr „sauer“, wenn sie nach der Arbeit erst einmal eine halbe Stunde oder mehr aufräumen muss. Früher machte ihr das nichts aus, aber jetzt ...! Als die Mutter ihrer Freundin ihr Leid klagt, hört sie von dieser: „Das ist Erziehungssache!“ „Ich möchte aber, dass sich im Zusammenleben mit Julia eine Art Partnerschaft entwickelt“, erwidert die Mutter.

Wer bestimmte Erziehungsziele erreichen will, muss geeignete Erziehungsmittel verwenden. Wer von einem Kind absoluten (blinden) Gehorsam und Unterordnung verlangt, wird dies mit harten Strafen, Drohungen und Befehlen zu verwirklichen versuchen.

Welche der folgenden Erziehungsmittel sollte Julias Mutter für die angestrebte partnerschaftliche Erziehung einsetzen?

- Liebesentzug
- loben
- Vorbild sein
- tadeln
- drohen
- überzeugen
- strafen
- fördern
- unterstützen
- schlagen
- helfen
- befehlen

(Zeitlupe Nr. 30/1994, hg. von der Bundeszentrale für politische Bildung, S. 9: Verf.: Bernd Werdich)

1. In M 18 geht es um die Frage, welche Mittel und Methoden Eltern einsetzen (sollten), um ihre Kinder zu einem bestimmten Verhalten zu erziehen. Benennt von den zwölf genannten Erziehungsmitteln fünf, die eurer Meinung nach für die geschilderte Situation besonders sinnvoll sind, und fünf, die unangebracht sind.

2. Überlegt: Ist das, was ihr für *sinnvoll* haltet, identisch mit dem, was ihr für *wirkungsvoll* haltet (und ist entsprechend unangebracht = wirkungslos)?

3. Die zwölf genannten Erziehungsmittel sind sehr allgemein formuliert; „strafen“ kann man zum Beispiel auf sehr verschiedene Weise. Bei welchen anderen Mitteln müsste man konkretere Angaben machen, um beurteilen zu können, ob sie sinnvoll (angemessen, wirkungsvoll) sind?

3. Familienleben – Hat sich was verändert?

M 19 „Ein Mädchen tut das nicht" – „geschlechtsspezifische" Erziehung

Abb. 1

„Ob ich ein Junge oder Mädchen bin? Mama sagt immer: Wir werden nicht als Mädchen geboren, wir werden dazu gemacht!"

Abb. 2

Natürlich bekommen auch kleine Jungen heute schon mal Puppen zum Spielen, dürfen sich kleine Mädchen mit Lastwagen oder Rennautos beschäftigen. Aber wenn der Junior anfängt, wirklich intensiv mit seiner Puppe zu spielen und vielleicht noch die von seiner Schwester dazunimmt, dann bangen so manche Eltern um die Zukunft des kleinen Puppenvaters.

Unterschiede gibt es auch in der Erziehung – wenn auch nicht mit böser Absicht, sondern aus Gedankenlosigkeit oder Gewohnheit. Eltern bewerten in der Regel die Interessen von Mädchen und Jungen verschieden. Was sie bei einem kleinen Jungen für „normal" und „richtig" halten, z. B. wagemutige Spiele oder Raufereien im Sandkasten, wird dem kleinen Mädchen oft untersagt („Achtung, du tust dir weh", „pass' auf dein Kleidchen auf", „ein Mädchen tut das nicht"). Und meist wird dieses Verhalten der Eltern durch die Umwelt – durch Großeltern, Nachbarn, Freunde, den Kindergarten, die Schule oder auch das Fernsehen – noch verstärkt. Schon im Kindergarten werden die Weichen dafür gestellt, wie viel sich Mädchen und Jungen zutrauen, welche Interessen im Laufe der Jahre bewusst ausgebaut und in beruflichen Erfolg umgemünzt werden können.

(Frauen und Männer sind gleichberechtigt, Verlag Dr. Neufang, Gelsenkirchen-Buer 1997, S. 14)

1. In M 19 (Darstellung aus dem Jahr 1997) wird beschrieben, wie Eltern dafür sorgen, dass ihre Kinder von der Geburt an bis zum Kindergartenalter die „Geschlechterrolle" erlernen. Beschreibt, wie das passiert, und nehmt dann dazu Stellung:
- Könnt ihr das, was hier beschrieben wird, aus eurer eigenen Erfahrung bestätigen?
- Haltet ihr die Darstellung für übertrieben oder nicht mehr aktuell?
- Wie beurteilt ihr die einzelnen dargestellten Einflussnahmen?

2. Beschreibt genau die beiden Karikaturen (Abb. 1 und 2). Überlegt, was der Zeichner jeweils zum Ausdruck bringen wollte und welche Bezüge es zum Text gibt. Nähere Hinweise zum Umgang mit Karikaturen findet ihr in Kapitel 3, M 1 b.

3. Nehmt zur Aussage-Absicht der jeweiligen Karikatur aus eurer Sicht Stellung.

Bedenkt, dass M 19 aus dem Jahr 1997 stammt. In M 20 wollen wir der Frage nachgehen, ob sich bis heute an der „geschlechtsspezifischen" Erziehung etwas geändert hat.

M 20 „Mädchenwelten – Jungenwelten" – Was sich in der Erziehung (nicht) verändert hat

Von wegen „Barbies für Jungen" und „Spielzeugautos für Mädchen": Jungen wachsen nach wie vor „jungenhaft" und Mädchen nach wie vor „mädchenhaft" auf. Allerdings schreiben ihnen ihre Eltern weniger feste Rollenbilder vor: Viele Eltern stärken und fördern heute die *individuellen* Interessen und Begabungen ihrer Kinder.

Mädchen neigen mehr zu sprachlichem Ausdruck als Jungen. Die Äußerung von Gefühlen und persönlicher Befindlichkeit fällt ihnen leichter. Die Freizeitinteressen von Mädchen richten sich eher auf Malen, Zeichnen und Basteln. Der Umgang mit Tieren und die Verständigung mit Freundinnen hat für sie große Bedeutung.

Jungen sind dagegen lieber körperlich aktiv. Sie sind von elektronischen Medien fasziniert und verbringen mehr Zeit am Computer oder vor dem Fernseher. In ihren Cliquen spielen weniger der persönliche Austausch als vielmehr Fantasien von Abenteuer eine besondere Rolle. Wettbewerbsorientierung, Sportlichkeit und technisches Interesse markieren die Entwicklung von Jungen.

Das untermauert das kürzlich veröffentlichte „Generationen-Barometer 2009", eine große Untersuchung des Instituts für Demoskopie* Allensbach im Auftrag des Forums „Familie stark machen e. V.". Sie zeigt, dass die veränderten Erziehungsziele und -stile die Unterschiede der Mädchen- und Jungenwelten nicht verringern (vgl. Grafik).

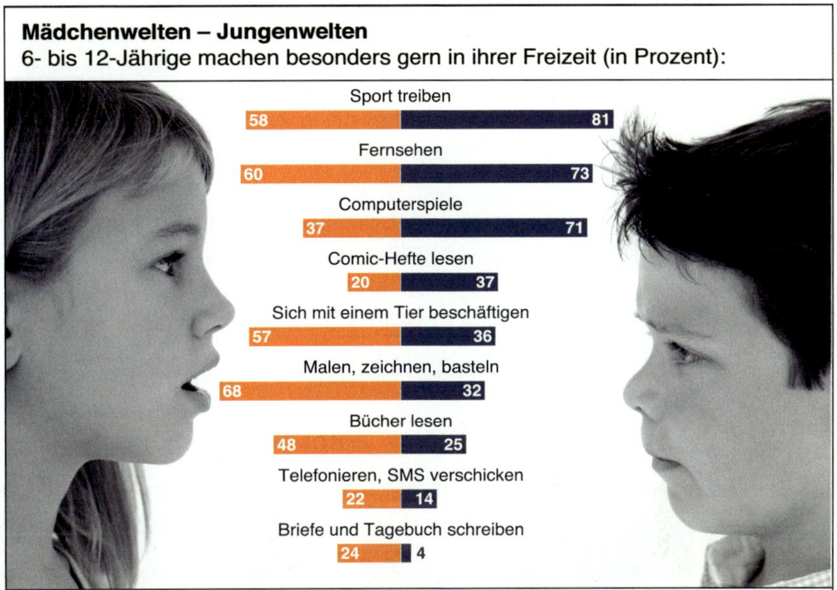

Grafik: SCRIPT. Basis: Allensbacher Archiv, IfD-Umfrage 4276. Fotos: Monkey Business/Fotolia.com

(Presseinformation des Aktionsbüros FORUM FAMILIE STARK MACHEN e. V.; http://www.familie-stark-machen.de/index.php?article_id=2, S. 157; Auszüge)

Die Interessensunterschiede bei Jungen und Mädchen machen sich auch in der Schule bemerkbar: Während bei den Jungen der Sportunterricht besonders hoch im Kurs steht und immerhin 49 Prozent die Mathematik zu ihren Lieblingsfächern zählen, fühlen sich die Mädchen stärker vom

Kunst- und Musikunterricht sowie von den Sprachen angezogen.
Dass es solche Unterschiede zwischen Mädchen- und Jungenwelten gibt, ist den Kindern bewusst. Ihre eigene Rolle entwickeln sie häufig durch klare Abgrenzungen von den Altersgenossen des anderen Geschlechts. So beschreiben 8- bis 12-jährige Jungen die Mädchen häufig als zickig, albern oder als Heulsusen, wogegen Mädchen die Jungen als grob, aggressiv und vorlaut schildern.

(Wilhelm Haumann, Generationen-Barometer 2009. Eine Studie des Instituts für Demoskopie Allensbach, hg. vom Forum „Familie stark machen", S. 143 f.; http://www.familie-stark-machen.de/files/gb09_download.pdf; leicht vereinfacht)

1. In der Untersuchung, auf der M 20 beruht, geht es um die Frage, ob sich die in M 19 beschriebene „geschlechtsspezifische" Erziehung inzwischen verändert hat. Erläutert dazu zunächst die Antwort, die in den ersten beiden Sätzen von M 20 gegeben wird. Was ist mit der Formulierung gemeint, dass die Eltern heute die „individuellen" Interessen ihrer Kinder fördern?

2. Erläutert die in Z. 9–27 genannten Unterschiede zwischen Mädchen und Jungen und zieht auch die in der Grafik dargestellten Umfrageergebnisse hinzu. Setzt euch mit der gesamten Darstellung aus eurer Sicht auseinander:
- Entsprechen die Aussagen euren eigenen Erfahrungen?
- Gibt es eurer Meinung nach Unterschiede zwischen Jungen und Mädchen, die „von Natur aus" gegeben sind? Wenn ja, welche?
- Welche Unterschiede würdet ihr ggf. eher als „anerzogen" bzw. „durch Vorbilder entwickelt" bezeichnen?

M 21 Aufgabenverteilung im Haushalt – so oder anders?

1. Beschreibt die Fotos. Handelt es sich um Szenen aus dem normalen Lebensalltag, wie ihr ihn aus euren Familien kennt?

2. Wie würden die Fotos aussehen, wenn ihr sie in euren eigenen Familien machen würdet?

M 22 Mithelfen im Haushalt – Was Eltern und Kinder sich wünschen

Noch häufiger als eine „stärkere Beteiligung des Partners bei der Hausarbeit und der Erziehung der Kinder“ (36 Prozent) wünschen sich Mütter von Kindern unter 16 Jahren, dass „die Kinder besser Ordnung halten und sich auch mal an den Hausarbeiten beteiligen“ (47 Prozent). Vor allem Mütter von 14 bis 15 Jahre alten Kindern (83 Prozent), von 10- bis 13-Jährigen (57 Prozent), aber auch schon von 6- bis 9-jährigen Grundschülern (43 Prozent) wünschen dies in hohem Anteil. Jede zweite Mutter, die die Familienarbeit persönlich als „sehr belastend“ empfindet, verspricht sich eine deutliche Entlastung, wenn sich die Kinder stärker an der Hausarbeit beteiligen würden. Am stärksten würde es die Mütter entlasten, wenn die Kinder ihr Zimmer aufräumen, ihre eigenen Sachen wegräumen und auch die Hausaufgaben von alleine machen, ohne dass man Druck ausüben muss. Mehr Eigenverantwortung und Selbstständigkeit sind also gefragt. […]

Nach den wichtigsten Gründen dafür gefragt, warum sich manche Kinder kaum oder gar nicht an der Hausarbeit beteiligen, antworteten im Jahr 2009 47 Prozent der Eltern, dass Kinder die Arbeit im Haushalt „uncool“ finden. Was in diesem Zusammenhang unter „uncool“ zu verstehen ist, wurde in der aktuellen Studie aus Sicht von Eltern und Großeltern hinterfragt. Die Eindrücke und Beobachtungen beider Generationen decken sich im Wesentlichen: Kinder, die sich der Mitwirkung an der Familienarbeit häufiger verweigern, haben ganz einfach keine Lust auf Aufgaben (85 %), die viele von ihnen als langweilig, wenig interessant, wenig spannend empfinden (59 %). Hier orientieren sie sich auch an […] ihrem Freundeskreis, der offensichtlich auch nicht mithelfen muss (49 %). Zudem erscheinen ihnen Arbeiten im Haushalt eher mühsam (45 %). Zwei Erklärungen aus Sicht der Eltern und Großeltern verdienen besondere Aufmerksamkeit. Zum einen, dass Kinder generell ungern Dinge tun, die ihnen von den Eltern vorgeschrieben werden (49 Prozent), und zum anderen, dass „sie Hausarbeit nicht als Aufgabe der Kinder, sondern ihrer Eltern ansehen“ (49 Prozent).

(Vorwerk Familienstudie 2010, S. 23, 25; http://corporate.vorwerk.com/fileadmin/data/pdf/Publikationen/vorwerk_familienstudie_2010.pdf)

1. Beschreibt, welche Tätigkeiten Eltern gern von ihren Kindern (je nach Alter unterschiedlich) erledigt wissen wollen (1. Abschnitt).

2. Welche Gründe führen Kinder an, die sich an der Hausarbeit nicht beteiligen wollen? Erstellt dazu eine kleine Tabelle, in der ihr den genannten Gründen die entsprechenden Prozentzahlen zuordnet.

Kompetenzcheck

1. Wer kennt sich aus?

In dem abgebildeten „Familienhaus" leben Menschen in verschiedenen Formen zusammen.

1. Stelle fest, welche der dargestellten Lebensformen im engeren Sinne (des „Statistischen Bundesamtes") als Familien bezeichnet werden.
2. Welche anderen Formen, die nicht zu den Familien gerechnet werden, sind zu sehen?

2. Richtig oder falsch?

1. Die Zahl der Familien hat in Deutschland seit vielen Jahren ständig abgenommen.
2. Unter den Familien gibt es immer weniger „Ein-Eltern-Familien".
3. Wenn die Eltern nicht miteinander verheiratet sind, spricht man nicht von einer Familie.
4. Unter einer Patchwork-Familie versteht man das Zusammenleben zweier vollständiger Familien in einer Wohngemeinschaft.
5. Die Vereinten Nationen* haben eine Reihe von Kinderrechten vereinbart. Dazu gehört das Recht auf Bildung, aber nicht das Recht auf Spiel und Freizeit.
6. Wenn Eltern die Pflege und Erziehung ihrer Kinder vernachlässigen, geht das die staatlichen Stellen nichts an.
7. Armut in Familien ist schlecht für die Bildungschancen der Kinder.
8. Wenn es in der Familie Streit zwischen Eltern und Kindern gibt, geht es weniger ums Fernsehen, sondern um das, was die Kinder lesen dürfen.
9. Bei der Erziehung achten heute die Eltern weniger als früher darauf, ob das Kind ein Junge oder Mädchen ist, sondern mehr darauf, welche persönlichen („individuellen") Interessen und Fähigkeiten das Kind hat.
10. Die Freizeitbeschäftigungen von Mädchen und Jungen unterscheiden sich kaum noch voneinander.

3. Mithelfen im Haushalt ist wichtig! – Mithelfen im Haushalt ist „uncool"!

Entwerft Rollenkarten für ein Rollenspiel: Es geht um einen Streit zwischen Eltern und Kindern über die Mitarbeit im Haushalt. Die Eltern (Mutter/Vater) und Kinder (Sohn/Tochter) entwerfen je eine Rollenkarte für ihre **Position**, die sie vertreten wollen. Verwendet dabei Argumente, die Eltern und Kinder bei einem solchen Streit häufig anwenden. Ihr könnt dabei auf eigene Erfahrungen zurückgreifen, ihr könnt euch aber auch an den Argumenten aus M 22 orientieren. Auf einer zweiten Rollenkarte notiert ihr **Vorschläge**, die ihr als Mutter, Vater, Sohn oder Tochter zur Lösung oder Vermeidung dieses immer wiederkehrenden Konflikts machen wollt. Auch hierfür könnt ihr auf M 22 zurückgreifen.

Ziel dieses Rollenspiels ist es nämlich auch, Vorschläge für Regelungen zu entwerfen, die Streit um die Hausarbeit vermeiden helfen.

Rollenkarte: Vater/Mutter

z. B.:

Vater/Mutter ist berufstätig und ehrenamtlich in der Kommunalpolitik/im Sportverein engagiert. Er/sie ist der Meinung, dass es ohne Mithilfe der Kinder im Haushalt nicht geht. Außerdem kann man sehr viel dabei lernen!

1. ....
2. ....
3. ....
4. ....

Vorschläge zur „Streitvermeidung"

Vater/Mutter

Rollenkarte: Sohn/Tochter

z. B.:

Sohn/Tochter hält die Haushaltsführung absolut für „Elternsache"! Er/sie hat auch viel zu tun. Zu erledigende Arbeiten im Haushalt lernt er/sie noch früh genug. Seine/ihre Freunde müssen auch nicht helfen!

1. ....
2. ....
3. ....
4. ....

Vorschläge zur „Streitvermeidung"

Sohn/Tochter

BÜRGERAMT
147

Sozialamt

Xanten
Kreis Wesel

Politik in der Gemeinde – Kinder beteiligen sich

9

Zur Orientierung

Im Einführungskapitel zu diesem Buch habt ihr erfahren, dass der Begriff „Politik" von dem altgriechischen Wort „Polis" stammt, das „Stadt" bedeutet. Mit „Stadtpolitik" (man sagt auch „Kommunalpolitik") hat also die gesamte Politik einmal angefangen. Alle Bürger, Erwachsene und Kinder, wollen sich in ihrem Wohnort wohlfühlen, sie wollen, dass die von ihnen gewählten „Kommunalpolitiker" etwas für sie tun, zum Beispiel gute Busverbindungen schaffen, ein neues Schwimmbad bauen, Kindergärten und Sportplätze zur Verfügung stellen usw. Vergleicht dazu die Fotos auf diesen beiden Auftaktseiten und die auf S. 176.
Ausgehend vom Beispiel einer Freizeitanlage für Kinder und Jugendliche zeigen wir euch im ***ersten Abschnitt*** *dieses Kapitels, dass es nicht leicht ist, die Wünsche der Bürger zu verwirklichen. Vieles muss bedacht werden und viele Stellen müssen beteiligt werden, bis es zu einer endgültigen Entscheidung kommen kann. Ihr erfahrt etwas darüber, wie eine Stadt „regiert" wird. Ihr lernt die Aufgaben des Bürgermeisters, des Stadtrates und der städtischen Verwaltung kennen und werdet sehen, wie diese zusammenarbeiten.*
Der ***zweite Abschnitt*** *macht deutlich, dass fast alles auch eine Frage des Geldes ist, das der Stadt nur in einem begrenzten Rahmen zur Verfügung steht.*
Viele Städte haben begriffen, wie wichtig es ist, auch Kinder und Jugendliche bei der Stadtpolitik mitwirken zu lassen. Der ***dritte Abschnitt*** *zeigt euch an Beispielen, wie ihr selbst aktiv werden, wie ihr euch also – im Ursinne des Wortes – „politisch" betätigen könnt.*

Kompetenzen

Nach der Erarbeitung dieses Kapitels solltet ihr Folgendes wissen und können:

- wer die „Regierung" einer Stadt bildet;
- die Aufgaben von Stadtrat und Stadtverwaltung kennen und erläutern;
- welche Aufgaben ein Bürgermeister oder eine Bürgermeisterin zu erfüllen hat;
- erläutern und begründen, dass eine Stadt viel für ihre Bürger tut, aber nicht alle Wünsche erfüllen kann;
- dass eine Stadt auch etwas für das Lebensumfeld der Kinder tun muss und kann;
- Möglichkeiten kennen, wie Kinder auf die Gestaltung ihres Lebensumfeldes Einfluss nehmen können;
- Informationen und Nachrichten über die Kommunalpolitik (z. B. in der Zeitung) verstehen.

1. Eine Freizeitanlage für Kinder – wer entscheidet in einer Stadt?

M1 Einladung zum Mitmachen

Eine Bürgerstiftung ist eine Vereinigung von Bürgern, die Geld gespendet haben, mit dem bestimmte nützliche Einrichtungen für die Menschen in einer Stadt bereitgestellt oder gefördert werden können. Im Folgenden wird ein Originalbrief der Bürgerstiftung Büren wiedergegeben.

Bürgerstiftung Büren – Bürger für ihre Stadt **Büren, 7.3.2008**

Sehr geehrte Damen und Herren,
liebe Schülervertreter(innen),

„Büren kann man spüren!"

Hinter diesem Slogan verbirgt sich ein Aktionsprogramm der Bürgerstiftung Büren, das alle Bürgerinnen und Bürger, besonders aber Jugendliche und Kinder zum Mitmachen motivieren möchte.
In diesem Jahr geht es konkret um die Gestaltung der Almeauen (Bereich zwischen Mittelmühle und Gut Holthausen). Hier sind verschiedene Einrichtungen zur Freizeitgestaltung geplant und vorgesehen (Mountainbikestrecke, Barfußpfad etc.). Der Rat der Stadt Büren wird in einer seiner nächsten Sitzungen dazu beraten und abschließend entscheiden. Im Vorfeld möchten wir Sie/euch gern dazu informieren und in die Planungs-, Gestaltungs- und Umsetzungsmöglichkeiten mit einbeziehen. Diese wirklich gute Möglichkeit, schulübergreifend miteinander zu arbeiten, sollte jeder für sich und sein Umfeld nutzen. Wichtig ist, dass jeder mitmachen kann, egal ob stark oder schwach, groß oder klein, alt oder jung.
Eingeladen sind die Schülersprecher(innen), die Klassensprecher(innen) sowie deren Vertreter und ggf. Verbindungslehrer oder interessierte Lehrer.
Das gemeinsame Treffen findet statt am
Mittwoch, 26. März 2008, um 12.00 Uhr in der Niedermühle Büren, Bahnhofstraße.
Anwesend sein wird auch ein Vertreter des Bauhofs Büren, der detailliert zu den geplanten Vorhaben Auskunft geben kann. Es wird wirklich sehr interessant.

Wir würden uns über Ihr/euer Kommen sehr freuen!

Mit freundlichen Grüßen

Bärbel Olfermann

M 2 Das Treffen mit den Schülern

Der Einladung der Bürgerstiftung folgten 39 Schülerinnen und Schüler als Vertreter für ihre Mitschüler. Auch einige Lehrerinnen und Lehrer waren mitgekommen. Bei dem Treffen stellte Herr Piel, der die Arbeit des Bauhofes leitet, den Plan für die Gestaltung der Almeaue vor. Zunächst aber begrüßte Frau Olfermann, die Vorsitzende der Bürgerstiftung, die Runde. Einen Ausschnitt aus der Veranstaltung zeigen folgende Äußerungen, die die Wortbeiträge sinngemäß wiedergeben:

Frau Olfermann: Ich freue mich, dass ihr so zahlreich erschienen seid. Damit hatte ich gar nicht gerechnet. Aber das zeigt ja, dass ihr an einer Verbesserung der Freizeitmöglichkeiten hier in Büren sehr interessiert seid. Diesen Wunsch hatten uns ja auch schon häufiger Jugendliche vorgetragen. Wir möchten mit euch die Almeaue für Kinder und Jugendliche attraktiver machen. Auf dem Spielplatz nebenan habt ihr vielleicht schon als kleine Kinder gespielt. Jetzt geht es darum, auch für ältere Kinder und Jugendliche mehr Freizeitbeschäftigungen anzubieten. Herr Piel wird euch das Projekt nun näher vorstellen.

Herr Piel: Ich glaube, dass euch das Projekt gefallen wird. Das Wichtigste soll ein Mountainbikeparcours sein. Von meinen Kindern weiß ich, dass der sicher gut ankommen wird. Dann müssen die Kinder bzw. wir Eltern nicht erst immer 30 Kilometer bis zum nächsten Parcours fahren. Das soll aber noch nicht alles sein. Für die, die gerne Ballspiele machen, soll es ein Beachvolleyballfeld geben. Und die Basketballfans können sich auf einem Streetballfeld mit Basketballkörben austoben. Abwechslung und Spaß könnt ihr auch beim Barfußpfad finden. Reizvoll wird für euch sicher auch die geplante Tibetbrücke sein, die aus schwankenden Holzbohlen gebaut wird und über die Alme führt. So ist für jeden etwas dabei.

Frau Olfermann präsentiert den Schülern das Projekt

Matthias M.: Das sind ja gute Ideen! Aber ich kann mir die Mountainbikestrecke noch nicht richtig vorstellen.

Herr Piel: Sie soll ungefähr 300 Meter lang sein. Verschieden hohe Hügel ermöglichen abwechslungsreiche Auf- und Abfahrten. Der Parcours ist für Anfänger geeignet, aber auch solche Jugendliche, die schon länger mountainbiken und etwas anspruchsvoller sind.

Dennis G.: Wie wollen Sie das wissen? Dann müssten wir Kinder ja selbst dabei mitsprechen können, wie hoch die Hügel werden und wo sie sich auf der Strecke befinden sollen!

Herr Piel: Ja, gut, das könnt ihr dann ja auch mitbestimmen. Wenn wir den Parcours bauen, könnt ihr selbst dabei sein

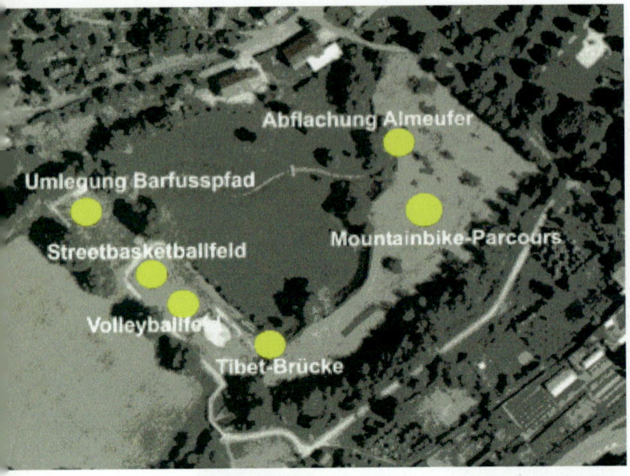

Die geplante Freizeitanlage

und eure Ideen äußern. Ihr könnt sagen, wie und wo ihr die Hügel haben wollt.

Frau Olfermann: Es ist uns ganz wichtig, dass ihr Schüler selbst mit anpackt. Die ganze Aktion soll an einem Freitagnachmittag und am folgenden Samstag laufen. Möglichst viele Kinder und Jugendliche sollen dabei sein und mitmachen. Nicht nur ihr, sondern auch viele eurer Mitschüler. Ihr sollt die Freizeitanlage nicht wie ein Geschenk auf den Tisch gestellt bekommen, sondern selbst daran mitbauen. Ihr könnt stolz sein, wenn ihr das geschafft habt. Das wird dann eine starke Sache, ein großes Gemeinschaftserlebnis für euch!

Maria H.: Dann werden wir am Ende aber ganz schön geschafft sein!

Frau Olfermann: Das kann ich mir auch gut vorstellen. Dafür habt ihr dann auch eine tüchtige Stärkung verdient. In der Mittagszeit könnt ihr euch mit Bratwurst und Getränken stärken und abends nach der getanen Arbeit wird gegrillt. Es gibt eine schöne Party mit Musik. Die Schülerband der Hauptschule wird für fetzige Musik sorgen.

Daniel T.: Eine super Sache!

Frau Olfermann: Es ist ja schön, dass ihr von der Aktion genauso begeistert seid wie wir bei der Bürgerstiftung. Aber unser Projekt können wir nicht einfach so durchführen. Das ist keine Privatsache wie Blumenpflanzen im Garten zu Hause, sondern geht die ganze Öffentlichkeit an. Deshalb muss zuerst der Stadtrat entscheiden, ob die Anlage so gebaut werden kann, wie ihr sie jetzt kennengelernt habt.

(Autorentext)

1. Stellt fest, wer das Schreiben (M 1) verfasst hat und an wen es sich richtet.
2. Beschreibt, worin das Projekt der Bürgerstiftung besteht (M 1 und M 2). Was haltet ihr davon, dass die Bürgerstiftung den Schülerinnen und Schülern die geplante Anlage vorstellt und sie auch am Aufbau beteiligen will? Begründet eure Meinung.
3. Stellt euch vor, ihr hättet als Klassensprecher an der Informationsveranstaltung teilgenommen. Teilt eure Klasse in Gruppen ein und veranstaltet einen **Plakatwettbewerb**: Beschriftet ein DIN-A3-Blatt als Plakat, auf dem ihr eure Mitschüler über das Projekt informiert und für das Mitmachen zu gewinnen versucht. Entscheidet und begründet anschließend, welche Gruppe das überzeugendste Plakat gestaltet hat.

So geht es weiter: Der Stadtrat muss entscheiden!

M 3 Der Rat entscheidet

Gestern Abend in der letzten Sitzung vor den Sommerferien standen zehn verschiedene Punkte auf der Tagesordnung, die der Stadtrat in Büren zu diskutieren und zu verabschieden hatte. Als vierten Punkt rief der Bürgermeister die Umgestaltung der Almeaue zu einer Freizeitanlage für Kinder und Jugendliche auf. Zunächst trugen Herr

Helle (CDU), Frau Ziebarth (SPD) und Herr Voß (FDP), die zuvor schon im Bauausschuss über das Projekt beraten hatten, ihre Zustimmung für das Vorhaben vor. Dann entwickelte sich eine Diskussion.

Herr Helle: „Die Stadt schafft damit etwas Sinnvolles für die Jugend. Mehr Freizeiteinrichtungen sind gut für Kinder, auch damit sie nicht so viel am Computer sitzen und sich mehr bewegen." Frau Ziebarth: „Außerdem haben die älteren Kinder jetzt auch an einigen Tagen nachmittags Unterricht. Danach müssen sie mal raus an die frische Luft und sich austoben können. Das wäre dann in der Almeaue wirklich nach Herzenslust möglich."

Andere Stadträte machten jedoch auch kritische Bemerkungen. Frau Koch, die die Menschen aus dem Wahlbezirk vertritt, in dem die Freizeitanlage errichtet werden soll, meinte: „Ich befürchte, dass die Bewohner in der näheren Umgehung sich von Lärm gestört fühlen werden. Schon jetzt bin ich von einigen Leuten, vor allem älteren, daraufhin angesprochen worden. Sie fürchten vor allem um ihre Ruhe am Nachmittag." Frau Schmidt: „Und nicht nur dann. Die Freizeiteinrichtung liegt am Rande der Stadt. Wenn sie von den Abendstunden an nicht mehr von Kindern genutzt wird, kann sie von älteren Jugendlichen als Ort wilder Treffen missbraucht und zerstört werden." Dem standen aber auch einige befürwortende Aussagen gegenüber. Herr Caspari: „Die Nachbarschaft grenzt ja nicht unmittelbar an die Freizeitanlage. Es müsste dann schon sehr laut zugehen, um sich gestört zu fühlen. Man darf die Jugend auch nicht schlechter reden, als sie ist." Herr Kuschel: „Die Kinder und Jugendlichen machen doch selbst beim Aufbau der Mountainbikestrecke und des Streetballfeldes mit. Das, was sie selbst aufbauen, werden

sie doch nicht kaputtmachen." Bürgermeister Wolfgang Runge, der sich auch in die Diskussion einschaltete, gab zu bedenken: „Die Schüler und Schülerinnen sind ja schon in die Planungen zu dem Projekt mit einbezogen. Sie freuen sich auf die neuen Freizeitmöglichkeiten, wie ich auch von meinen eigenen Kindern weiß. Man kann jetzt nicht einfach sagen, ‚das wird nichts', und sie so plötzlich enttäuschen. Ihr Interesse für die Kommunalpolitik ist geweckt, sie setzen sich mit Eifer ein und werden in einer einmaligen Aktion die Gemeinschaft mit vielen anderen Schülerinnen und Schülern erleben. Das darf nicht scheitern." Herr Lüke schloss sich an: „Ein ganz anderes Argument für die Errichtung der Freizeitanlage ist noch, dass das Projekt die Stadt ja auch nicht so viel kostet. Die Bürgerstiftung steuert immerhin 5 000 Euro bei. Dieses Geschenk sollte man nicht ablehnen."

Die kritischen Stimmen wurden leiser. Schließlich ließ der Bürgermeister abstimmen und stellte das Ergebnis fest: 25 Ratsmitglieder stimmten für das Projekt, 11 stimmten dagegen und zwei enthielten sich der Stimme.

(Autorentext)

1. Im Stadtrat muss über die Errichtung der Freizeitanlage entschieden werden (M 3). Veranschaulicht die Entscheidungsfrage „Soll die Freizeitanlage ‚Almeaue' gebaut werden oder nicht?", indem ihr sie in die Mitte einer Heftseite schreibt und einkreist. Schreibt dann um die Frage herum stichwortartig die Pro-Argumente in grüner und die Kontra-Argumente in roter Farbe. Diskutiert, welche Argumente für euch die besseren sind und den Ausschlag für die Entscheidung geben sollten.

2. Schreibt einen Brief an die Nachbarn der Freizeitanlage, in dem ihr diese über die Entscheidung des Stadtrates informiert und ihnen ihre Befürchtungen zu nehmen versucht.

M 4 Gemeinsamkeit macht stark: Jugendliche bauen die Freizeitanlage

„Ran an die Almeauen", lautete die Devise, die die Bürgerstiftung ausgegeben hatte. Ein mehr als 25 000 Quadratmeter großes Gelände in den Almeauen sollte gesäubert, bepflanzt und für den Sommer vorbereitet werden.

Ein paar Jugendliche tauschen alten Sand an der Rutsche gegen neuen aus, ein paar Meter weiter pflanzen drei Mädchen Sträucher. Die Mountainbikestrecke wird geharkt, erste Konturen zeichnen sich für das Volleyballspielfeld ab. Damit die Gebiete links und rechts der Alme zusammenwachsen, soll über den Fluss eine sogenannte Tibetbrücke (Seilbrücke) gebaut werden. Kalt ist den über hundert kleinen und großen Helfern nicht, denn alle arbeiten sich kräftig warm. „Ich halte es für wichtig, dass Jugendliche etwas für die Jugendlichen tun", sagt Ulrich Großbröhmer vom Projektteam der Bürgerstiftung. Durch die Aktion wachse das Verantwortungsgefühl. Der zwölfjährige Benjamin Breim macht vor allem wegen der Mountainbikepiste mit, auf die er sich sehr freut. Überall wimmelt es von Kindern und Jugendlichen. Erika Gettinger buddelt mit der Schippe den alten Sand von der Rutsche. „Vorher hat es mir hier nicht gefallen, weil es so leer war", meint die Bürenerin. Lukas Sommer ist sogar aus Hegensdorf nach Büren gekommen, „weil ich mich für die Stadt interessiere". Durch die vielen Bäume werde auch etwas für die Umwelt getan, meint er.

(Auszugsweise entnommen: Neue Regionale v. 13.4.2008)

1. Vergleicht die Planung der Freizeitanlage (M 2) mit dem Bericht über ihre Erstellung (M 4). Was wird gebaut? Wer ist daran beteiligt?

2. Gebt wieder, welche Gründe dafür genannt werden (von einem Erwachsenen und von Jugendlichen selbst), dass die Kinder und Jugendlichen selbst beim Bau der Anlage mitmachen.

Im Folgenden werdet ihr immer wieder Anregungen bekommen, etwas zur Kommunalpolitik in eurer Stadt zu erkunden. Zum Schluss könnt ihr auch ein Projekt durchführen, in dem ihr an einem oder mehreren Tagen alle Arbeitsergebnisse zu den bearbeiteten Aufgaben aufbereitet oder noch ergänzt. Damit ihr im Verlaufe der Unterrichtsreihe entsprechend die Ergebnisse sichern könnt, weisen wir euch jetzt schon auf die Möglichkeit und Vorgehensweise bei einem solchen Projekt hin.

Methode M 5 Projekt

Mit dem Begriff Projekt bezeichnet man ein Vorhaben, das man planen und durchführen will.

- Lehrerinnen/Lehrer und Schülerinnen/Schüler entwerfen ein solches Vorhaben gemeinsam. Die Schüler sind also an einem Projekt schon bei der Planung beteiligt und sollen ihre Interessen und Vorschläge weitgehender einbringen können, als das bei der „normalen" Unterrichtsplanung möglich ist. Wichtig ist auch, dass am Ende des Projekts in der Regel ein bestimmtes vorzeigbares „Produkt" steht, das man ggf. der Öffentlichkeit präsentieren kann.
- Das Projekt bietet euch die Möglichkeit, euch ausführlicher mit einigen Aufgaben und Fragen zu beschäftigen, als das im normalen Unterricht möglich wäre. Ihr könnt dabei auch mit Methoden arbeiten, die eine Unterrichtsstunde oft nicht zulässt (z. B. ein Interview machen, Experten befragen, eine Umfrage durchführen, Fotos machen, eine Internetrecherche durchführen, eine Einrichtung besuchen).
- Wichtig ist, dass ihr euch zum gewählten Thema auf konkrete Aufgaben und Fragen einigt, die ihr bearbeiten wollt und könnt. Eure Lehrerin oder euer Lehrer kann euch dazu Hilfestellungen geben. Für die Vorstellung der Ergebnisse eurer Projektarbeit könnt ihr z. B. Wandzeitungen anfertigen, eine Präsentation mit dem Computer vorbereiten und durchführen, eine Broschüre zusammenstellen oder Plakate entwerfen.

Zum Thema „Kommunalpolitik" möchten wir euch verschiedene Möglichkeiten vorschlagen, die ihr auch in unterschiedlichen Gruppen bearbeiten könnt:

- Darstellung der *Arbeit des Stadtrates* aus den letzten zwei Monaten (besorgt euch u. a. Tagesordnungen und Protokolle von Ratssitzungen sowie Zeitungsartikel). Erarbeitet ein vom Stadtrat behandeltes Thema genauer. Besucht eine Ratssitzung, ladet ein Ratsmitglied ein.
- Erstellt eine *Broschüre*, in der ihr anderen Kindern und Jugendlichen eure Stadt vorstellt (ggf. reicht auch ein Flyer). Denkt dabei vor allem daran, was Kinder und Jugendliche interessieren könnte und was sie unbedingt wissen müssen. Wenn ihr technisch dazu in der Lage seid, könnt ihr das auch auf einer Seite im Internet darstellen oder auf die Homepage der Stadt stellen lassen.
- Macht eine *Erkundung* beim Bürgermeister und nehmt deren Auswertung vor (wie in M 8 näher dargestellt).
- Testet eure Stadt oder euren Stadtteil hinsichtlich seiner *Kinderfreundlichkeit*. Stellt die positiven und negativen Seiten dar. Dokumentiert diese und macht möglichst Verbesserungsvorschläge. Vergleicht dazu auch S. 183, Aufgabe 2 zu M 18.

(Autorentext)

In M 3 wird berichtet, dass der Stadtrat über die Errichtung der Freizeitanlage entscheidet. Im Folgenden werdet ihr über das Fallbeispiel hinausgehend genauere Informationen über die Arbeit im ***Stadtrat*** *(M 6), über die* ***Bürgermeisterin****/den* ***Bürgermeister*** *(M 7) und über die* ***Stadtverwaltung*** *(M 9) erhalten.*

M 6 Der Stadtrat – ein Interview

Daniel hat Herrn Helle schon häufiger in der Nachbarschaft gesehen, aber erst jetzt erfahren, dass er auch dem Stadtrat angehört. Weil Daniel an dem Vorbereitungstreffen für die Umgestaltung der Almeaue teilgenommen (siehe M 2) und dort erfahren hat, dass der Stadtrat darüber entscheiden soll, interessiert er sich dafür, was ein Stadtrat eigentlich ist und tut. Er stellt Herrn Helle deshalb einige Fragen.

Ein Stadtrat ist für die Bürger da

Daniel: Seit wann gehören Sie dem Stadtrat an?

Herr Helle: Vor drei Jahren haben mich die Bürger in meinem Wahlkreis in den Stadtrat gewählt. In zwei Jahren wird dann wieder neu gewählt. Wenn die Bürger mit mir zufrieden sind, werden sie mich vielleicht wieder wählen.

Daniel: Sie müssen also etwas für die Bürger tun?

Herr Helle: Oh ja, ich muss gut ihre Interessen vertreten. Sie kommen z. B. zu mir, wenn sie sich durch zu viel Verkehrslärm gestört fühlen oder wenn Eltern einen neuen Spielplatz für ihre Kinder haben wollen. Gestern waren Bürger bei mir, die unbedingt eine zusätzliche Straßenbeleuchtung haben wollten. Auch Kinder und Jugendliche äußern ihre Wünsche. So habe ich erfahren, dass sie gern mehr Freizeitmöglichkeiten hätten. Oft besuche ich Feste oder Vereinsveranstaltungen, bei denen ich von den Sorgen der Bürger höre. Es ist nicht immer einfach, es allen recht zu machen. Ich allein kann das ohnehin nicht. Das geht meistens nur zusammen mit allen anderen Mitgliedern im Stadtrat, da dieser z. B. über eine Freizeitanlage entscheiden muss.

So arbeitet der Stadtrat

Daniel: Wie viele Kollegen haben Sie im Stadtrat?

Herr Helle: Noch 37 weitere Ratsfrauen und Ratsherren sind mit mir im Stadtrat vertreten. Dazu kommt dann noch der Bürgermeister, der auch dazugehört. Er hat im Stadtrat den Vorsitz und leitet die Sitzungen. Das ist ein ziemlich kleiner Stadtrat. In größeren Städten gibt es natürlich größere – in einer Stadt mit 50000 bis 100000 Einwohnern z. B. hat er 50 Mitglieder.

Daniel: Verdienen Sie als Stadtrat viel Geld?

Herr Helle: Nein, nein, gar nicht viel. Den Lebensunterhalt für mich und meine Familie muss ich ganz normal mit meinem Beruf als Lehrer verdienen. Von der Stadt bekomme ich kein Gehalt. Ich erhalte nur eine kleine Aufwandsentschädigung für die viele Zeit, die ich aufbringe, und die Kosten, die damit verbunden sind, z. B. für Telefongespräche, allgemeine Büroarbeit oder die Benzinkosten. Ich bin nur, wie man sagt, ehrenamtlich politisch tätig. Ich muss schon Spaß an der Kommunalpolitik haben.

Daniel: Wie viel Zeit verbringen Sie mit der Politik?

Herr Helle: Die Politik betreibe ich in meiner Freizeit. Da kommen schon viele Stunden zusammen. Wir Stadtratsmitglieder treffen uns zwar nur einmal im Monat zu einer Ratssitzung, aber das ist noch längst nicht alles. Wir teilen unter uns die viele Arbeit auf, die wir in der Kommunalpolitik haben. Wir machen sozusagen Gruppenarbeit. Die Gruppen heißen bei uns „Ausschüsse". Darin arbeiten wir mit z. B. 12 Ratskollegen intensiv an einem Thema oder Problem. Die jeweiligen Ausschussmitglieder sind dann sozusagen die Experten für ein Thema, bei dem sie sich besonders gut auskennen und eine Entscheidung für den gesamten Stadtrat vorbereiten. Der Rat aber trifft immer die letzte Entscheidung. Er kann noch einmal über alles diskutieren und auch anders entscheiden als der Ausschuss vorher. Ich bin im Bauausschuss. Hier haben wir uns auch mit der Freizeitanlage in der Almeaue beschäftigt.

Unterstützung von Fachleuten in der Stadtverwaltung

Daniel: Wenn Sie nur in Ihrer Freizeit Politik machen, dann können Sie doch nicht alle Informationen und alles, was Sie wissen müssen, selbst zusammentragen, z. B. was die Freizeitanlage kostet und wie sie gebaut werden soll.

Herr Helle: Das stimmt. Deshalb hilft uns die Stadtverwaltung. Sie stellt für uns die nötigen Informationen zusammen. Diese arbeiten wir gründlich durch, um gute Beschlüsse fassen zu können. In der Stadtverwaltung arbeiten sozusagen die „Profis". Ihre Aufgabe ist es z. B. zu berechnen, wie teuer etwas wird. Sie sorgen schließlich auch dafür, dass das, was der Stadtrat beschlossen hat, so auch durchgeführt wird. Jemand vom Bauhof muss zum Beispiel dafür sorgen, dass beim Bau der Freizeitanlage genügend Erde da ist, woraus ihr dann die Mountainbikestrecke aufbaut. Das können wir Stadträte ja nicht alles selbst machen.

Streit wird demokratisch entschieden

Daniel: Streiten die Ratsmitglieder sich auch schon mal?

Herr Helle: Es kommt darauf an. Einer Meinung sind wir tatsächlich nicht immer. Die Vorhaben, über die wir entscheiden, sind manchmal sehr teuer, da müssen wir genau überlegen, wofür das Geld in der Stadt ausgegeben werden soll. Da gibt es einfach verschiedene Meinungen und jeder will sich durchsetzen. Das liegt auch daran, dass wir verschiedenen Parteien angehören. Aber wir bleiben immer fair und akzeptieren am Ende auch die mit Mehrheit getroffene Entscheidung. Das nennt man „demokratisch".

(Autorentext)

Wer vertritt als Stadtrat die Bürgerinnen und Bürger in eurem Wohnbezirk? Fragt die Stadtverwaltung oder eure Eltern oder Lehrer! Versucht mit ihm oder ihr Kontakt aufzunehmen oder einen Besuch zur Information zu vereinbaren! Erstellt ein Porträt von ihm oder ihr!

Herr Helle informiert in dem Interview über die Arbeit eines Stadtrates. Erarbeitet die Informationen im Einzelnen mithilfe der folgenden Aufgaben:

1. Beschreibt, worin die Hauptaufgabe eines Stadtratsmitgliedes besteht. Welche Schwierigkeiten können sich dabei ergeben?
2. Stellt fest, mit wem er es bei seiner politischen Tätigkeit zu tun hat.
3. Erklärt, was „Ausschüsse" sind.
4. Stadtrat Helle arbeitet nicht hauptberuflich als Politiker. Was bedeutet das einerseits für ihn persönlich und andererseits für seine politische Arbeit im Stadtrat?
5. a) Worauf ist zurückzuführen, dass die Stadtratsmitglieder nicht immer einer Meinung sind?
   b) Erklärt anhand der Aussage von Herrn Helle in seiner letzten Antwort, was der Begriff „demokratisch" bedeutet.

M 7 Der Bürgermeister/die Bürgermeisterin – das „Oberhaupt" der Stadt

Der Bürgermeister oder die Bürgermeisterin ist das „Oberhaupt" einer Stadt. In großen Städten ist dies der Oberbürgermeister bzw. die Oberbürgermeisterin. Sein oder ihr Arbeitsplatz befindet sich im Rathaus.

Ein Bürgermeister wird alle sechs Jahre von der Mehrheit der Bürgerinnen und Bürger gewählt. Diese wählen einen Kandidaten, von dem sie glauben, dass er sich für sie einsetzt und die Stadt gut vertritt. Der Bürgermeister versucht die politischen Entscheidungen so zu gestalten, dass sie den Erwartungen und Interessen der Bürger entsprechen. Er kann die Entscheidungen aber nicht allein treffen, sie werden, wie ihr schon erfahren habt, vom Stadtrat getrof-

fen. Der Bürgermeister bereitet die Stadtratssitzungen vor, lädt die Ratsmitglieder ein und informiert sie über die Tagesordnung. Bei den Sitzungen führt er den Vorsitz. Er ruft die einzelnen Punkte der Tagesordnung auf und erteilt den Ratsmitgliedern das Wort zur Diskussion. Schließlich lässt er abstimmen. Dabei hat er selbst auch eine Stimme.

Damit für die Menschen, die in der Stadt leben, gute Entscheidungen gefällt werden, muss der Bürgermeister sich bei den Themen sehr gut auskennen und gut informiert sein. Der Bürgermeister trägt also eine große Verantwortung und hat somit auch sehr viel Arbeit. Er kann aber nicht alles allein leisten. Deshalb stehen ihm viele Mitarbeiter im Rathaus zur Seite. Sie bilden die sogenannte Stadtverwaltung. Der Bürgermeister ist ihr Leiter und Vorgesetzter. So weist er die Mitarbeiter an, Vorschläge und Lösungen z. B. für den Standort, die Größe und Ausstattung einer neuen Schule zu erarbeiten. Er lässt Kosten berechnen, Pläne zeichnen und von Bauunternehmen Angebote für den Bau der Schule einholen. Die Stadtverwaltung muss dafür sorgen, dass die Entscheidungen, die der Stadtrat getroffen hat, auch richtig durchgeführt werden. Der Bürgermeister vertritt auch die Stadt nach außen. Er unterschreibt zum Beispiel stellvertretend für die Stadt Verträge und empfängt Gäste aus Partnerstädten, hält Reden bei Festen und gratuliert älteren Menschen zu „runden" Geburtstagen. Er ehrt die erfolgreichsten Sportler der Stadt und diskutiert mit Schulleitern über die Einrichtung von Ganztagsschulen. Als oberster Vertreter der Stadt hat er bei diesen vielen Aufgaben einen „full-time-job". Weil der Bürgermeister/die Bürgermeisterin die wichtigste politische Person der Stadt ist, achtet der Rat sehr genau auf das, was er oder sie sagt und tut, er „kontrolliert" also die Ausübung des Amtes.

(Autorentext)

1. a) Wie und für wie lange kommt ein Bürgermeister oder eine Bürgermeisterin in sein/ihr Amt? (M 7)
b) Wie lange dauert im Vergleich dazu die Amtszeit des Stadtrates (M 6)?

2. Stellt in einer Übersicht dar, was der Bürgermeister/die Bürgermeisterin mit dem Stadtrat zu tun hat. Schreibt dazu in die linke Hälfte einer Seite das Wort „Bürgermeister" und in die rechte Hälfte das Wort „Stadtrat". Zeichnet zwischen den Wörtern einen Pfeil, der vom Bürgermeister zum Stadtrat zeigt, und schreibt stichwortartig daran, welche Rolle der Bürgermeister dem Stadtrat gegenüber hat (M 7).

3. Begründet, warum dem Bürgermeister die Stadtverwaltung zur Seite steht und warum sie ihm untergeordnet ist (M 7).

4. Man sagt, dass der Bürgermeister der Repräsentant (Stellvertreter) einer Stadt ist. Worin kommt das zum Ausdruck?

Wenn ihr den Bürgermeister oder die Bürgermeisterin eurer Stadt und seine oder ihre Arbeit näher kennenlernen möchtet, empfehlen wir euch eine ***Erkundung****. Einen Besuch eurer Klasse im Rathaus und ein persönliches Gespräch mit dem Bürgermeister müsst ihr jedoch organisatorisch (Terminabsprache) und inhaltlich gut vorbereiten. Deshalb geben wir euch hier einige methodische Hinweise (M 8).*

Methode M 8 Erkundung

1. Vor der Erkundung müssen organisatorische Fragen geklärt werden: Legt einen Termin und einen Zeitrahmen für die Dauer des Besuches fest. Den Termin müsst ihr mit dem Büro des Bürgermeisters absprechen. Findet heraus, wie das Rathaus am besten zu erreichen ist und wie lange ihr für den Weg dorthin braucht.
2. Sammelt in Gruppenarbeit die Themen, über die ihr im Rahmen der Erkundung etwas erfahren wollt.
3. Tragt eure Ergebnisse zusammen und haltet sie schriftlich fest. Formuliert dabei schon genau die Fragen, die ihr stellen wollt.
4. Legt fest, wer aus der Klasse welche Fragen stellen oder Themen ansprechen soll, damit ihr nichts Wichtiges vergesst.
5. Die Ergebnisse der Erkundung müssen festgehalten werden. Einigt euch, wer die Aussagen des Bürgermeisters mitschreibt, wer Fotos macht und wer später das Gesagte formuliert und auswertet.
6. Wertet nach der Erkundung die Ergebnisse in der Klasse aus, indem ihr den Besuch noch einmal gemeinsam durchsprecht. Präsentiert die Ergebnisse z. B. auf DIN-A3-Blättern oder Tapetenstücken im Klassenraum oder an einer anderen geeigneten Stelle in der Schule. Gestaltet die Ergebnisse möglichst informativ, übersichtlich und interessant. Eine weitere Möglichkeit wäre, über die Erkundung einen Bericht für die Schülerzeitung oder die Lokalzeitung zu schreiben.

(Autorentext)

M 9 a Die Stadtverwaltung

Die Stadtverwaltung bearbeitet – wie ihr schon in M 6 und M 7 erfahren habt – kommunalpolitische Aufgaben für den Stadtrat und vor allem für den Bürgermeister. Die Stadtverwaltung, die sich manchmal auch im Rathaus befindet, ist aber auch eine wichtige Einrichtung für alle Bürgerinnen und Bürger. Sie erfasst diese schon von Geburt an, wenn für sie eine Geburtsurkunde ausgestellt wird, und ist auch danach noch bei bestimmten Anlässen für sie zuständig. Sie kümmert sich zum Beispiel darum, dass Kinder in den Kindergarten oder in die Schule gehen. Erwachsene brauchen die Stadtverwaltung zum Beispiel, wenn sie heiraten, einen Personalausweis benötigen oder ein Haus bauen wollen. Sie sorgt auch dafür, dass das öffentliche Leben in einer Stadt gut abläuft, dass z. B. die Haushalte mit Wasser versorgt werden, der Müll regelmäßig abgefahren wird, die Schüler mit Bussen zur Schule kommen und bei Bränden die Feuerwehr schnell am Einsatzort ist.

Die Stadtverwaltung ist in verschiedenen *Ämtern* organisiert. Darin arbeiten Beamte*

und Angestellte*, die für ihre Aufgabenbereiche spezialisiert sind. Im Erdgeschoss des Rathauses oder im Gebäude der Stadtverwaltung hängt oft ein Wegweiser an der Wand, der darüber informiert, wo im Haus welches Amt zu finden ist.
Die meisten Städte haben ihren Bürgern den Kontakt mit der Stadtverwaltung sehr erleichtert, indem sie im Eingangsbereich des Rathauses ein *Bürgerbüro* oder Bürgeramt eingerichtet haben. Dort können kleinere Angelegenheiten schnell erledigt werden oder man bekommt eine Auskunft. Schnell und unkompliziert können sich die Bürger auch über die *Homepage* ihrer Stadt im Internet mit der Stadtverwaltung in Verbindung setzen. Die Homepage informiert z. B. darüber, wofür welches Amt zuständig ist und welche Telefonnummer der entsprechende Sachbearbeiter hat. Manche Dinge lassen sich auch schnell online erledigen.
(Autorentext)

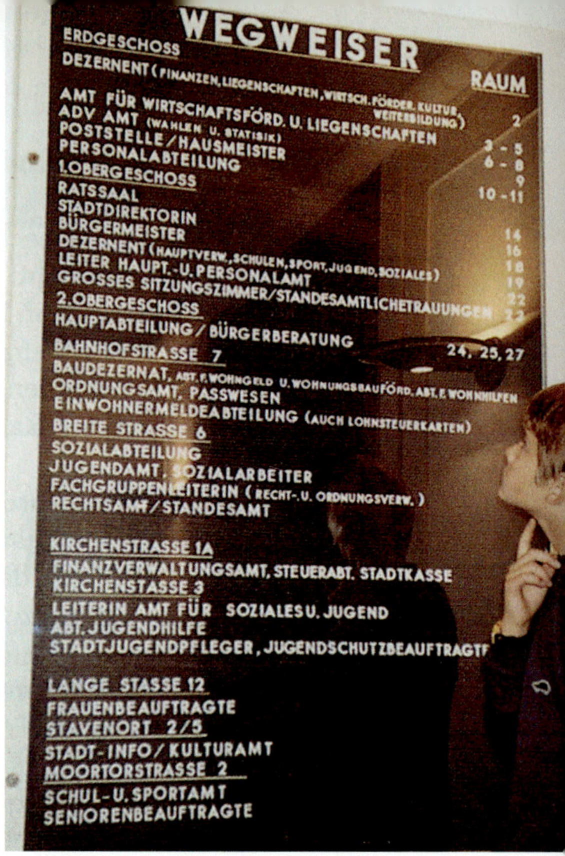

Wegweiser in einem Rathaus

M 9 b Welches Amt ist für diese Angelegenheiten zuständig?

Ich brauche einen neuen Personalausweis.

Die Biotonne ist zu klein für die Grünabfälle, es wird eine größere Tonne benötigt.

Der Nachbar mäht um 13.30 Uhr den Rasen, das Kleinkind kann deswegen nicht schlafen.

Frau Temme ist arbeitslos und weiß nicht, wie sie ihre Miete bezahlen soll.

Frau Müller möchte eine Garage für ihr Auto bauen lassen.

Mein Freund hat seine Geldbörse verloren.

Herr Toni will eine Pizzeria eröffnen.

Familie Huber hat einen Hund angeschafft. Die Hundesteuer ist fällig.

Wir wollen Spielgeräte auf dem Pausenhof unserer Schule aufstellen.

Alexander möchte seinen alten PC entsorgen.

(Autorentext)

1. Beschreibt die Aufgaben einer Stadtverwaltung, die in M 9 a dargestellt werden.

2. Wo und wie können sich die Bürger an die Stadtverwaltung wenden?

3. In M 9 b seht ihr verschiedene Anliegen, die in der Stadtverwaltung erledigt werden sollen. Ordnet die Anliegen den auf dem Foto des Wegweisers aufgeführten Ämtern richtig zu.

4. Geht auf die Internetseite eurer Stadt und prüft, wie ihr mit der Stadtverwaltung Kontakt aufnehmen könnt. Bei einigen Städten geht das über den Button „Rathaus online"; es ist aber von Stadt zu Stadt unterschiedlich.
   a) Versucht herauszufinden, welches Amt für einige der in M 9 b genannten Angelegenheiten, die ihr nicht dem Foto zuordnen konntet, zuständig wäre.
   b) Jeweils zwei von euch können ein Amt in der Stadtverwaltung besuchen und es später der Klasse näher vorstellen. Orientiert euch dabei an der Methode der Erkundung (M 8). Stellt dabei dem Leiter des Amtes z. B. Fragen zu folgenden Bereichen: Zahl der Mitarbeiter seinen Tätigkeiten an diesem Tag – ob der Tagesablauf typisch oder untypisch ist – seiner Hauptaufgabe – mit wem er häufig Kontakt hat (auch mit Kindern oder Jugendlichen?). Bringt ein Schriftstück oder Formular mit, das für dieses Amt typisch ist. Stellt dann das Amt in Form eines Steckbriefs vor.

M 10 Zusammenfassende Übersicht: So funktioniert die Kommunalpolitik

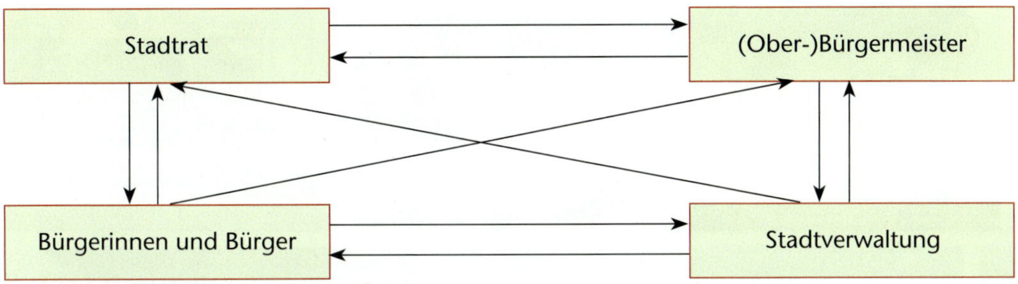

(Autorentext)

1. Die Bausteine der Kommunalpolitik in M 10 sind durch Pfeile miteinander verbunden. Nach eurer Arbeit mit den Materialien M 6, M 7 und M 9 müsstet ihr entscheiden können, welche der folgenden Beschriftungen zu welchem Pfeil gehört:

wählen (2x) | unterstützt | wenden sich an | sitzt vor | arbeitet für

leitet | kontrolliert | wichtige Einrichtung für | fasst Beschlüsse für

Übertragt das Schaubild in euer Heft und tragt dort die Beschriftungen ein.

2. Welcher Baustein ist eurer Meinung nach der wichtigste? Begründet eure Meinung.

2. Aufgaben von Gemeinden – ein Finanzierungsproblem

In den bisherigen Materialien habt ihr zum Teil schon erfahren, welche Aufgaben eine Stadt zu erledigen hat. Im Folgenden wollen wir diese etwas genauer betrachten. Dabei werdet ihr auch feststellen, dass die Finanzierung (Bezahlung) dieser Aufgaben nicht immer einfach ist.

M 11 Wofür die Stadt sorgt

M 12 Aufgabenbereiche einer Stadt

(Autorentext)

M 13 Eine Gemeinde hat viele Aufgaben – warum ist das so?

Eine Stadt errichtet Schulen und Kindergärten, lässt Straßen und Spielplätze bauen und Stadthallen, damit dort Konzerte und Theateraufführungen stattfinden können. Für Menschen, die ein Haus bauen möchten, werden Bauplätze erschlossen.

Diese und viele weitere Aufgaben erledigt eine Stadt für ihre Einwohner. Dafür gibt es verschiedene Gründe. Ein Grund ist der, dass ein Bürger allein oder auch eine kleine Gruppe von Leuten gar nicht in der Lage wäre, viele Einrichtungen mit eigenem Geld zu bezahlen. Wer kann sich schon ein *Hallenbad* in seinem Haus leisten? Es wäre auch viel zu teuer, wenn jede Familie eine eigene Erzieherin für ihre Kinder einstellen würde. Also müssen *Kindergärten* gebaut werden.

Nicht nur zu teuer wäre es, wenn jeder seinen eigenen Müll zu einer *Deponie* oder Müllverbrennungsanlage bringen müsste. Es wäre auch viel zu unbequem und unpraktisch. Wahrscheinlich würden deshalb viele Leute den Abfall einfach wegwerfen und die Landschaft verschandeln. Das sähe nicht nur unschön aus, sondern auch Böden könnten verseucht und die Gesundheit von Tieren und Menschen gefährdet werden. Wenn die Stadt solche Aufgaben nicht übernähme, würde vieles in Unordnung geraten.

Aus einem anderen Grund muss eine Gemeinde beispielsweise für die *Straßenbeleuchtung* sorgen. Denn wenn ein Bürger diese auf seinem Grundstück errichten würde, hätte ja nicht nur er den Nutzen vom

Schein der Straßenlaterne, sondern auch seine Nachbarn, ohne dass diese aber etwas dafür bezahlen würden. Also hielte er es für unsinnig, eine Straßenbeleuchtung anzulegen, wenn nur er die Kosten tragen müsste, aber auch andere einen Nutzen davon hätten. Wenn jeder so dächte, würde es keine Straßenbeleuchtung geben und es bliebe nachts stockdunkel. Damit sich aber die Bürger auch bei Dunkelheit einigermaßen sicher bewegen können (man denke an einen Sturz oder auch einen Überfall!), muss schließlich die Stadt für eine ausreichende Beleuchtung sorgen.

Grundsätzlich unterscheidet man *zwei Arten von Aufgaben* für eine Gemeinde. Die einen bekommt eine Stadt von ihrem Bundesland oder der Bundesregierung als *Pflichtaufgaben* auferlegt. So müssen Schulen gebaut werden, die Strom- und die Wasserversorgung sind sicherzustellen, ebenso die Entsorgung von Müll und die Instandhaltung von Straßen. Es sind Aufgaben, die erledigt werden müssen, um ein geregeltes Zusammenleben zu ermöglichen. Daneben gibt es die *freiwilligen Aufgaben*. Dazu zählen z. B. der Bau eines Hallenbades, der Betrieb eines Krankenhauses oder die Einrichtung einer Bibliothek. Das sind Einrichtungen, die für die Bürger einer Stadt nicht unbedingt vorhanden sein müssen, die aber das Leben für sie attraktiver und bequemer machen.

(Autorentext)

1. a) Beschreibt die in den Bildern von M 11 dargestellten Aufgaben, die eine Stadt für ihre Bürger wahrnimmt. Ordnet sie den in M 12 zusammengefassten Aufgabenfeldern zu.
b) Nennt weitere mögliche Einrichtungen, Anlagen oder Tätigkeiten einer Stadt und ordnet sie ebenfalls der Übersicht in M 12 zu.

2. In M 13 werden in Beispielen Gründe dafür genannt, warum eine Stadt viele Aufgaben für ihre Bürger übernimmt. Erklärt die Aufgaben mit euren Worten und fasst die Gründe knapp zusammen.

3. Welche zwei Arten von Aufgaben werden grundsätzlich unterschieden? Erklärt, nach welchen Gesichtspunkten man sie unterscheidet.

M 14 Viele Wünsche an die Stadt, aber wenig Geld in der Stadtkasse!

Der Vorsitzende eines Sportvereins:
„Unser Sportheim ist zu alt, der Putz in den Umkleidekabinen fällt schon von den Wänden. Außerdem ist es zu klein, wir haben in den letzten Jahren immer mehr Jugendmannschaften bekommen. Für Feiern brauchen wir einen neuen großen Gastronomiebereich. Also: Wir beantragen, ein komplett neues Sportheim zu bauen.“

Eine Jugendliche:
„Für uns Jugendliche müsste die Freizeit interessanter werden. Viele interessieren sich für Musik. Aber die Stars und tollen Gruppen spielen nur in großen Städten. Deshalb sollte die Stadt mindestens viermal im Jahr einen Bus bestellen und bezahlen, mit dem wir zu einem großen Konzert fahren können.“

Ein junger Familienvater:
„Ich wohne schon seit zwei Jahren mit meiner Familie in einem Neubauviertel. Auch andere Familien mit kleinen Kindern wohnen hier. Aber wo können diese spielen? Auf der Straße ist es zu gefährlich. Deshalb muss jetzt ein Kinderspielplatz gebaut werden."

Eine ältere Dame:
„Wenn ich spät abends von einem Besuch bei meiner Freundin nach Hause gehe, muss ich einen Gehweg benutzen, der nicht beleuchtet ist. Ich fühle mich unsicher und habe Angst, bedroht und überfallen werden zu können. Für die vielleicht nötigen zehn Laternen wird ja wohl noch genügend Geld da sein."

Ein Rentner:
„Für uns Senioren muss mehr getan werden. Die Zahl der Älteren nimmt immer weiter zu. Wir wollen genau wie die Jugendlichen zu unserem Recht kommen. Wenn diese schon ein ‚Haus der offenen Tür' haben, dann fordern wir eine Altentagesstätte."

Der Leiter der städtischen Musikschule:
„Ich möchte gern die Bigband vergrößern. Deshalb stelle ich den Antrag, zwölf verschiedene Musikinstrumente und Notenblätter neu anzuschaffen."

Ein Schulsprecher:
„Unser Schulhof ist öde und der Asphalt ist löchrig. Wir brauchen eine völlig neue Schulhofgestaltung."

Eine Mutter:
„Ich wohne mit meinen Kindern an einer viel befahrenen Straße. Es ist ein Wunder, dass noch kein Kind überfahren worden ist. Auch die Geschwindigkeitsbeschränkung von 50 Stundenkilometer nützt nichts. Deshalb muss die Stadt die Fahrbahn durch aufgestellte Blumenkübel und andere Vorkehrungen verengen."

Die Vertreter eines Leichtathletikclubs:
„Die Leistungen unserer Sportler müssen besser werden. Deshalb brauchen wir mehr Übungsleiter. Die Stadt soll das Geld zur Verfügung stellen, um sie bezahlen zu können."

Ein Sozialarbeiter:
„Aufgrund meiner Arbeit kenne ich in meinem Stadtteil viele Jugendliche aus sozial schwachen Familien, die noch nie im Ausland Urlaub machen konnten. Ich würde gern einmal mit ihnen nach Spanien fahren und dort auf einem Zeltplatz campen. Die Stadt müsste dazu einen Zuschuss geben, damit die Jugendlichen die Fahrt bezahlen können."

(Autorentext)

1. Lest die in M14 geäußerten Wünsche der Bürger. Die Stadt hat nicht genug Geld, um alle zu erfüllen. Führt eine „Fishbowl"-Diskussion (siehe M15) darüber, welche Wünsche eurer Meinung nach verwirklicht werden sollten und welche nicht oder nur teilweise.

2. Notiert die Gesichtspunkte, die in der Diskussion vorgebracht worden sind. Welche haltet ihr für die wichtigsten? Begründet eure Meinung.

Methode

M 15 Fishbowl-Diskussion

1. Eine Gruppe von Schülern diskutiert vor oder in der Mitte der Klasse über ein Problem. Ein jeweiliger Interessenstandpunkt kann von einem bestimmten Schüler vertreten werden.
2. Die übrigen Schüler der Klasse beobachten die Diskussionsgruppe (sie wird wie Fische in einem Aquarium beobachtet – daher kommt der Begriff „Fishbowl"-Methode).
3. Ein zusätzlicher Platz in der Diskussionsrunde kann unbesetzt bleiben. Hier kann jemand aus der Beobachtergruppe Platz nehmen, wenn er einen Beitrag leisten oder die möglicherweise stockende Diskussion voranbringen möchte.
4. Ein Schüler oder der Lehrer/die Lehrerin (L) leitet die Diskussion. Aufgaben und Regeln für die Moderation sind: das Wort erteilen; alle Meinungen zulassen; sich mit keinem der Diskutierenden verbünden; niemanden bevorzugen oder benachteiligen; für Ruhe sorgen, wenn es zu laut wird; die Diskussion abschließen und Ergebnisse zusammenfassen.
5. Die Beobachter geben nach der Diskussion eine Rückmeldung über das Verhalten der Diskutanten: Schauen die Gesprächspartner sich an? Reden sie verständlich? Lassen sie andere ausreden? Bringen sie überzeugende Argumente vor? Gehen sie auf Argumente des Vorredners ein? Bleiben sie beim Thema? Respektieren sie andere Meinungen?

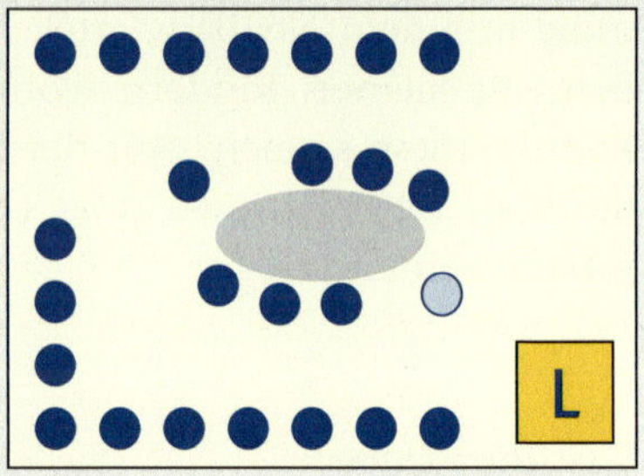

6. Die an der Diskussion nicht beteiligten Schüler notieren vorgebrachte Argumente bzw. Gesichtspunkte.

(Autorentext nach: Wolfgang Mattes, Methoden für den Unterricht, Schöningh Verlag, Paderborn 2002, S. 54)

3. Wie Kinder „Politik" machen können

In den beiden ersten Abschnitten habt ihr in Grundzügen gelernt, wie die Kommunalpolitik funktioniert. Das Fallbeispiel in M 1 – M 3 zeigt, wie Erwachsene Interessen von Kindern und Jugendlichen in kommunalpolitischen Entscheidungen vertreten haben. Das geschah aber eher zufällig auf Anregung von außen, die Politiker hatten das ursprünglich gar nicht so geplant. Die folgenden Materialien zeigen euch, welche Möglichkeiten einige Städte speziell für ihre Kinder und Jugendlichen geschaffen haben, um deren Interessen systematisch zu erfassen und zu berücksichtigen.

M 16 Kinderparlamente – das Beispiel der Stadt Hilden

Das Kinderparlament setzt sich aus gewählten Vertreterinnen und Vertretern aller Hildener Schulen zusammen und vertritt die Interessen der Kinder in Hilden. Die Vertreterinnen und Vertreter werden am Anfang jedes Schuljahres in den

- 3. und 4. Klassen der Grundschulen
- 5. bis 7. Klassen der weiterführenden Schulen

für ein Jahr gewählt. Danach kann die Amtszeit mit dem Einverständnis in der jeweiligen Klassenstufe um ein Jahr verlängert werden. Die gewählten Mitglieder treffen sich ca. einmal im Monat in den jeweiligen Arbeitskreisen.

Zweimal im Jahr findet unter dem Vorsitz des Bürgermeisters eine große Sitzung im Bürgerhaus statt. Hieran können alle Hildener Kinder teilnehmen, um ihre Fragen zu stellen und Wünsche zu äußern. Am Ende des Jahres fährt das gesamte Kinderparlament auf Abschlussfahrt. Die Mitglieder haben für diesen Tag schulfrei.

Beim ersten Treffen suchen sich die neuen Mitglieder einen der folgenden Arbeitskreise aus:

Das Logo des Kinderparlaments wird an einem städtischen Bus befestigt.

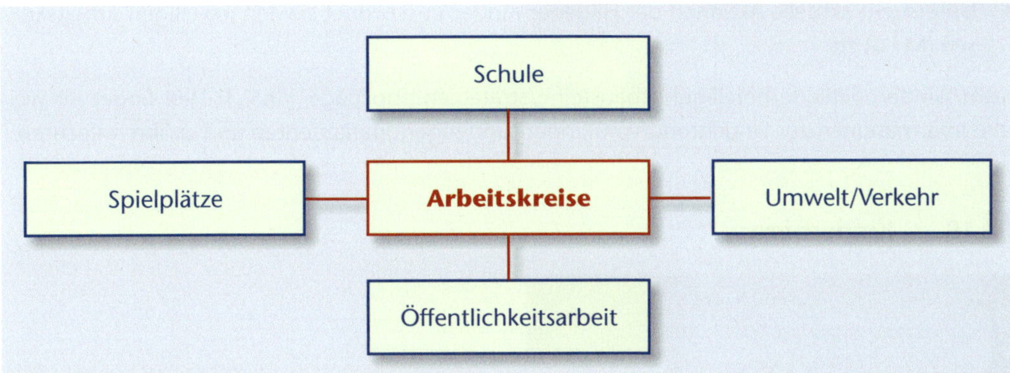

M 17 Beiträge von Schülervertretern in einer Sitzung des Kinderparlamentes

„An der Unterführung zur Wilhelm-Fabry-Realschule ist jeden Morgen ein Gedränge, denn wenn es geregnet hat, sind die Steine auf einem Stück ganz glatt. Da rutscht man dann runter. Am besten wäre es, wenn man alles aus festem Stein machen würde.“

„Wir wollen neue Toiletten an der GGS Kalstert.“

„Ich möchte, dass die Busfahrer der Linie 741 nicht einfach weiterfahren, wenn sie Kinder kommen sehen, sondern auf sie warten.“

„Einige Schüler aus unserer Klasse wünschen sich richtige Tore für den Fußballkäfig. Es gibt oft Streit, ob das nun ein Tor war oder nicht, weil man das nicht sehen kann.“

„Wir wünschen uns einen Zebrastreifen an der Kreuzung Köbener Straße/Steinhauer Straße, um zur Elbseeschule zu kommen.“

(M 16 und M 17 a auszugsweise entnommen: http://www.kinderparlament-hilden.de)

1. Welche Kinder können Mitglied im Kinderparlament von Hilden werden (M 16)?
2. Erklärt, warum es sinnvoll ist, dass die Mitglieder des Kinderparlaments sich auf verschiedene Arbeitskreise aufteilen (M 16).
3. Welcher Arbeitskreis müsste sich mit den in M 17 geäußerten Wünschen beschäftigen?

Internetrecherche – So könnt ihr mehr erfahren:
http://www.kinderparlament-hilden.de

- Wie viele Kinder sind in dem Parlament vertreten?
- Haben Lehrer bei der Besetzung des Parlaments auch etwas zu sagen?
- Wie gelangen die Wünsche der Kinder an die Kommunalpolitiker, die die Entscheidungen darüber treffen?
- Untersucht aktuelle Aktionen der Hildener Kinder und ordnet sie den jeweiligen Arbeitskreisen (M 16) zu.

http://kinderpolitik.de/beteiligungsbausteine/strategien.php?page_idb5_1: Hier findet ihr weitere Informationen zur Einrichtung von Kinder- und Jugendparlamenten und zu ihren Rechten.

M 18 Kinderbüro

Hallo und herzlich willkommen beim Kinderbüro, wir sind auf eurer Seite und vertreten eure Interessen!

Liebe Kinder,
Paderborn setzt sich ein für die Interessen der Kinder in dieser Stadt. 2001 wurde das Kinderbüro Paderborn eingerichtet, um eure Wünsche und Vorstellungen zu sammeln und möglichst viel davon wahr werden zu lassen.
Auf dieser Internet-Seite könnt ihr euch über die wichtigsten Fragen und Veranstaltungen informieren und gleichzeitig Anregungen geben, wie diese Stadt noch kinderfreundlicher werden kann. Jede Anfrage wird garantiert beantwortet, und vielleicht ergibt sich daraus ja sogar eine feste Zusammenarbeit.

(http://www.paderborn.de/microsite/jugendamt/kinderbuero.php)

1. Stellt fest, ob die in M 16 und M 18 dargestellten Möglichkeiten der Mitwirkung von Kindern in eurer Stadt vorhanden sind.

2. Wann würdet ihr eine Stadt als „kinderfreundlich" bezeichnen? Stellt Merkmale auf. Vielleicht habt ihr für eure Stadt oder euer Lebensumfeld Verbesserungsvorschläge oder weitere Wünsche. Um diese umzusetzen, gibt es verschiedene Möglichkeiten: Ihr könnt euch an ein Mitglied eures Stadtrates wenden oder dem Bürgermeister einen Brief schreiben. Falls vorhanden, könnt ihr euch an euer Kinderparlament oder Kinderbüro wenden. Oder ihr sammelt Unterschriften für eine Idee (siehe M 5).

Kompetenzcheck

1. Was gehört jeweils in die Lücken? Ergänzt in eurem Heft:

Der ___ entscheidet in allen politischen Angelegenheiten der Stadt. Seine Sitzungen leitet der/die ___. Dieser/diese wird alle ___ Jahre von den ___ gewählt.
Wenn Kinder sich einen Spielplatz wünschen, können sie sich an das in ihrem Stadtteil wohnende Mitglied des ___ wenden. Die Planung des Spielplatzes übernimmt die ___. Diese ist in verschiedenen ___ organisiert und hat ihren Sitz oft im ___.
Für eine Stadt gibt es ___ verschiedene Arten von Aufgaben. Die einen werden ihr als ___ auferlegt, die sie ausführen muss. Die andere Art von Aufgaben nennt man ___ Aufgaben. Im Stadtrat wird nach Diskussionen und manchmal auch im Streit ___ entschieden, ob man sie ausführen und wie viel ___ dafür ausgegeben werden soll.

2. Löse das folgende Worträtsel:

Das Ausfüllen der Kästchen musst du (in deinem Heft) in der Reihenfolge der Aufgaben von oben nach unten vornehmen.

1. In diesem Gebäude hat der Bürgermeister sein Büro.
2. Bezeichnung dafür, dass ein Ratsmitglied für seine politische Tätigkeit kein Gehalt bekommt, von dem es leben könnte.
3. Eine Gruppe von Mitgliedern im Stadtrat, die an einem speziellen kommunalpolitischen Themenbereich arbeitet und im Rat Lösungen vorschlägt.
4. Daran können Kinder sich mit ihren Wünschen wenden. (ü = ue)
5. Methode, bei der die Schülerinnen und Schüler ihre Stadt näher kennenlernen und schließlich ihre Ergebnisse präsentieren.
6. Wenn der Stadtrat mehrheitlich abstimmt und alle das Ergebnis akzeptieren, auch die, die nicht zur Mehrheit gehören, dann nennt man dieses Verhalten wie?
7. Der Begriff für die Politik, die sich um die Gestaltung des Lebensumfeldes der Bürger in einer Stadt kümmert, lautet?
8. Sie arbeitet für den Bürgermeister und ist auch für die Bürger da.

Das **Lösungswort** steht senkrecht in den rot umrandeten Feldern. Wie heißt es?

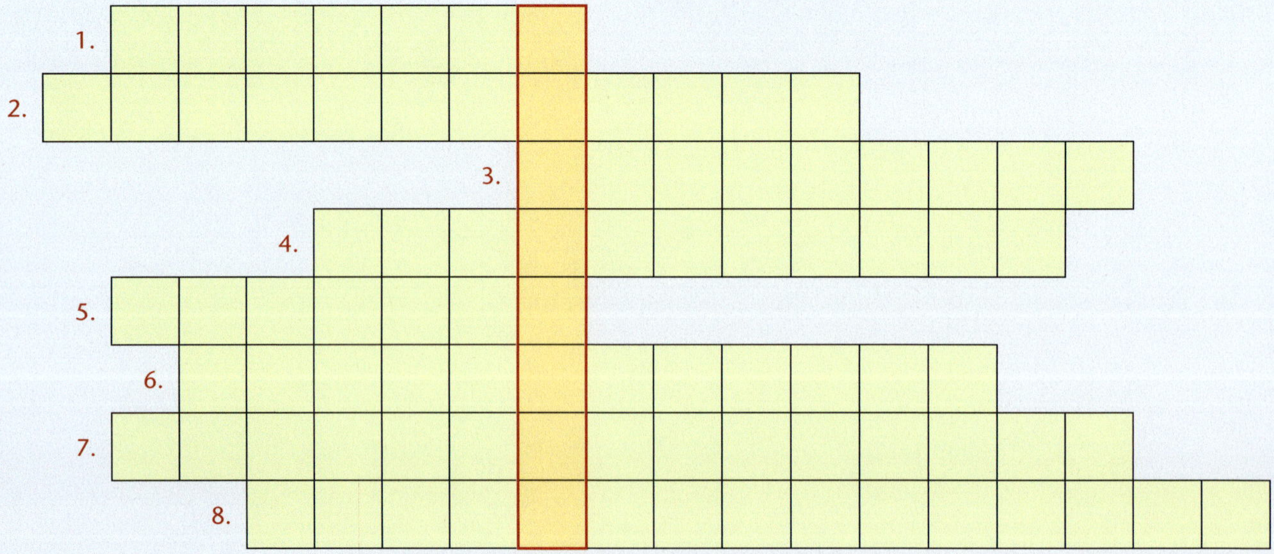

3. Welche Antwort ist richtig?

A Der Bürgermeister wird gewählt
a) vom Stadtrat
b) von den Bürgern
c) von der Stadtverwaltung

B Im Rat einer Stadt entscheidet bei Beschlüssen
a) die Mehrheit der Ratsmitglieder
b) immer die größte Partei
c) meistens der Bürgermeister

C Der Bürgermeister ist der Leiter
a) der Stadtverwaltung
b) der Schulen in einer Stadt
c) einer Partei im Stadtrat

D Ein Mitglied des Stadtrates
a) arbeitet in der Stadtverwaltung
b) setzt sich für die Interessen der Bürger ein
c) vertritt immer den Bürgermeister bei Festen

4. Ist die Stadt für die folgenden Angelegenheiten zuständig? Entscheide:

	Ja	Nein
Müll entsorgen	?	?
entlaufene Hunde suchen	?	?
Lebensmittelgeschäfte bauen	?	?
Plakate von Litfaßsäulen entfernen	?	?
Verkehr beim Unfall umleiten	?	?
Kinder in die Schule schicken	?	?
Schulbücher bestellen	?	?
Schulkreide bezahlen	?	?
Bademeister im Freibad anstellen	?	?
Ausweise ausstellen	?	?
Klassenfahrten bezahlen	?	?

5. Welcher Begriff auf der linken Seite entspricht dem Begriff auf der rechten Seite? Schreibt die einander entsprechenden Bausteine in euer Heft.

Kinderparlament	Ausschüsse
Arbeitskreise im Kinderparlament	Stadtrat
Kinderbüro	Bürger
Schüler	Bürgerbüro

6. Diskutiert: Kann man die SV an einer Schule mit einem „Stadtrat" vergleichen?

Bio-Tonne

„Die Erde ist unsere Mutter“ – Umweltschutz geht uns alle an

10

Zur Orientierung

Der Satz, den wir als Überschrift zu diesem Kapitel gewählt haben, stammt von einem bedeutenden Indianerhäuptling, der damit deutlich machen wollte, wie kostbar und schützenswert eine saubere Umwelt ist. Dies gilt für die heute lebenden Menschen, aber auch für alle künftigen Erdbewohner, also z. B. eure Kinder. Deshalb ist es wichtig, sich für den Erhalt einer sauberen Umwelt einzusetzen und Fehler im Umgang mit ihr zu vermeiden.

Nachdem im ***ersten Abschnitt*** *zunächst geklärt wird, was überhaupt mit dem Begriff Umweltschutz gemeint ist, wenden wir uns im* ***zweiten Abschnitt*** *dem Thema* ***„Müll“*** *zu, denn der Müll, den wir alle verursachen, ist für die Umwelt ein besonderes Problem. Ihr erfahrt, welche Arten von Abfall es gibt und was mit dem Abfall geschieht. Schließlich bekommt ihr ein paar Tipps, was ihr selbst an eurer Schule gegen die Abfallberge tun könnt.*

Im ***dritten Abschnitt*** *dreht sich alles um das* ***Wasser****. Hier erfahrt ihr, warum man vom Wasser auch als dem „kostbaren Nass“ spricht und warum es so wichtig ist, mit ihm sorgsam umzugehen. Euer erworbenes Wissen zu diesem Thema sollt ihr mithilfe eines Lernplakats auch für eure Mitschüler nutzbar machen. Je mehr Menschen über dieses Thema Bescheid wissen, desto besser.*

Kompetenzen

Nach der Erarbeitung des Kapitels solltet ihr Folgendes wissen und können:

- erläutern, was man unter Umweltschutz versteht;
- begründen, warum Umweltschutz jeden angeht;
- erklären, was mit unserem Abfall geschieht;
- eigene Ideen zum aktiven Umweltschutz entwickeln;
- ein Projekt zum Thema „Müll“ durchführen;
- erläutern, was man unter „Nachhaltigkeit“ versteht;
- erläutern, warum unser Trinkwasser so kostbar ist;
- darstellen, wie der Wasserkreislauf der Erde aus Salzwasser Süßwasser entstehen lässt;
- Sachtexte durch Anwendung methodischer Tipps erschließen;
- mithilfe eines Lernplakats Informationen geordnet erfassen und weitergeben.

1. Was bedeutet eigentlich „Umweltschutz“?

M 1 „Wir sind ein Teil der Erde“

Wir sind ein Teil der Erde

Auszüge aus einer Rede, die Häuptling Seattle 1855 an den Präsidenten der Vereinigten Staaten von Amerika gerichtet haben soll:

Jeder Teil dieser Erde ist meinem Volk heilig. […] Glänzendes Wasser, das sich in Bächen und Flüssen bewegt, ist nicht nur unser Wasser. […] Die Flüsse sind unsere Brüder – sie stillen unseren Durst. Die Flüsse tragen unsere Kanus und nähren unsere Kinder. […] […] Der Indianer mag das sanfte Geräusch des Windes, der über eine Teichfläche streicht – und den Geruch des Windes, gereinigt vom Mittagsregen oder schwer vom Duft der Kiefern. Die Luft ist kostbar für den roten Mann – denn alle Dinge teilen denselben Atem – das Tier, der Baum, der Mensch – sie alle teilen demselben Atem. […] Lehrt eure Kinder, was wir unseren Kindern lehren: Die Erde ist unsere Mutter. Was die Erde befällt, befällt auch die Söhne der Erde. Wenn Menschen auf die Erde spucken, bespeien sie sich selbst. Denn das wissen wir, die Erde gehört nicht den Menschen, der Mensch gehört zur Erde.

(Quelle: Seattle – Wir sind ein Teil der Erde, Walter-Verlag, Düsseldorf, 25. Aufl. 1994; © Dedo Weigert Film GmbH, München)

Häuptling Seattle (1786–1866) war der Anführer zweier Indianerstämme in Nordamerika. Er hat sich um ein friedliches Miteinander mit den weißen Siedlern bemüht und galt als sehr guter Redner. Nach ihm wurde die amerikanische Stadt Seattle benannt.

1. Erzählt mit eigenen Worten, wie Häuptling Seattle das Verhältnis seines Indianervolkes zur Natur beschreibt.

2. Was meint er wohl mit dem letzten Satz? Betrachtet dazu auch das Foto vom blauen Planeten auf S. 199.

M 2 Was verstehen wir unter Umweltschutz?

Wir leben in einer Umwelt, von der wir in hohem Maße abhängig sind. Wir brauchen saubere Luft zum Atmen, reines Wasser zum Trinken und [von Schadstoffen] unbelastete Nahrungsmittel zum Essen. Nachts brauchen wir Ruhe für einen erholsamen Schlaf. [...]

Unter dem Begriff „Umweltschutz“ lassen sich alle Bemühungen zusammenfassen, die der Bewahrung unserer Lebensgrundlagen dienen. Dazu gehört vor allem der Schutz von Wasser, Boden und Luft vor Umweltgiften und Ausbeutung sowie der Schutz der Pflanzen- und Tierwelt vor Zerstörung.

Der hohe Lebensstandard macht unser Leben leicht und angenehm. Die **Industrialisierung**, der zunehmende Verkehr und das Wachstum der Bevölkerung in vielen Teilen der Erde haben aber zu einer sehr großen Belastung der Umwelt durch Schadstoffe geführt. Autos, Fabriken, Heizungen und Kraftwerke blasen giftige Stoffe, die bei der Verbrennung von Öl, Kohle oder Gas und der Fabrikation von Materialien wie Kunststoffen, Metallen oder Chemikalien frei werden, in die **Luft**. [...] Abwässer aus den Haushalten und der Industrie verdrecken die **Bäche und Flüsse** und schließlich die **Meere**. Die Folge sind z. B. Fischsterben und die Gefährdung des Trinkwassers. Der **Boden** wird durch **sauren Regen**, Öl und Gifte belastet. Hierunter leiden zuerst die Pflanzen; so ist die Bodenversauerung ein Grund für das **Waldsterben**. Da auch [...] Äcker mit Giftstoffen belastet [sein können], trifft es den Menschen unmittelbar, wenn die Feldfrüchte verseucht sind.

Auch der **Lärm** von Autos, Flugzeugen und Fabriken muss genannt werden. Gerade in den Städten ist der Geräuschpegel so hoch geworden, dass viele Menschen nicht mehr richtig schlafen können. Müdigkeit, Nervosität, Gereiztheit und Krankheit sind die Folge. Ebenfalls problematisch ist die **Ausbeutung der Rohstoffe**. Ihre natürlichen Vorkommen werden immer geringer, während auf der anderen Seite die Müllberge wachsen, weil nach Gebrauch einfach alles weggeworfen wird.

Die Natur wird nicht nur durch Giftstoffe belastet; durch die Zerstörung von Lebensräumen und die Zerschneidung von Wäldern und anderen Landschaften durch Straßen, Siedlungen und Fabriken werden Naturgefüge gestört und Tier- und Pflanzenarten ausgerottet. [...]

(Bertelsmann Jugendlexikon, wissenmedia, Gütersloh/München 2004, S. 658f.)

Industrialisierung: der zunehmende Bau von Fabrikanlagen in einem Land

saurer Regen: Durch Verbrennung von Kohle, Gas oder Heizöl entstehen aufsteigende Gase, die sich mit der Luftfeuchtigkeit und den Wassertropfen der Wolken zu Säuren verbinden. Wenn diese durch Regenfälle wieder zur Erde zurückkehren, spricht man vom „sauren“ Regen.

Waldsterben: durch den sauren Regen verursachte Schädigung von Bäumen

(Autorentext)

1. Stellt die Bereiche unserer Umwelt heraus, die als besonders gefährdet angesehen werden, und erklärt auch die Gründe und Folgen, die angeführt werden. Fertigt dazu eine Übersicht nach dem folgenden Muster an:

Gefährdete Bereiche	Gründe	Folgen
Luft	...	...
...	...	...

2. Erklärt mit eigenen Worten, was man unter Umweltschutz versteht und wie seine Notwendigkeit begründet wird (M 1, M 2).

2. Wie aus Abfällen Müllberge werden – und was man dagegen tun kann

Abfälle begegnen uns allen auf Schritt und Tritt. Ob wir zur Schule oder zur Arbeit gehen, ob wir im Kino sitzen oder durch die Fußgängerzone schlendern, ob wir einen Waldspaziergang machen oder auf einem Spielplatz toben, überall liegen Dosen, Papiertüten oder Plastikflaschen herum, um nur einiges zu nennen. Dabei nervt der allgegenwärtige Abfall jeden.
Die folgenden Materialien informieren euch über das Ausmaß des Abfallaufkommens in Deutschland und möchten euch gleichzeitig anregen, etwas gegen den Müllberg zu tun, der durch unsere Abfälle entsteht.

M 3 a Welche Arten von Abfällen gibt es?

Um das Durcheinander der Abfälle, die wir Menschen produzieren, ordnen zu können, müssen wir erst einmal klären, welche Arten von Abfällen es gibt. Dabei konzentrieren wir uns auf die sogenannten **Siedlungsabfälle**, also Abfälle, die in Dörfern, Gemeinden und Städten anfallen. Dazu gehören z. B. Straßenkehricht, Baustellenabfälle, Garten- und Parkabfälle. Ungefähr drei Viertel der Siedlungsabfälle bestehen aber aus dem *Hausmüll* privater Haushalte, aus *Sperrmüll* und aus dem Abfall von Industrieunternehmen oder Handwerksbetrieben. Dieser Abfall wird *Gewerbeabfall* genannt, denn „Gewerbe" bedeutet die Gesamtheit aller Wirtschaftsbetriebe.
Je nach dem Ausmaß der Verschmutzung werden die Abfälle z. B. in Verbrennungsanlagen beseitigt oder sortiert und wiederverwertet. Das nennt man auch Recycling.
Der Hausmüll besteht aus verschiedenen Abfällen, z. B. aus Pappe, Papier, Glas, Textilien, aber auch aus Essensresten oder Bioabfall wie Apfel- oder Kartoffelschalen. Sperrmüll ist alles das, was an sperrigen, unförmigen Dingen in privaten Haushalten

anfällt und nicht in die Hausmülltonne passt, also beispielsweise nicht mehr benötigte Möbelstücke, Matratzen oder Teppiche. In den Gewerbebetrieben kommt es zu Kunststoffabfällen oder zu Holz- und Metallabfällen, aber auch zu Abfällen aus Pappe und Papier, aus Textilien, Glas und Leichtverpackungen aus Weißblech oder Aluminium.

(Autorentext)

Übertragt die folgende Grafik in euer Heft und vervollständigt sie mithilfe von M 3 a.

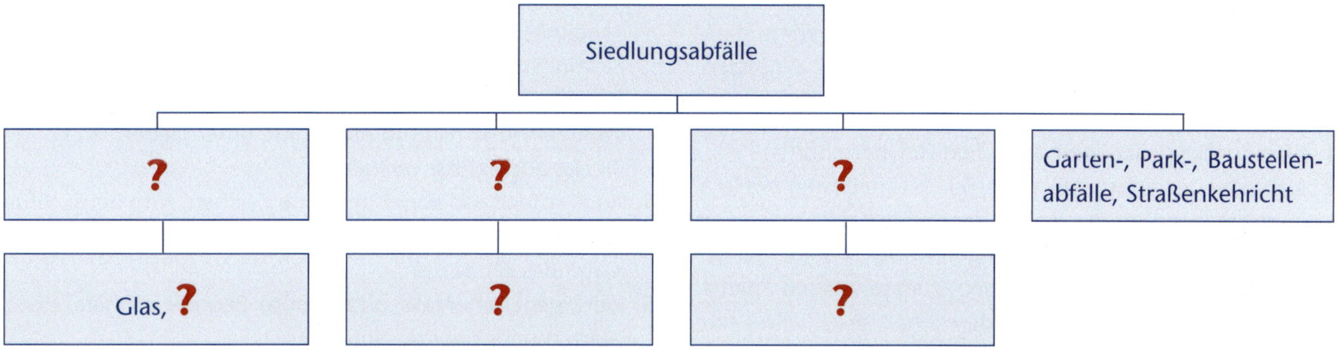

M 3 b Zusammensetzung der Abfälle 2009

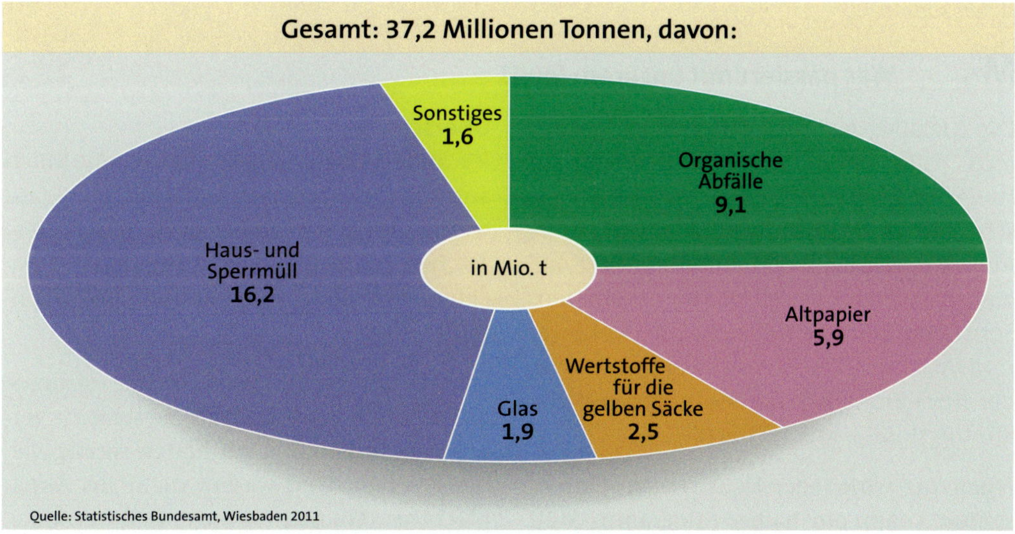

Formuliert die wichtigsten Informationen aus M 3 b als Aussagesätze.

Weil im Fach Politik/Wirtschaft – wie in den meisten anderen Fächern auch – viele Informationen anhand von Sachtexten vermittelt werden, ist es wichtig, eine Methode zu beherrschen, mit der man Informationen aus Sachtexten herausarbeiten kann. Dazu wollen wir euch mit M 4 eine Anleitung geben.

Methode M 4 Sachtexte erschließen

Sachtexte dienen dazu, Sachverhalte oder Vorgänge darzustellen. Damit ihr euch solche – manchmal schwer zu verstehende – Texte leichter erschließen könnt, hier einige praktische Tipps. Ihr könnt diese Tipps am besten umsetzen, wenn ihr eine Kopie des Textes vor euch liegen habt.

1. Klärt zunächst das Thema des Textes (Überschrift!).
2. Nach der genauen Lektüre des Textes (am besten zweimal lesen) markiert ihr nur die Schlüsselwörter des Textes. Das sind z. B. zentrale Begriffe („Signalwörter") oder Fachbegriffe (meist Nomen oder Verben) zum jeweiligen Thema. Diese sind wichtig, weil sie den Inhalt erschließen und „entschlüsseln" helfen.
3. Versucht die Gliederung (den Gedankengang) eines Sachtextes zu verstehen. Der Text hilft euch dabei durch Abschnitte und bestimmte Signalwörter („zuerst", „daraufhin" usw.). Benennt die einzelnen Textabschnitte am Rand in Stichworten oder sucht passende Überschriften. Wenn ein Text nicht in Abschnitte untergliedert ist, könnt ihr das auch selbst versuchen.
4. An den Textrand könnt ihr kleine Zeichen, zum Beispiel für besonders Wichtiges (!) oder Unverständliches bzw. zu Klärendes (?), setzen.
5. Klärt gegebenenfalls unbekannte Begriffe mithilfe eines Wörterbuchs oder des Internets.

(Autorentext)

An dem folgenden Material (M 5) wollen wir euch einmal zeigen, wie ein so bearbeiteter Text aussehen könnte.

M 5 Was passiert mit unserem Müll?

Die Metallstege unter unseren Füßen zittern, beißender Geruch erfüllt die große Halle, und die ratternden Maschinen erscheinen im schummrigen Licht wie unförmige Ungeheuer. Doch aufhalten darf uns das nicht. Denn er soll nicht entkommen. Sonst erfahren wir vielleicht nie, wohin er reist, nachdem er uns verlassen hat. Wer der Beschattete ist? Ein leerer, zerdrückter, ahnungsloser – Milchkarton!

Recycling kommt von englisch „to recycle" (wiederverwerten); das Wort bezeichnet die Wiederverwertung von meist aus wertvollen Rohstoffen bestehendem Abfall.
(Autorentext)

Jeden Tag wirft jeder Deutsche im Durchschnitt knapp ein halbes Kilogramm Müll weg, davon 150 Gramm in die gelbe Tonne beziehungsweise in den gelben Sack. Was damit passiert? Unsere Verfolgungsjagd soll das Geheimnis lüften.

Thema!

Überschrift: ?????

Rückblick: Erst einmal trinken wir die Milch aus, drücken den leeren Karton platt und werfen ihn in den gelben Sack. Schon diese Tat bestimmt den „Fluchtweg" der Verpackung. Sie gehört nun zur Sorte Recycling-Müll.

Hätten wir sie hingegen in die normale graue Tonne gesteckt, wäre sie schlicht verbrannt worden, und wir hätten sie nie wieder gesehen. Und warum nicht ins Altpapier? Das kam nicht infrage, weil Getränkekartons nicht nur aus Papier, sondern auch noch aus Aluminium und Kunststoff bestehen. Verpackungen aus solch einer Materialmischung nennt man „Verbundstoffe".

Müll zu sortieren, ist heute selbstverständlich. Doch fragt mal eure Eltern. Als sie so alt waren wie ihr jetzt, warfen sie ihren gesamten Abfall vermutlich noch in eine einzige Tonne. Die müffelnde – und dank alter Batterien oder leerer Farbtöpfe oft hochgiftige – Mischung landete auf riesigen Mülldeponien. Für die Umwelt bedenklich – und pure Verschwendung! „Das Gute am Trennen ist, dass wir viele Stoffe noch ein zweites Mal oder noch öfter nutzen können", erklärt Abfallexperte Professor Rainer Stegmann von der Technischen Universität Hamburg-Harburg. Und weil Rohstoffe immer knapper werden, steigt der Wert des Abfalls. Stegmann sagt: „Für eine Tonne Altpapier etwa bekommt man inzwischen bis zu 100 Euro. Und am Ende entstehen aus manchem Müll neue Gegenstände." Alte Tüten, Joghurtbecher und Plastikflaschen verbringen deshalb ein zweites Leben als Parkbank oder Kunststoffzaun. Trennen die Sortieranlagen besonders genau, also jede Plastiksorte einzeln, kann der Müll sogar wieder zu dem werden, was er früher einmal war. […]

Überschrift: ?????

Nachdem die Milchtüte im gelben Sack verschwunden ist, transportiert ein Müllauto sie ab. Wir nehmen die Fährte auf und gelangen zu einer von Abfallbergen gesäumten Halle – einer Sortieranlage im Süden Hamburgs. An einem dieser bunten Berge lädt der Wagen seine Ladung ab. Aus aufgerissenen Säcken rieseln Dosendeckel und Plastikflaschen die Abhänge der Verpackungshügel hinunter. Für uns Müllneulinge ein unübersehbares Durcheinander. Doch kaum sehen wir unseren Milchkarton aus einem der Säcke hervorblitzen, rammt schon ein Bagger seine Schaufel in den Berg. Er wuchtet die Ladung in eine große Luke. Dahinter geht es in die Halle. Und nun? Klar, wir müssen hinterher.

Überschrift: ?????

30000 Tonnen Müll durchlaufen die Halle im Jahr, rund 200000 gelbe Säcke täglich – und zwar rund um die Uhr. Etwa zwei Stunden braucht der Müll, um über Fließbänder, Magnete, Luftschleudern und Pressen durch die Anlage zu gelangen – auch unser Milchkarton. Und da ist er! Gerade hat eine Sackaufreißmaschine ihn von seiner gelben Hülle befreit und auf ein Fließband entlassen, auf dem er mit einem Tempo von knapp zwei Meter pro Sekunde an uns vorbeifährt. Wir traben hinterher. Glücklicherweise darf das Band nicht schneller laufen, sonst würden leichtere Abfälle wie leere Tüten im Fahrtwind davonfliegen. Wenige Augenblicke später verschwindet der Karton in einer zimmergroßen Metallkammer. Darin dreht sich eine Trommel mit großen und kleinen Löchern. Hier werden die Verpackungen nach Größen sortiert. Unser Milchkarton fällt durch eine der kleinen Öffnungen und landet – zusammen mit Joghurtbechern, aber ohne große Plastiktüten – auf dem nächsten Fließband.

Plötzlich steht das Band still. Mike Remer hat es angehalten und angelt ein braunes Band aus der Maschine. „Videokassetten!“, schimpft er. „Zurzeit werfen alle Leute ihre Videokassetten weg. Und die langen Bänder legen dann unsere Anlage lahm.“ Remer überwacht die Wege des Weggeworfenen schon seit zwölf Jahren. Während er spricht, fischt er ein altes Hemd vom Fließband. Da war ganz sicher niemals ein Grüner Punkt drauf. „Manche Leute schmeißen hier einfach alles rein“, berichtet er, „manchmal ist das ganz schön eklig.“ […]

Überschrift: ?????

Unbehelligt von dem Magneten, der etwa Konservendosen aus Weißblech aus dem Abfall zieht, gelangt unser Karton plötzlich ins Rampenlicht – genauer gesagt, unter Infrarotlicht. Der sogenannte Nah-Infrarot-Trenner erkennt an der Reflexion seiner Strahlen, welche Kunststoffsorte er vor sich hat – und zwar blitzschnell. Kaum hat er den Milchkarton gescannt, wird dieser 20 Zentimeter weiter von einem Luftstrahl in die Höhe katapultiert und landet auf einem Extra-Fließband. Das ist die Zielgerade! Jetzt ist unser Karton nur noch unter seinesgleichen – und nähert sich einer laut schnaubenden Maschine. Das Ungeheuer reicht bis fast unter das Hallendach und presst die Kartons zu einem Ballen zusammen. Mit Aberhunderten Schicksalsgenossen platzsparend zusammengequetscht, wird unser Karton nun von einem Gabelstapler auf einen Lastwagen gewuchtet. Es ist das letzte Mal, dass wir ihn in seiner annähernd gewohnten Gestalt betrachten können.

Der Grüne Punkt –
Duales System Deutschland GmbH

„Der Grüne Punkt“ ist das Markenzeichen des Unternehmens „Der Grüne Punkt – Duales System Deutschland GmbH“. Seine Aufgabe ist die Sammlung, Sortierung und Verwertung von gebrauchten Verkaufsverpackungen. Gesammelt werden diese Verkaufsverpackungen in der gelben Tonne oder dem gelben Sack, der Altpapiersammlung und dem Glascontainer.

Überschrift: ?????

Er macht sich nun auf seine letzte Reise – in eine auf die Verarbeitung von Verbundverpackungen spezialisierte Fabrik.

Hier endet auch unsere Jagd. Denn der Karton wird im Wasserbad in seine Bestandteile aufgelöst: Mit seinem gut brennbaren Kunststoff werden später Fabriköfen beheizt, das Aluminium landet in Zementmischungen und verleiht diesen die nötige Härte, und die Papierfasern werden wieder zu Kartons, Pappen oder Papier verarbeitet. Nichts davon ähnelt einem Milchkarton. [...]

(Verena Linde/Oliver Tjaden: Für die Tonne – was passiert mit unserem Müll? In: GEOlino Heft 3, März 2009, S. 54–58)

1. Prüft, ob ihr die Markierungen für sinnvoll haltet. Hättet ihr noch andere Passagen gekennzeichnet?
2. Vergleicht die Überschriften, die ihr für die einzelnen Abschnitte gefunden habt.
3. Beschreibt nun mithilfe von „Schlüsselwörtern" und „Überschriften" den „Weg des Milchkartons".
4. Warum wird ein solcher Aufwand bei der Mülltrennung betrieben? Gebt mithilfe des Textes einige Gründe dafür an.

M6 Tatort Schule

Obwohl der Müll allen stinkt, gibt es von Jahr zu Jahr mehr davon. Auch wenn der Müll getrennt gesammelt und vieles weiter verwertet wird – das allerbeste Müllkonzept ist und bleibt: Müll vermeiden. Auch in der Schule. Und damit sind wir beim Thema. [...] Denn obwohl Umweltunterricht in der Schule mittlerweile selbstverständlich ist und es viele gute Ratschläge hagelt, wie sich einzelne Leute am besten verhalten sollen: Kaum klingelt die Pausenglocke, ist es bei den meisten (inklusive vieler Lehrer und Lehrerinnen) mit den guten Vorsätzen

schon wieder vorbei: Am Kiosk warten aufwendig verpackte Süßigkeiten, Tetrapaks, Puddingbecher usw. – und am Ende der Pause sieht es dann meistens so aus, als würde die Müllabfuhr streiken. Am Nachmittag kommt der Hausmeister und macht alles wieder sauber, damit am nächsten Tag das Spiel von vorne beginnen kann. Der Pausenkiosk ist aber bei weitem nicht der einzige „Tat-Ort" an der Schule. In vielen Sekretariaten wird weder Papier gespart noch Umweltschutzpapier verwendet, die Kopierer spucken massenhaft einseitig bedruckte Blätter aus, zahlreiche Schüler und Schülerinnen schleppen in ihren Schultaschen kleine Sondermülldeponien mit sich herum: Tintenkiller, lösungsmittelhaltige Filzstifte und Marker, Radiergummis aus PVC u. v. m. Und wenn jede Schülerin und jeder Schüler in Deutschland nur 50 Tintenpatronen im Jahr verbraucht, ergibt das eine Müllmasse von ca. 200 Tonnen – so viel bringt eine stattliche Elefantenhorde mit ungefähr 50 Dickhäutern auf die Waage. Wenn auch an eurer Schule immer wieder der Müllnotstand herrscht, und wenn euch das ganz gewaltig auf die Nerven geht: Erteilt dem Abfall eine Abfuhr. An vielen Schulen hat das schon geklappt. Warum also nicht auch an eurer?

(http://www.greenpeace4kids.de/fileadmin/4_kids/user_upload/aktionen/mell/TOS-Muell.pdf)

1. Führt auf dem Hintergrund von M 6 ein Klassengespräch über die „Müllsituation" an eurer Schule (z. B. Zustand der Klassenräume, des Gebäudes, des Schulhofs). Gibt es Handlungsbedarf? Was ist bisher unternommen worden?

2. Was kann eure Klasse tun?
   a) Ihr könnt zunächst eine Fotodokumentation über die Müllsituation an eurer Schule erstellen.
   b) Dann müsst ihr überlegen, wie man die Menge dieser Abfälle verringern könnte.
   c) Sucht euch Aktionspartner wie z. B. die SV oder den Hausmeister oder holt euch Anregungen bei anderen Schulen. Hier ist das Internet eine große Hilfe. Auf den Seiten http://www.blinde-kuh.de findet ihr mithilfe der Suchmaschine sicher einige Ideen. Hilfreich ist auch die Seite http://www.umweltschule.de.

! Beachtet bei euren Überlegungen Folgendes: In der Umweltpolitik arbeitet man häufig mithilfe von zwei Prinzipien: dem ***Vorsorgeprinzip*** und dem ***Verursacherprinzip***. Bei der Anwendung des Vorsorgeprinzips will man Schäden von vornherein vermeiden: Man handelt ***vorsorglich***. Beim ***Verursacherprinzip*** werden diejenigen „bestraft" oder zur Verantwortung gezogen, die die Schäden ***verursacht*** haben. Inwieweit könnten diese beiden Prinzipien auch bei euch in der Schule Anwendung finden?

M 7 Nachhaltigkeit – eine Idee für die Zukunft

Der Begriff „Nachhaltigkeit“ stammt ursprünglich aus der Forstwirtschaft des 17. Jahrhunderts. Er bedeutet, dass man nicht mehr verbrauchen soll, als in der Natur nachwachsen kann. Am Mittelmeer zum Beispiel sind ganze Regionen ohne Wald, weil man in den letzten 2000 Jahren das Holz zum Schiffsbau und zum Heizen völlig verbraucht hat. Der Regen hat dann den ungeschützten Waldboden weggeschwemmt und nur noch Felsen hinterlassen, auf denen man nichts mehr anpflanzen kann. Heutzutage versteht man unter *Nachhaltigkeit*, dass auf die nachfolgenden Generationen, also auf unsere Nachkommen, mehr Rücksicht genommen wird. Auch sie brauchen Rohstoffe und Bodenschätze wie zum Beispiel Holz, Wasser, Erdöl, Kohle. Es gilt also immer noch der Leitsatz, dass wir nicht mehr ernten dürfen, als nachwachsen kann. Aber wir müssen auch dafür sorgen, dass unsere Umwelt nicht durch Fabrikabgase, Schmutzwasser oder Gifte geschädigt wird. Denn kranke Bäume zum Beispiel wachsen nicht so gut wie gesunde oder sterben ganz ab. Mittlerweile treffen sich Politiker aus der ganzen Welt, um zu beraten, wie man die Natur am besten schützen kann, damit die Lebensgrundlage für uns und unsere Nachkommen erhalten bleibt. Auch jeder von uns ist zum Mittun aufgerufen. Die Vereinten Nationen* haben die Jahre 2005–2014 deshalb zum Jahrzehnt der „Bildung für nachhaltige Entwicklung“ ausgerufen.

(Gerd Schneider/Christiane Toyka-Seid, http://www.hanisauland.de/lexikon/n/nachhaltigkeit.html)

1. Formuliert mit eigenen Worten, was mit dem Begriff „Nachhaltigkeit“ gemeint ist.
2. Findet Beispiele für „nachhaltiges Handeln“.

3. Ohne Wasser läuft nichts

Sauberes Wasser? Davon haben wir doch mehr als genug, oder? Wie sagte Häuptling Seattle noch? „Die Flüsse sind unsere Brüder.“ Doch der moderne Mensch gefährdet auf vielfältige Weise die Sauberkeit des Wassers.
In diesem Abschnitt geht es darum, euch noch näher mit dem scheinbar so vertrauten Element Wasser bekannt zu machen. Dabei werdet ihr erfahren, dass Wasser ein kostbares Nass ist, mit dem wir verantwortungsvoll umgehen müssen.

M 8 Wasser erfüllt wichtige Aufgaben

„Alles ist aus dem Wasser entsprungen und alles wird durch das Wasser erhalten.“
(J. W. Goethe)

Wasser ist einfach immer dabei: Beim Anblick eines leckeren Essens läuft es einem im Mund zusammen. Beim Heulen und auch beim Lachen schießt es aus den Augen. Bei Hitze tropft es aus den Poren. Es regelt die Körpertemperatur, löst und transportiert die Nährstoffe und schwemmt, was nicht mehr verwertet werden kann, aus dem Körper. Alle Lebewesen – Tiere, Menschen, Pflanzen – brauchen regelmäßig Wasser, um leben und wachsen zu können. Wasser ist Lebens- und Überlebensmittel. […]
Auch der menschliche Körper besteht zum größten Teil aus Wasser – zu über 60 Prozent. Dieses Wasser befindet sich in den Zellen. In jeder Körperzelle laufen lebenswichtige Stoffwechselreaktionen ab, die ohne Wasser nicht möglich wären. Deshalb kann ein Mensch zwar wochenlang auf feste Nahrung verzichten, aber nur wenige Tage ohne Wasser auskommen.

(http://specials.greenpeace.de/wassergeist/ohnenichts.html)

Zum Leben braucht der Mensch täglich 2,5 bis 3,5 Liter Wasser, wobei Wasser nicht nur in Form von Getränken, sondern auch über feste Nahrung aufgenommen wird. Obst und Gemüse zum Beispiel bestehen bis zu 90 Prozent aus Wasser, sind also auch wichtige Flüssigkeitslieferanten für den menschlichen Körper.
Wasser hat in allen Lebensbereichen eine entscheidende Funktion. Wasser ist **Lebensmittel** und **Nahrungsquelle**. Es ist **Lebensraum** für Pflanzen und Tiere. Es dient als

Wasser als: Trinkwasser/ Lebensmittel

Wasser als: ?

Wasser als: ?

Wasser als: ?

Wasser als: ?

Wasser als: ?

Wasser als: ?

Wasser als: ?

Wasser als: ?

Transportmedium für Güter aller Art. Wasser ist **Abfallträger** und **Abfallreiniger** zugleich. Es wird in der Industrie als **Rohstoff** genutzt, ist in Kraftwerken ebenso Mittel zur **Energieerzeugung** wie **Kühlmittel**. Landwirte und Gärtner brauchen es zur **Bewässerung** und viele Menschen nutzen es in vielfältiger Form zur **Erholung** und **Freizeitgestaltung**.
(Autorentext)

1. Beschreibt mit eigenen Worten, warum nach M 8 (erster Teil) „Wasser einfach immer dabei" ist.
2. Erläutert – auch mithilfe von Beispielen – die im zweiten Teil des Textes „fett" hervorgehobenen Begriffe.
3. Ordnet den Bildern die fehlenden Begriffe zu. Der Text hilft euch dabei.

M 9 Woher kommt unser Wasser?

Wenn man die Erde von einem Raumschiff aus betrachtet oder sich einen Globus anschaut, dann fällt auf, dass die Erde zu mehr als zwei Dritteln aus Wasser besteht und nur zu einem Drittel aus Land. Deswegen wird sie auch oft „blauer Planet" genannt. Von diesem Wasser kann aber nur ein ganz geringer Teil von uns Menschen als Trinkwasser genutzt werden. Den weitaus größten Anteil am gesamten Wasservorkommen, nämlich 97,5 %, hat das für uns Menschen ungenießbare Salzwasser, aus dem die Ozeane (Weltmeere) bestehen. Nur 2,5 % des gesamten Wasservorkommens auf der Erde besteht aus Süßwasser. Zur Veranschaulichung müsst ihr euch einen Tank mit 100 Litern Wasser vorstellen: Nur 2,5 Liter davon wären Süßwasser.
Aber von diesem auf der Erde befindlichen Süßwasser ist wiederum nur ein Bruchteil für uns Menschen verfügbar. Der größte Teil des Süßwassers ist Wasser, das in den Eiskappen der Pole oder den Gletschern der Hochgebirge als Eis gebunden ist und so dem Menschen nicht zur Verfügung steht. Das gilt auch für Wasser in der Atmosphäre, also Wasserdampf, und für das tiefgelegene Grundwasser. So bleibt für die menschliche Nutzung nur das Wasser aus Flüssen und Seen und höher gelegenen Grundwasserschichten übrig. Und das macht etwa 0,3 % des Süßwassers aus. Diesen Anteil könnt ihr euch so verdeutlichen: Stellt euch eine Badewanne mit 150 Litern Wasser vor. Davon entspricht ein halber Eimer oder etwa 4 Liter dem Anteil des Süßwassers auf der Erde. Und nur ein ganz kleiner Bruchteil davon kann wirklich als Trinkwasser genutzt werden.
(Autorentext)

1. Erklärt, inwiefern die Erde ein „blauer Planet" ist und warum trotz der gewaltigen Wassermassen auf der Erde nur ein sehr geringer Teil als Trinkwasser zur Verfügung steht.
2. Listet auf, welche Wasserarten unterschieden werden.
3. Ein besonderes Problem stellt die ungleiche Verteilung des Trinkwassers auf der Welt dar. Warum? Wer sich darüber näher informieren möchte, kann das z. B. auf folgender Internetseite tun: http://www.oekosmos.de/artikel/details/wasserknappheit-und-wasserverschwendung/

M 10 Der Wasserkreislauf

Der Wasserkreislauf der Erde lässt Süßwasser aus den riesigen Salzwasservorräten der Ozeane entstehen und sorgt so dafür, dass die Süßwasservorräte ständig erneuert werden. Angetrieben wird der Wasserkreislauf von der Sonne: Sonnenstrahlung lässt Wasser aus den Ozeanen, Seen und Flüssen, dem Boden und den Lebewesen *verdunsten*. So gelangt es in die Atmosphäre. Durch die Winde wird der Wasserdampf über die Erde verteilt, bis er irgendwo abkühlt, dadurch wieder flüssig wird und schließlich als *Niederschlag* (Regen, Schnee oder Hagel) wieder in Ozeane, Seen, Flüsse und in den Boden gelangt und von hier in die Lebewesen (Pflanzen, Bäume usw.). Ein Teil des Wassers versickert und führt zur Neubildung von *Grundwasser* (siehe Abbildung).

Eine wichtige Rolle im Wasserkreislauf spielen auch die Lebewesen, vor allem die *Wälder*: Wälder spielen die Rolle eines Schwammes, der das Wasser nach Regenfällen zurückhält und anschließend nach und nach wieder abgibt. Baumwurzeln halten den Boden fest, der Wasser speichert; Baumkronen geben Moosen und anderen Pflanzen Schatten, die Wasser speichern, und die Bäume verdunsten Wasser, das dann wieder als Niederschlag fällt – große Wälder machen also einen Teil ihrer Niederschläge selbst und beeinflussen weiträumig den Wasserhaushalt.

(http://www.oekosystem-erde.de/html/wasser.html; © Jürgen Paeger)

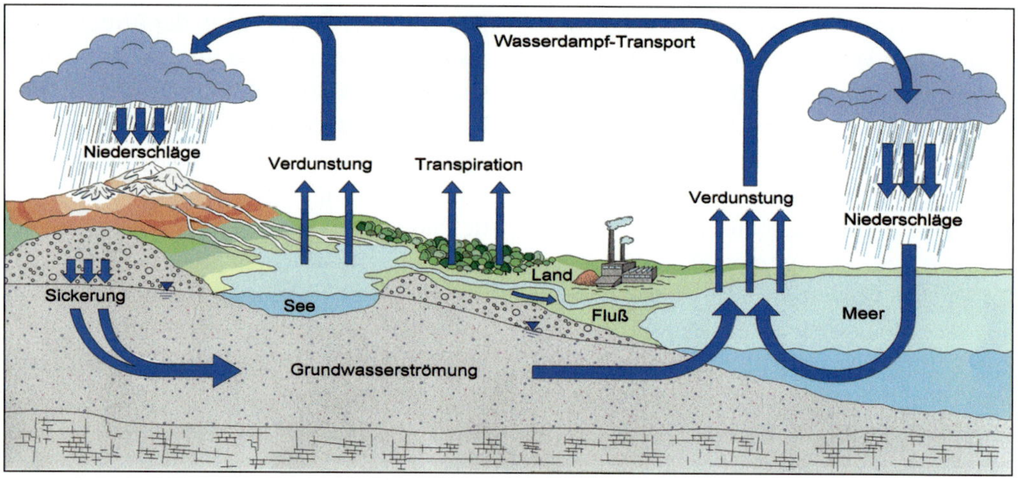

Die folgenden Sätze (a–f) geben an, wie der Wasserkreislauf funktioniert (M 10). Ordnet sie so, dass sie in der richtigen Reihenfolge stehen:

a) Auf der Erde findet sich Wasser in Seen, Ozeanen, Flüssen, im Boden und in Lebewesen.
b) Der Wind verteilt den Wasserdampf um die Erde.
c) Ein Teil des Wassers versickert im Boden und bildet neues Grundwasser.
d) Die Niederschläge kommen als Regen, Schnee oder Hagel wieder zurück.
e) Die Sonne lässt das Wasser verdunsten, es wird zu Wasserdampf.
f) Der Wasserdampf kühlt ab und wird flüssig.

M 11 Dafür nutzen wir unser Wasser

Wie viel Wasser verbraucht ein Mensch in Deutschland im Durchschnitt?

Der durchschnittliche Wasserverbrauch betrug 2010 pro Einwohner und Tag 123 Liter. Der Rückgang des Wasserverbrauchs seit 1990 ist auf ein verändertes Verbraucherverhalten zurückzuführen: in den privaten Haushalten durch Einsatz moderner Technik in Form von Wasser sparenden Haushaltsgeräten und Armaturen, in der Industrie durch Mehrfachnutzung und Wasserrecycling bei den Produktionsprozessen. Zusammen mit Belgien hat Deutschland den niedrigsten Wasserverbrauch in den Industriestaaten.

(http://www.bdew.de/bdew.nsf/id/DE_7DBKG6_Kennzahlen?open; leicht vereinfacht und aktualisiert)

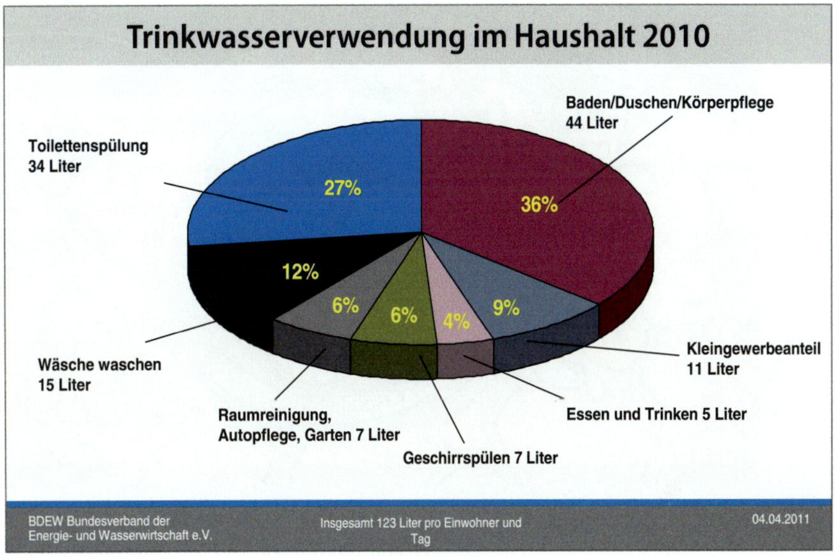

1. Wertet die Grafik zur Nutzung des Trinkwassers in Deutschland aus. Stellt eine Rangfolge nach der Höhe des Verbrauchs auf.

2. Gibt es Zahlen, die euch überraschen?

3. Wo seht ihr Möglichkeiten eines sparsameren Umgangs mit Wasser?

M 12 Wie kommt Trinkwasser in den Wasserhahn?

In vielen Gegenden wird Wasser aus Flüssen und Seen geholt. Jedoch kann man auch das unterirdische Wasser fördern. Wenn man dies tut, hat man einen Brunnen. Das geförderte Süßwasser kommt allerdings nicht direkt zu euch nach Hause. Zuerst wird es zum Wasserwerk geleitet. Ein Wasserwerk ist ein ganz normales Gebäude. Manchmal steht daneben ein Wasserturm. In diesem Turm wird dann das Wasser nach oben gepumpt. Durch den Druck, der dadurch entsteht, dass das Wasser aus dem Turm wieder abfließt, gelangt das Wasser zu den Haushalten. Heutzutage wird die Aufgabe der Wassertürme allerdings immer öf-

ter von elektrischen Pumpen übernommen. Im Inneren eines Wasserwerks sieht es aus wie in einer Fabrik. Hier wird das Wasser von Eisen und Kohlensäure gereinigt. Wasser, das aus Flüssen oder Seen kommt, muss natürlich noch zusätzlich gereinigt werden. Im Wasserwerk werden regelmäßig Wasserproben genommen und untersucht. Nur so kann gewährleistet werden, dass das Wasser von bester Qualität und gesund ist. Damit das gereinigte Wasser seine Güte behält und nicht nachträglich von Krankheitserregern verunreinigt wird, wird es noch desinfiziert, bevor es das Wasserwerk verlässt.

Zuletzt gelangt das Trinkwasser direkt durch Rohre in alle Haushalte. Dort wird es dann zum Waschen oder Spülen benutzt. Bei uns kann man das Wasser aus dem Hahn aber auch als Lebensmittel benutzen, denn es ist ja „Trinkwasser“. Das ist gut so. In anderen Ländern muss man sich sein Trinkwasser teuer im Supermarkt kaufen. Da das Trinkwasser bei der Benutzung im Haushalt verschmutzt wird, kommt unser Abwasser nicht einfach so zurück in die Natur. Bevor unsere Abwässer in einen Fluss oder See zurückgeleitet werden, müssen sie zuerst in einer Kläranlage gereinigt werden, damit wir unsere Umwelt nicht damit verschmutzen.

(http://www.ewr.de/partner/kinderseite/wie-kommt-trinkwasser-in-den-wasserhahn.html)

1. Bearbeitet den Text so, wie wir es euch zur Bearbeitung von M 5 (s. S. 192) vorgeschlagen haben (Thema, Schlüsselwörter, Fachbegriffe, Gliederung, Stichworte und Zeichen am Rand). Dazu müsste euch euer Lehrer oder eure Lehrerin eine Kopie des Textes anfertigen.

2. Haltet dann – vielleicht mithilfe der Bilder und einem Stichwortzettel – einen Kurzvortrag zum Thema des Textes.

M 13 Wasserverschmutzung vermeiden!

Bei uns kommt das Wasser heute wie selbstverständlich aus dem Wasserhahn. Kaum jemand denkt noch darüber nach, welchen Weg das Wasser durch Luft und Boden hinter sich hat und wohin es fließt, nachdem es im Ausguss verschwunden ist. Fäkalien*, Abfälle und scharfe Reiniger werden gedankenlos mit Wasser fortgespült, aber das Prinzip ist immer noch das gleiche: Wenn wir trinken, waschen, Rasen sprengen oder ein Schaumbad nehmen, entnehmen wir das Wasser nur eine Zeit lang dem Wasserkreislauf, benutzen es und geben es in den Wasserkreis zurück. Wasser wird nicht verbraucht, es wird gebraucht. Und unser Gebrauch hinterlässt viele Spuren.

(htm://kids.greenpeace.de/GP_DOK_3P/PUB_KIND/C=7K10B.htm)

M 14 Achtung, Fehlverhalten!

1. Erklärt die beiden letzten Sätze des Textes M 13 und zeigt auf, welche Folgen sich daraus für unseren Umgang mit Wasser ergeben.
2. Untersucht unter diesen Gesichtspunkten auch die Beispiele in M 14 und formuliert entsprechende Verhaltensempfehlungen!

Wenn ihr eure Mitschülerinnen und Mitschüler über eure Ergebnisse zum Thema „Wasser" informieren möchtet und zu einem vernünftigen Verhalten Anregungen geben wollt, könnt ihr das mit einem Lernplakat wirkungsvoll unterstützen. Dazu findet ihr hier einen Vorschlag.

Methode M 15 Lernplakat

Ein Lernplakat hält Wissenswertes in geordneter und übersichtlicher Form fest. Im Gegensatz zu einem Tafelbild bleibt es für längere Zeit sichtbar (hängt z. B. im Klassenraum aus) und ruft das Dargestellte allen immer wieder in Erinnerung. Damit das funktioniert, müsst ihr beim Erstellen des Plakats einiges beachten:

1. Schreibt nur das Wichtigste auf – und zwar leserlich und fehlerlos!
2. Schreibt möglichst keine Sätze, sondern nur Stichworte oder Halbsätze.
3. Gestaltet Hervorhebungen durch unterschiedliche Farben, besondere Formen (Kreise, Rechtecke, Dreiecke usw.) und unterschiedliche Schriften/Schriftgrößen.
4. Unterstützt die Aussagen auf dem Plakat durch Bilder und Zeichnungen.
5. Achtet auf einen übersichtlichen Aufbau.

Es ist sinnvoll, das Lernplakat zunächst als kleine Skizze zu planen und dabei die Größenverhältnisse zu beachten. Zeigt diese Skizze auch anderen und bittet sie um Verbesserungsvorschläge, bevor ihr das Plakat ausarbeitet.

Ihr könnt das Lernplakat auch gut in einer Gruppenarbeit anfertigen.

(Autorentext)

Beispiel für ein Lernplakat: „Wasser: das kostbare Nass"

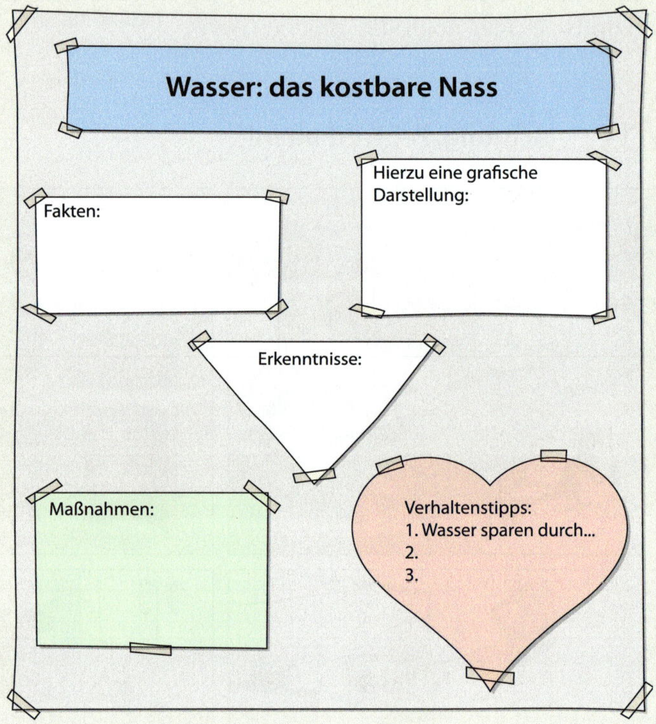

1. **Was ist richtig, was ist falsch?**

A Die Natur wird nur durch Giftstoffe gefährdet.

B Umweltschutz, das bedeutet den Schutz von Wasser, Boden, Luft, von Pflanzen und Tieren.

C Wenn jeder Schüler und jede Schülerin in Deutschland 50 Tintenpatronen pro Jahr verbraucht, ergibt das eine Müllmasse, die dem Gewicht von 50 Elefanten entspricht.

D Vorsorgeprinzip bedeutet, dass der Staat vorsorglich mehr Umweltschützer einstellt.

E Sperrmüll erzeugen ausschließlich private Haushalte.

F Etwa ein Drittel der Haushaltsabfälle bestand 2009 aus Haus- und Sperrmüll.

G Verpackungen, die in den gelben Säcken gesammelt werden, werden in einem besonderen Werk gereinigt und dann wieder als Verpackung genutzt.

H 97,5 % des Wasservorkommens auf der Welt sind ungenießbares Wasser.

I Die restlichen 2,5 % bestehen aus genießbarem Süßwasser.

J Die Deutschen verbrauchten im Jahr 2010 mehr Wasser zum Wäschewaschen als zum Kochen, Essen und Trinken.

K Das Verursacherprinzip im Umweltschutz bedeutet, dass nur der, der sich um die Umwelt kümmert, Umweltschutz betreibt.

2. **Zeichne mithilfe des folgenden Wortspeichers ein Schema, das den Wasserkreislauf darstellt.**

Wasserdampf, Niederschläge, Ozeane, Hagel, Wälder, versickern, Schnee, verdunsten, Grundwasser, speichern, Sonnenstrahlen, Regen

3. **Jemand behauptet: „Umweltschutz ist eine Aufgabe für Erwachsene!“ Was würdest du ihm antworten? Begründe deine Meinung!**

Jungen sammeln Elektroschrott zum Verkauf in Ghana (Afrika).

Afrikanische Kinder in der Schule (Sambia)

Zwei Mädchen nehmen an einem unicef-Projekt in Brasilien teil.

Indien: Diese Jungen stellen in einer Fabrik Feuerwerkskörper her.

Das Zuhause eines Mädchens in Indien

Junge holt Trinkwasser in Südafrika

Weit weg und doch ganz nah – Kinder in der „Dritten Welt“

11

Zur Orientierung

Die Fotos zeigen euch den Alltag von Kindern aus Ländern, die – wie man häufig sagt – zur „Dritten Welt“ gehören. Was dieser Begriff „Dritte Welt“ bedeuten soll, darüber werden wir im ***ersten Abschnitt*** *dieses Kapitels informieren.*
Im ***zweiten Abschnitt*** *des Kapitels werden wir näher behandeln, inwiefern in diesen Ländern häufig Armut herrscht und was das vor allem für die dort lebenden Kinder bedeutet.*
Im ***dritten Abschnitt*** *wird angesprochen, welche Organisationen sich beispielsweise für die Kinder der „Dritten Welt“ einsetzen und was ihr selbst tun könnt, um den Kindern zu helfen.*

Kompetenzen

Nach der Erarbeitung dieses Kapitels solltet ihr Folgendes wissen und können:

- erklären, was man unter dem Begriff „Dritte Welt“ versteht;
- erläutern, was unter „Armut“ verstanden wird;
- lebenswichtige Grundbedürfnisse nennen und die Bedeutung der Befriedigung der Grundbedürfnisse Nahrung, Gesundheit, Wohnung und Bildung für die Entwicklung von Kindern erklären;
- Folgen mangelnder Befriedigung dieser Grundbedürfnisse beurteilen;
- zu einem Thema in einer Gruppe erfolgreich arbeiten und die Ergebnisse der Gruppenarbeit vortragen;
- mögliche Ursachen für die Situation in den Ländern der „Dritten Welt“ erklären;
- Möglichkeiten der Hilfe für Kinder der „Dritten Welt“ diskutieren und Maßnahmen durchführen.

Ein Vorschlag zum Einstieg!

Schaut euch zunächst die Bilder auf den Auftaktseiten genauer an und überlegt mit eurem Banknachbarn, was euch an den Fotos besonders auffällt. Als Hilfestellung für eure Überlegungen sollen hier einige Anregungen gegeben werden:

- Aus welchem Land stammen die Kinder? (siehe Bildunterschriften)
- Wo liegt dieses Land? (siehe Weltkarte M 2)
- Wie alt sind die Kinder ungefähr?
- Womit beschäftigen sich diese Kinder gerade?
- Könnt ihr weitere Aussagen über das Leben dieser Kinder im Alltag machen?

Kinderalltag in der „Dritten Welt"

Wenn ihr beim Betrachten der Fotos das Interesse verspürt habt, mehr über den Alltag von Kindern in der „Dritten Welt" zu erfahren, geben wir euch einen Tipp: eine wichtige Organisation, die sich für das Wohl der Kinder in der ganzen Welt einsetzt, ist das Kinderhilfswerk der Vereinten Nationen*: **unicef*** (engl.: **u**nited **n**ations **i**nternational **c**hildren's **e**mergency **f**und). Auf der Internetseite dieser Organisation findet ihr viele Alltagsbeschreibungen von Kindern aus verschiedenen Ländern, wenn ihr nacheinander folgende Seiten im Internet aufruft:

- http://www.younicef.de./
- **for kids** (diesen Hinweis findet ihr am linken Rand oben – quer gesetzt)

Auf der aufgerufenen Seite findet ihr diese Abbildung.

1. Sucht euch die Alltagsbeschreibung eines Kindes aus der „Dritten Welt" aus (dazu müsst ihr auf den Button „Kinder der Welt" klicken), die sich gut mit eurem eigenen Tagesablauf vergleichen lässt.
2. Vergleicht den Tagesablauf dieses Kindes mit eurem Tagesablauf.

Weitere Hinweise für eine Internetrecherche:

- http://www.helles-koepfchen.de
- http://www.hanisauland.de/
- http://jugenddrittewelt.de

1. Wo liegt die „Dritte Welt“?

M 1 Eine Welt, Dritte Welt, Entwicklungsländer – was bedeutet das?

Der Begriff „Dritte Welt“ ist eigentlich nicht mehr richtig, wird aber immer noch häufig benutzt. Warum ist das so?

Bis ungefähr zum Jahr 1990 hat man eine Einteilung in eine „Erste“, eine „Zweite“ und eine „Dritte Welt“ vorgenommen. Zur **„Ersten Welt“** zählten vor allem die Länder der westlichen Welt (USA, Kanada, England, Frankreich, Bundesrepublik Deutschland u.a.), zur **„Zweiten Welt“** vor allem die osteuropäischen Länder (Ungarn, Polen, Bulgarien, Rumänien u.a.), Russland und auch die frühere Deutsche Demokratische Republik (DDR). Diese beiden Welten standen sich feindlich gegenüber. Die meisten Länder, die weder zum „Westen“ noch zum „Osten“ gehörten, bezeichnete man als Länder der **„Dritten Welt“**. Dazu gehörten vor allem Länder in Mittel- und Südamerika, Ozeanien, in Afrika und Asien. Die Feindschaft zwischen Ost und West besteht seit etwa 1990 nicht mehr. Eine Folge war, dass man den Ausdruck „Zweite Welt“ nicht mehr benutzte, sondern dazu übergegangen ist, nur noch von „Einer Welt“ zu reden.

Allerdings hat sich gezeigt, dass sich die Länder dieser „Einen Welt“ sehr unterschiedlich entwickelt haben. Daher hat man noch eine andere Aufteilung vorgenommen: die Einteilung in **Industrieländer, Entwicklungsländer und Schwellenländer.**

In **Industrieländern** gibt es viele Fabriken und Industrieanlagen; sie zeichnen sich aus durch Fortschritt z.B. im Bereich der wirtschaftlichen und technischen Entwicklung und den Wohlstand der Bevölkerung. In den **Entwicklungsländern** konnte sich aus vielen Gründen dieser Wohlstand nicht entwickeln – dort gibt es sehr viel Armut. **Schwellenländer** sind Länder, die sich im Übergang (*auf der Schwelle*) vom Entwicklungsland zum Industrieland befinden. Zu diesen Ländern gehören z.B. China, Indien, Brasilien, Argentinien, Mexiko.

Warum sagt man dann aber immer noch: Länder der „Dritten Welt“? Weil viele der heutigen Entwicklungsländer Länder dieser „Dritten Welt“ waren. In diesen Ländern leben etwa zwei Drittel aller Menschen.

(Autorentext)

1. Erklärt, wie der Ausdruck „Dritte Welt“ entstanden ist.

2. Was soll mit den Begriffen „Entwicklungsland“ und „Schwellenland“ zum Ausdruck gebracht werden?

M 2 Die Staaten der Erde

603 655 © Erich Schmidt Verlag

M 3 a Welche Länder zählt man zu den Entwicklungsländern?

Um festzustellen, welches Land man als ein Entwicklungsland bezeichnen kann, muss man einen Maßstab haben, an dem man das erkennen kann. Als wichtigstes Kennzeichen für ein Entwicklungsland wird oft das Pro-Kopf-Einkommen der Menschen in diesem Land angesehen. Diesen Maßstab haben die Vereinten Nationen* festgelegt. Was ist damit gemeint und wie berechnet man dieses Pro-Kopf-Einkommen in einem Land? Man zählt alle Einkommen/Löhne, die in einem Land verdient werden, zusammen und teilt diese Summe durch die Anzahl *„der Köpfe“* der Bevölkerung. Man erhält durch

diese Berechnung einen Durchschnittswert. *Beispiel:* In einem Land leben 1000 Menschen. Die Summe aller Einkommen/Löhne in diesem Land beträgt in einem Jahr 2000000 €; dann beträgt das Pro-Kopf-Einkommen in diesem Jahr 2000 €.
Damit man das Pro-Kopf-Einkommen aller Länder mit ihren unterschiedliche Währungen vergleichen kann, rechnet man diese Einkommen in US-Dollar um.
Im Jahr 2009 betrug die Höhe des Pro-Kopf-Einkommens in Deutschland ca. 30000 Dollar, das waren zu der Zeit ca. 20000 €. Damit steht Deutschland auf Rang 22 in der Welt.
In der Regel wird ein Land dann zu den Entwicklungsländern gezählt, wenn das Pro-Kopf-Einkommen 7000 Dollar und weniger im Jahr beträgt. Dabei ist hervorzuheben, dass nur die wenigsten Entwicklungsländer ein solches Pro-Kopf-Einkommen erreichen. Viele erreichen kaum 2000 Dollar, und die „am wenigsten entwickelten Länder" (engl. **L**east **D**eveloped **C**ountries, Abkürzung: LDC) erreichen nur 500 oder noch weniger Dollar.
In M3b findet ihr eine Tabelle der zehn reichsten und zehn ärmsten Länder im Jahr 2008.
(Autorentext)

US-Dollar ($): die amerikanische Geldeinheit; in Deutschland heißt diese Geldeinheit Euro (€). 1 Dollar entspricht 0,70 Euro (Stand: 16.5.2011).

M3b Die reichsten und ärmsten Länder der Welt (2008)

Die reichsten Länder der Welt	Pro-Kopf-Einkommen	Die ärmsten Länder der Welt	Pro-Kopf-Einkommen
1. Luxemburg	64320 $	10. Togo	820 $
2. Norwegen	58500 $	9. Mosambik	770 $
3. Kuwait	52610 $	8. Sierra Leone	750 $
4. Brunei Darussalam	50200 $	7. Zentralafrikan. Rep.	730 $
5. Singapur	47940 $	6. Niger	680 $
6. USA	46970 $	5. Eritrea	630 $
7. Schweiz	46460 $	4. Guinea-Bissau	530 $
8. Niederlande	41670 $	3. Burundi	380 $
9. Schweden	38180 $	2. Liberia	300 $
10. Österreich	37680 $	1. Kongo	290 $
…			
22. Deutschland	30200 $		

(zusammengestellt aus: http://de.wikipedia.org/wiki/Pro-Kopf-Einkommen)

1. Erklärt, was im Text M3a mit Pro-Kopf-Einkommen gemeint ist.
2. „Pro-Kopf-Einkommen" ist eine Durchschnittszahl. Worüber sagt diese nichts aus?
3. Bittet eure Lehrerin/euren Lehrer um eine vergrößerte Kopie der Karte M2 und kennzeichnet die in M3b aufgezählten Länder. Wo befinden sich hauptsächlich die ärmsten und die reichsten Länder?

2. Armut in der „Dritten Welt“ – was heißt das?

M4 Entwicklungsländer haben viele Gesichter

Berichte über Länder in Afrika oder Asien, die uns in Europa erreichen, handeln fast nur von Kriegen, Katastrophen, Korruption [Bestechung], Elend, Vertreibung oder Zerstörung der Umwelt. Aber dieses Bild, das wir uns [...] machen, ist verzerrt. Entwicklung in Afrika, Asien oder Lateinamerika hat viele Gesichter, hässliche und schöne. Und sie hat von Land zu Land ein anderes Gesicht. Was wissen wir in Europa eigentlich von den Ländern, die wir „Entwicklungsländer“ nennen? Wie erfahren wir etwas vom *Leben und Alltag der Menschen dort*? Zum Beispiel aus Zeitungs- und Fernsehberichten. Aber Nachrichten von dort müssen schon besonders „interessant“ sein, um zu uns zu gelangen. Mit anderen Worten: Was wir von den Entwicklungsländern erfahren, ist nicht das Alltägliche, sondern das Außergewöhnliche, ist nicht die Regel, sondern die Ausnahme. [...]

Erfahren wir etwas über den Stundenplan von Kindern in Kamerun, über die Spiele von Kindern in Vietnam, über den Speiseplan einer Familie in Mexiko, über Sportvereine in Gambia? Nur dann, wenn es einen Hauch von Exotik oder Sensation hat: Wunderläufer aus Kenia gewinnen Gold bei Olympischen Spielen, kolumbianische Kinder basteln sich Spielzeug aus Abfällen, Schulunterricht in Kamerun wird unterm Affenbrotbaum gehalten.

Tyra nimmt an einem unicef-Projekt in ihrer Heimat Belize teil.

Seien wir ehrlich: Wir wissen fast nichts vom Leben der Menschen in Afrika und Asien. Aber wie es bei uns nicht nur Wohlstand und Zufriedenheit gibt, so gibt es in den Ländern Asiens und Afrikas nicht nur Elend und Not, Hunger und Armut, Kriege und Katastrophen. Das Leben der meisten Menschen in Entwicklungsländern ist anders, als wir es uns vorstellen. Die Mehrzahl der Menschen dort kann sich täglich satt essen, hat Schulen besucht, hat ein ordentliches Dach über dem Kopf und Arbeit, die das Auskommen sichert. Es sind Menschen, die lachen und tanzen und Feste feiern, die stolz sind auf ihren Staat, auf ihr Land, das wir unterentwickelt nennen.

(Welt im Wandel. Armut im Süden – Verschwendung im Norden, Omnia Verlag Köln, 5. Aufl. 1996, S. 4f.; Verf.: Claus D. Grupp)

- In M4 wird darauf hingewiesen, dass Entwicklungsländer „viele Gesichter“ haben. Fasst mit eigenen Worten zusammen, was der Autor zu bedenken geben will, wenn man Berichte über Entwicklungsländer liest oder hört.

M 5 Wann Menschen arm sind – die Bedeutung der „Grundbedürfnisse“

Obwohl wir wissen, dass Menschen in den Entwicklungsländern unter sehr unterschiedlichen Bedingungen leben, wird es in den folgenden Materialien darum gehen, die Lebensverhältnisse der Menschen, insbesondere der Kinder, zu untersuchen, denen es nicht so gut geht, die in Armut leben. Doch was bedeutet das genau?

Wie schon in M 3 gesehen, haben viele Entwicklungsländer ein niedriges Pro-Kopf-Einkommen. Das führt dazu, dass sich viele Familien das Allernotwendigste, was man zum Leben braucht, nicht leisten können: genügend Nahrung und Kleidung, eine Wohnung. Man sagt dann auch, diese Menschen leben in *absoluter Armut*, da sie ihre *Grundbedürfnisse* nicht befriedigen können. Außerdem gehört zu diesen Grundbedürfnissen auch, dass Menschen im Krankheitsfall ein Recht auf ärztliche Versorgung (Gesundheit) haben und ein Recht auf schulische Bildung.

Diese Art der Armut ist in den Entwicklungsländern weit verbreitet. Um zu erfassen, wie viele Menschen in absoluter Armut leben, hat man dafür einen Maßstab festgelegt: In absoluter Armut leben alle Menschen, die weniger als 1,25 US-Dollar pro Tag zur Verfügung haben. Das klingt schrecklich und ist es auch. Dass Menschen überhaupt damit leben können, liegt u.a. daran, dass die Güter in Entwicklungsländern, die man für das Überleben kaufen muss, viel preiswerter sind als bei uns.

In den Industrieländern wie Deutschland sind die Grundbedürfnisse der meisten Bewohner befriedigt, viele Menschen leben sogar im Überfluss. Es gibt diese absolute Armut hier also kaum noch. Wenn in Industrieländern Armut auftritt, spricht man deshalb von *relativer Armut*; das heißt, dass diese Menschen ihre Grundbedürfnisse befriedigen können, aber im Vergleich zum Durchschnitt der Bevölkerung ein deutlich geringeres Einkommen haben.

(Autorentext)

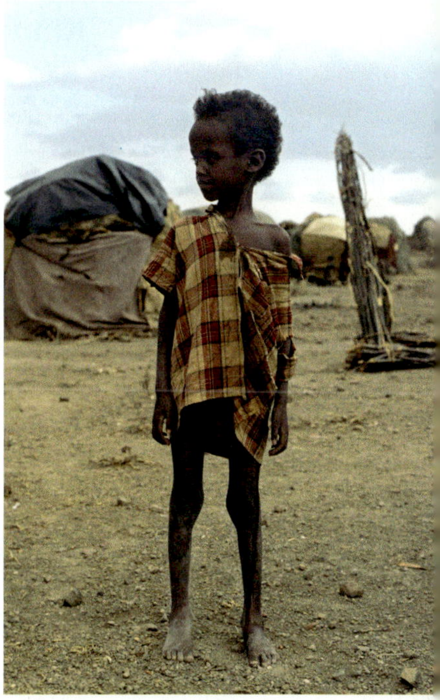

Kinder in der Suppenküche „Arche“ in Berlin

M 6 Kinderarmut

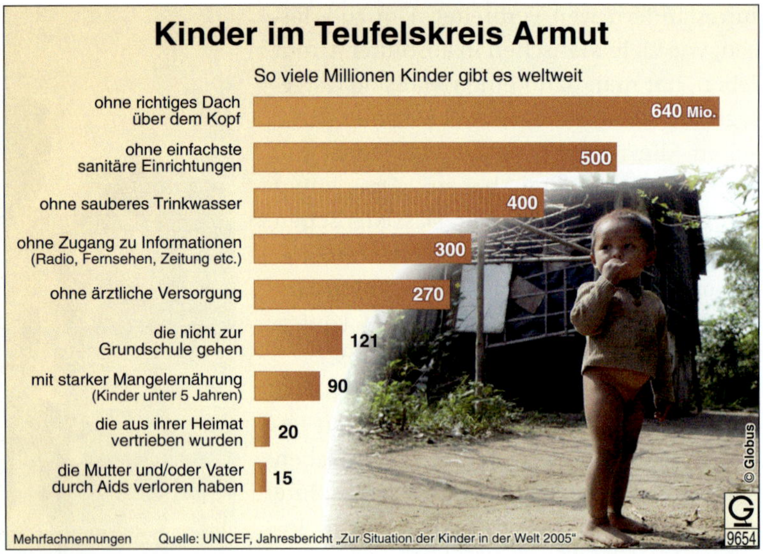

Von Armut betroffen sind besonders die Kinder in der Dritten Welt. Vielen Kindern dort geht es nicht gut. Zu diesem Ergebnis kommt eine Untersuchung des Kinderhilfswerkes der Vereinten Nationen*, unicef*, deren Ergebnisse ihr in der Grafik wiederfindet. In vielen Ländern werden die schlechten Lebensverhältnisse durch Bürgerkriege und die Krankheit AIDS* noch wesentlich verschlimmert. In den Bürgerkriegen (siehe Kasten unten) werden zudem häufig Kinder als „Kindersoldaten" (vgl. S. 228) missbraucht. Über die Krankheit AIDS informieren wir genauer in M 10 b.

(Autorentext)

Bei einem **Bürgerkrieg** handelt es sich um eine bewaffnete Auseinandersetzung zwischen den Bürgern eines Landes oder Staates. Zwei oder mehrere Gruppen bekämpfen sich. Die Gründe dafür sind unterschiedlich. Oftmals werden Bürgerkriege geführt, um die Verhältnisse in einem Land gewaltsam zu verändern. Ein Grund dafür kann sein, dass eine Gruppe die Regierung stürzen will, um selbst die Macht im Staat zu erhalten, oder ein Teil der Menschen möchte einen eigenen Staat bilden.
In solchen Auseinandersetzungen sterben häufig sehr viele Menschen. In der Öffentlichkeit gibt es eine Diskussion, ob sich ausländische Staaten in solche Bürgerkriege einmischen dürfen und sollen, um menschliches Leid zu verhindern.

(Autorentext)

1. Erklärt, was man unter „absoluter" und „relativer" Armut versteht (M 5), beschreibt dabei die Situation von Kindern in Entwicklungsländern im Vergleich zu Industrieländern.

2. Ordnet die ersten sieben Merkmale in der Grafik in M 6 den euch bekannten Grundbedürfnissen zu (M 5).

Im Folgenden haben wir zu den vier Grundbedürfnissen (Nahrung, Gesundheit, Wohnung, Bildung), die ihr schon kennengelernt habt (vgl. Kapitel „Bedürfnisse"), jeweils Informationen zusammengestellt (M 8 – M 13). Wir schlagen vor, diese Informationen in selbstständiger Gruppenarbeit zu erarbeiten und die Ergebnisse anschließend der Klasse „vorzutragen".
Wenn die Gruppenarbeit und der Vortrag der Ergebnisse erfolgreich sein sollen, muss man einige Gesichtspunkte beachten. Deshalb haben wir hier die Methode der Gruppenarbeit beschrieben (mit Hinweisen zur Bearbeitung zum Thema „Grundbedürfnisse").
Die Regeln für einen erfolgreichen Vortrag könnt ihr M 18 entnehmen.

Methode M 7 Gruppenarbeit

Zu unterscheiden ist grundsätzlich zwischen Gruppenarbeit, bei der alle Gruppen dieselbe Aufgabe zu bearbeiten haben (das nennt man „arbeitsgleiche" Gruppenarbeit), und Gruppenarbeit, bei der die Gruppen unterschiedliche Aufgaben bearbeiten (das nennt man „arbeitsteilige" Gruppenarbeit). Für den folgenden Abschnitt dieses Kapitels sollen die Materialien, die sich jeweils auf eines der vier Grundbedürfnisse **Nahrung, Gesundheit, Wohnung** und **Bildung** beziehen, auch jeweils von einer bestimmten Gruppe bearbeitet werden, also werdet ihr eine „arbeitsteilige" Gruppenarbeit durchführen. Es müssen also mindestens vier Gruppen in eurer Klasse gebildet werden, von denen jede sich mit einem der vier Themen beschäftigt. In einer Gruppe sollten nicht mehr als 5 Personen sein.

Die folgenden Hinweise solltet ihr zusammen mit eurer Lehrerin/eurem Lehrer besprechen:

1. Es muss bei der Planung entschieden werden, welche Gruppe welches Thema bearbeitet, wie sich die einzelnen Gruppen zusammensetzen und in welcher Zeit man die Aufgaben zu bearbeiten hat.
2. In der jeweiligen Gruppe muss dann festgelegt werden, welche besonderen Aufgaben der Einzelne in der Gruppenarbeit übernimmt. Alle sollen gleichberechtigt an den Gruppengesprächen teilnehmen. Zudem ist es jedoch möglich, dass ein Schüler z. B. die wichtigen Aussagen während der Gruppenarbeit schriftlich festhält (protokolliert), ein anderer die Gruppengespräche leitet, wieder ein anderer die Ergebnisse vorträgt und beobachtet, ob die Regeln (s. u.) oder der Zeitplan eingehalten werden.
3. Es sollte dann auch entschieden werden, wie ihr eure Ergebnisse euren Mitschülern mitteilen wollt, z. B. als Vortrag mit ausgearbeiteten Folien, oder ob sogar ein „Markt der Möglichkeiten" angeboten wird.

Diese Regeln solltet ihr für eine erfolgreiche Gruppenarbeit beachten:

1. Einer hilft dem anderen.
2. Andere Meinungen werden geduldet und angenommen.
3. Jeder hört dem anderen zu.
4. Persönliche Angriffe und Beleidigungen sind verboten.
5. Jedes Gruppenmitglied wird einbezogen.
6. Die Arbeit konzentriert sich auf das Material und die Aufgaben.
7. Die anderen Gruppen werden nicht abgelenkt.
8. Jede Gruppe bemüht sich um eine stille Arbeit.
9. Abstimmungen in der Gruppe werden von den Gruppenmitgliedern angenommen.
10. Diese Regeln werden beachtet.

Wenn ihr wollt, könnt ihr anschließend auswerten, wie eure Gruppenarbeit geklappt hat. Die Gruppenarbeit sollt ihr eigenständig durchführen und eure Lehrerin/euren Lehrer nur dann fragen, wenn etwas unklar ist oder unverständlich erscheint.

(Autorentext)

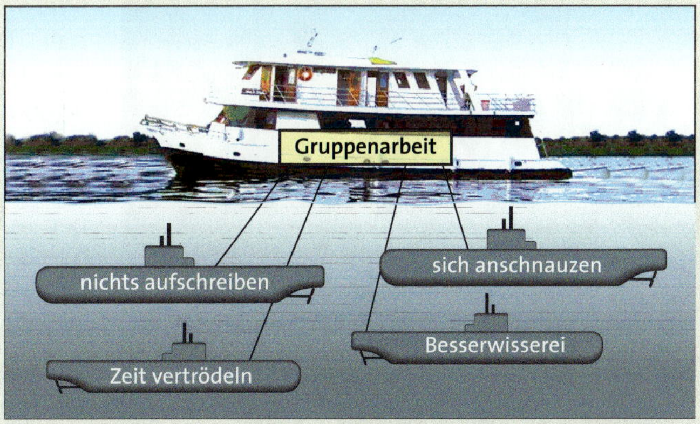

„Gruppengift" – unbedingt vermeiden!!

Grundbedürfnis Nahrung

M 8 a Hunger und Unterernährung in der Welt

Rund eine Milliarde Menschen (1 000 000 000) weltweit leiden unter Hunger. Diese Zahl gibt die Welternährungsorganisation **FAO** (Food and Agriculture Organization) der Vereinten Nationen* für das Jahr 2009 an. Die meisten vom Hunger betroffenen Menschen leben in Entwicklungsländern. Hunger ist das Bedürfnis bzw. Verlangen nach Aufnahme von Nahrung und führt zu heftigen Schmerzgefühlen. Länger andauernder Hunger kann zum Tod führen. Durch entsprechende Nahrungsaufnahme wird dieses Bedürfnis befriedigt.

Unterernährung tritt nach Erklärung der FAO dann ein, wenn die tägliche Nahrungsaufnahme für einen längeren Zeitraum unter der Grenze liegt, die für einen gesunden Körper und ein aktives Leben benötigt wird. Fortdauernde Unterernährung ist häufig nicht auf den ersten Blick sichtbar. Zwar sind viele der betroffenen Menschen dünn, aber nicht unbedingt abgemagert. Aber auch dort, wo Menschen nicht fortwährend oder nur über kürzere Zeit Hunger leiden, können sie durch sogenannte Mangelernährung schwer erkranken oder sogar sterben. Von Mangelernährung spricht man dann, wenn in der Zusammensetzung der Nahrung wichtige Nährstoffe (z. B. Mineralien, Vitamine, Fette) fehlen. So gibt es z. B. in den Entwicklungsländern in Asien Menschen, die sich lediglich von Reis ernähren können.

(http://www.welthungerhilfe.de/was ist Hunger.html)

M 8 b Die Folgen von Hunger

Die Folgen von Hunger und Unterernährung sind gravierend. Wie viele Menschen auf der Welt an den Folgen von Hunger und Unterernährung sterben, weiß niemand genau. Doch man geht von täglich 25 000 bis 30 000 Menschen weltweit aus. Nach Angaben von unicef* sterben insgesamt pro Jahr 9,2 Millionen Kinder unter fünf Jahren aus unterschiedlichen Gründen. Ungefähr ein Drittel der Kindertodesfälle, also ca. 3 Millionen Kinder pro Jahr, geht auf die Unterernährung (von Mutter und Kind) zurück. Zudem hat fortwährender Hunger und dauernde Unterernährung weitere Auswirkungen. Der Körper gleicht unzureichende Ernährung dadurch aus, dass er körperliche und geistige Aktivitäten einschränkt. Kinder werden teilnahmslos und der Hunger raubt ihnen ihre Konzentrationsfähigkeit. Ihre körperliche und geistige Entwicklung wird beeinträchtigt. Die Mangelernährung trägt dazu bei, dass die Abwehrkräfte des Körpers abgebaut werden, sodass den Kindern der Schutz vor Infektionskrankheiten* fehlt.

(http://www.welthungerhilfe.de/hunger-ausmass-folgen.html)

M 9 So viele Hungernde gibt es

Wie die FAO im Welthungerbericht 2009 mitteilte, stieg die Zahl der Hungerleidenden 2009 [...] auf 1,02 Milliarden, das sind 100 Millionen Menschen mehr als 2008 und ist der höchste Wert seit 1970. Damit steht die Realität in krassem Gegensatz zu den im Jahr 2000 formulierten Zielen der Vereinten Nationen*, nämlich die Zahl der Hungernden bis 2015 zu halbieren. Die meisten unterernährten und hungernden Menschen leben in Entwicklungsländern.

(Nach: http://www.faz.net/-01tv67; gekürzt und bearbeitet; Abruf: 5.8.2010)

M 9 a

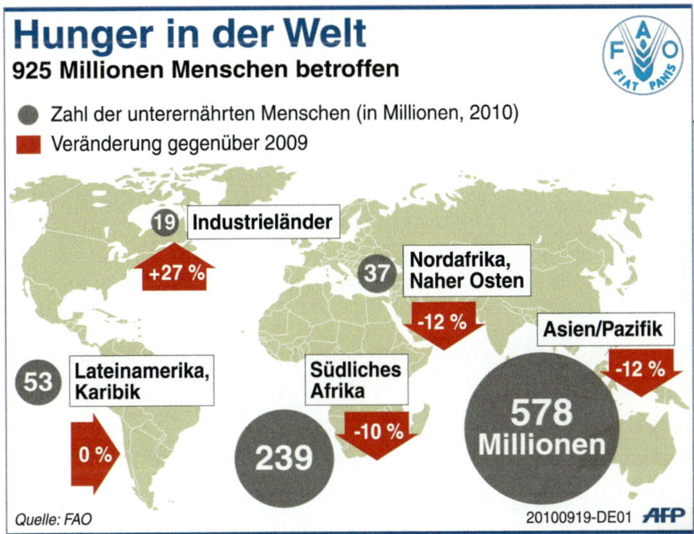

M 9 b

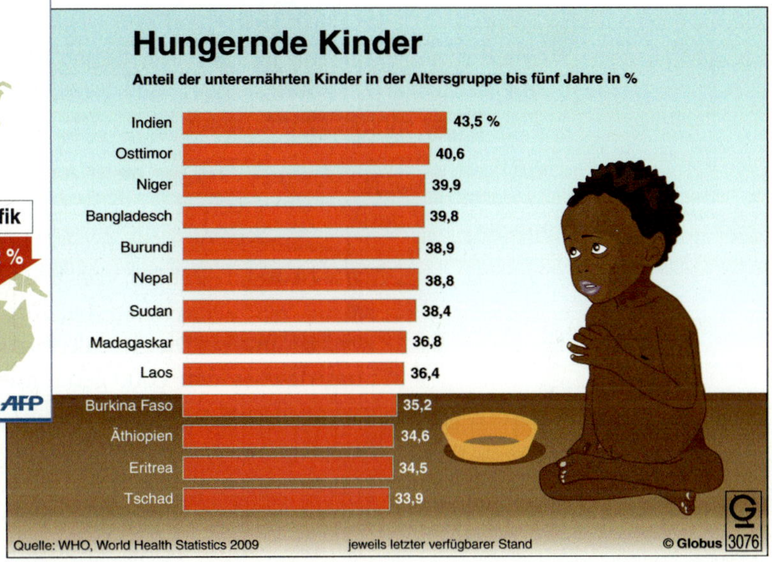

1. Erklärt die Begriffe Hunger und Mangelernährung (M 8 a).
2. Beschreibt die Folgen, die sich vor allem bei Kindern durch Hunger und Mangelernährung ergeben (M 8 b).
3. Zeigt auf, in welchen Ländern der Anteil der hungernden und unterernährten Menschen sehr hoch ist. Wie hat sich die Ernährungssituation in der letzten Zeit entwickelt? (M 9 a und b)
4. Recherchiert im Internet nach weiteren Informationen für eure Mitschülerinnen und Mitschüler zum Thema „Grundbedürfnis Nahrung". Gut verständliche Informationen (Texte und Grafiken) findet ihr auf der Internetseite: http://www.welthungerhilfe.de

Grundbedürfnis Gesundheit

M 10 a Trotz Erfolgen: Noch immer sterben jährlich 8,8 Millionen Kinder

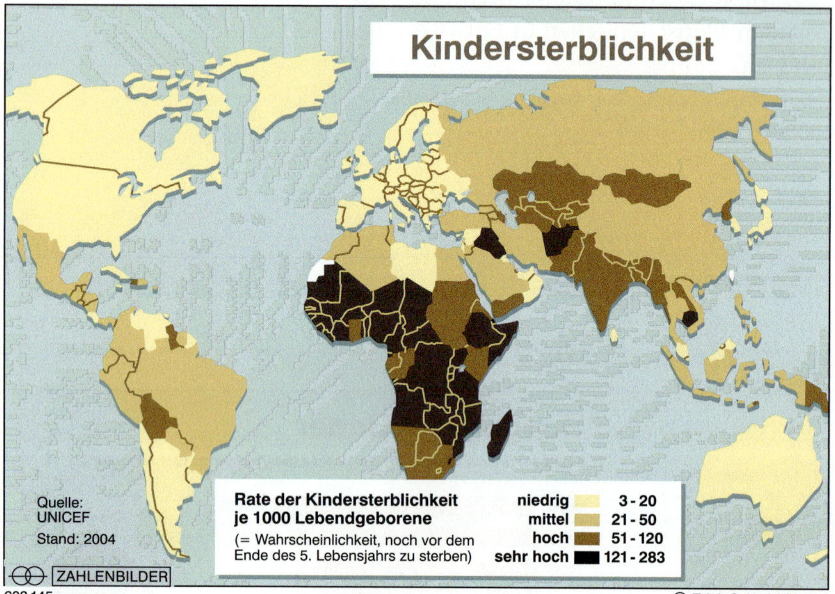

603 145 © Erich Schmidt Verlag

Den neuesten Zahlen von unicef* zufolge ist die Sterblichkeitsrate bei Kindern deutlich gesunken. Die Sterblichkeitsrate sagt aus, wie viele von 1 000 geborenen Kindern wahrscheinlich noch vor dem 5. Lebensjahr sterben. Es sterben noch immer jährlich 8,8 Millionen Kinder. Besonders tragisch: Zu den häufigsten Todesursachen gehören vermeidbare Krankheiten wie Durchfall oder Lungenentzündungen. Die Gefahr, sich z. B. durch unsauberes Wasser mit Krankheiten anzustecken, ist groß. In vielen Fällen kommt Mangelernährung hinzu. Auch Malaria* und AIDS (siehe M 10 b) kosten viele Kinder das Leben. Die Weltgesundheitsorganisation **WHO** (**W**orld **H**ealth **O**rganization) spricht von Krankheiten, die durch Armut entstehen. Aber es gibt große regionale Unterschiede. Sehr viele Todesfälle von Kindern unter fünf Jahren gibt es laut unicef allein in Afrika und Asien. In Südafrika, das weltweit am meisten von AIDS betroffen ist, stieg die Kindersterblichkeit sogar an. Etwa 40 Prozent der Todesfälle gibt es nach Angaben der unicef in den drei bevölkerungsreichen Ländern Indien, Nigeria und Demokratische Republik Kongo. Das Land mit der höchsten Kindersterblichkeit ist das durch Bürgerkrieg (vgl. M 6, S. 214) stark betroffene Land Sierra Leone in Westafrika, wo von 1 000 geborenen Kindern 270 Kinder vor dem fünften Lebensjahr sterben.

Insgesamt aber hat sich die Situation auf der Welt verbessert. Unicef meint, dass der weltweite Rückgang der Kindersterblichkeit zum einen auf einen besseren Impfschutz gegen Krankheiten (z. B. gegen Masern), zum anderen auf den Einsatz von Medikamenten gegen Lungenentzündung und Durchfall zurückgeht. Auch die Gabe von Vitamin A zur Stärkung der Abwehrkräfte und die Anwendung von Moskitonetzen zum Schutz vor Malaria* tragen zu diesem Rückgang bei. Beispiel: In Malawi schlafen heute 25 Prozent aller Kinder unter fünf Jahren unter einem Moskitonetz; im Jahr 2000 waren es nur 3 Prozent. Moskitos sind Stechmücken, die Malaria* übertragen können. Auch bessere Informationen über Hygiene und der Ausbau einer medizinischen Grundversorgung haben bei dem Rückgang mitgeholfen.

(Autorentext)

M 10 b HIV und AIDS – was ist das eigentlich?

Jede Minute stirbt ein Kind an den Folgen von AIDS. Jeden Tag stecken sich 1 100 Kinder mit dem HI-Virus [siehe Kasten unten] an, neun von zehn während oder direkt nach der Geburt. Weltweit stieg die Zahl der mit HIV infizierten Kinder auf das Rekordniveau von schätzungsweise 2,5 Millionen. 15 Millionen Mädchen und Jungen weltweit haben bereits Mutter und/oder Vater durch die tödliche Krankheit AIDS verloren. Das sind genauso viele Kinder, wie in ganz Deutschland leben. Am meisten betroffen sind die Kinder im südlichen Afrika, aber zunehmend auch in Osteuropa und im angrenzenden Asien. Kinder mit erkrankten Eltern sind oft ganz auf sich allein gestellt und müssen ihre Familie versorgen. Sie haben dann keine Zeit und kein Geld, zur Schule zu gehen. Da über die Ansteckungsmöglichkeiten der Krankheit viel Unwissen besteht, geben viele Kinder nicht zu, dass sie kranke Familienmitglieder haben, weil sie dann Angst davor haben, von den anderen ausgegrenzt zu werden.

(http://www.younicef.de/aids.html)

„Children free of HIV/AIDS" fordern Kinder in Mabote (Mosambik).

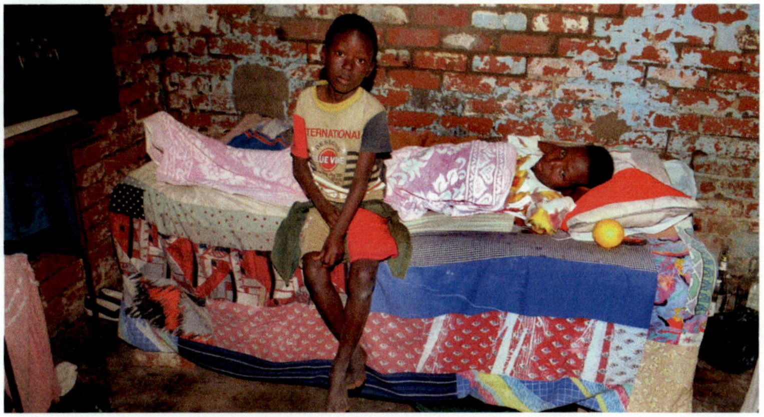

Ein Schicksal unter vielen. In einer Hütte in Durban (Südafrika) betreut ein Mädchen seine aidskranke Mutter.

Was ist AIDS?

Die Krankheit AIDS wird von einem Virus ausgelöst, dem *HI-Virus* (kurz: HIV). Dieses dringt in unsere Körperzellen ein und stört dort deren Arbeitsweise. Um in einen menschlichen Körper zu gelangen, nutzt das HI-Virus mehrere Wege über Flüssigkeiten: über Muttermilch, *Blut*, Sperma oder Scheidenflüssigkeit. Durch Berührungen oder Speichel steckt man sich dagegen nicht an. Im Blut können Ärzte nachweisen, ob man das Virus in sich trägt, also „HIV-positiv" ist. Ein positiver Test bedeutet aber noch nicht, dass man schon AIDS hat. Die Krankheit bricht meist erst viele Jahre nach der Übertragung aus. Die HI-Viren greifen die Körperzellen an, die für die Abwehr von Krankheiten zuständig sind – unser Immunsystem. Auch leichtere Krankheiten können dann tödlich enden, weil der Körper sie nicht mehr bekämpfen kann. Weltweit sind vermutlich 33,2 Millionen Menschen HIV-positiv; 22,5 Millionen davon leben in Afrika.

(GEOlino, Heft 10, Oktober 2008, S. 45)

M 11

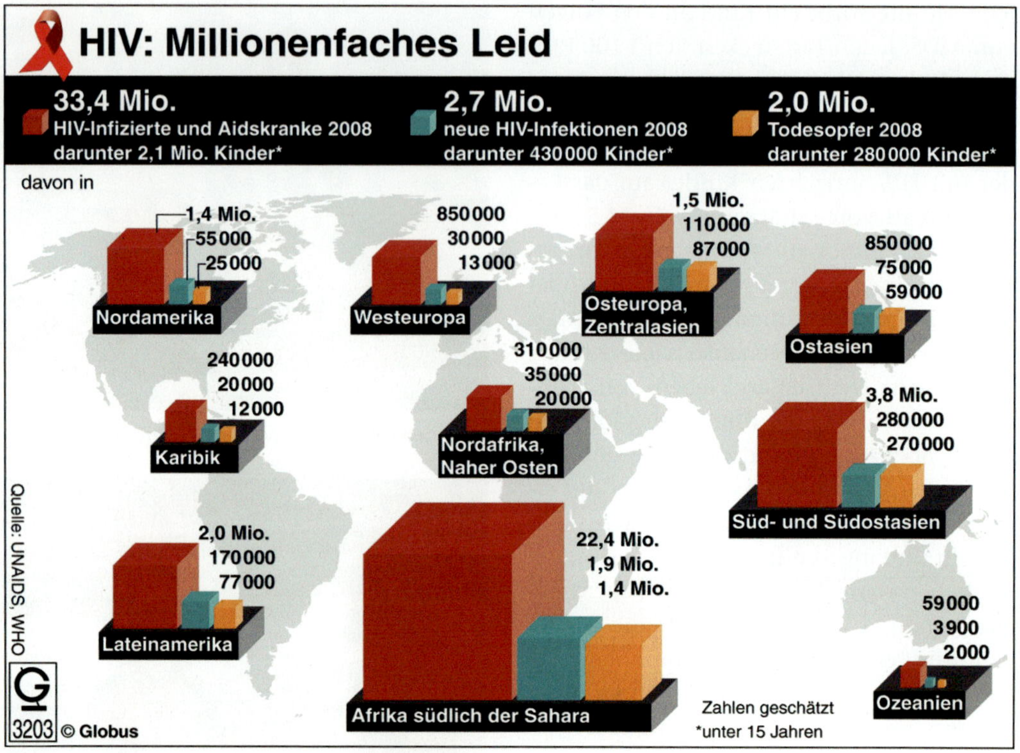

1. Stellt heraus, welche Krankheiten in den Entwicklungsländern für die Kinder eine besondere Rolle spielen (M 10 a), und erklärt, warum sich Erfolge im Kampf gegen Krankheiten und Kindersterblichkeit zeigen.

2. Macht deutlich, welche Folgen sich für die Kinder ergeben, deren Eltern an AIDS erkranken (M 10 b).

3. Versucht mit eigenen Worten die Krankheit AIDS zu erläutern.

4. Zeigt auf, in welchen Ländern bzw. Regionen Krankheit und Kindersterblichkeit besonders hoch sind (M 10 a und M 11).

5. Recherchiert im Internet nach weiteren wesentlichen Informationen für eure Mitschülerinnen und Mitschüler zum Thema „Grundbedürfnis Gesundheit“. Gut verständliche Informationen findet ihr auf den Internetseiten http://www.unicef.de und http://www.kindernothilfe.de

Grundbedürfnis Wohnung

Das Jahr 2007 brachte für die Menschheitsgeschichte einen bedeutenden Wendepunkt: Zum ersten Mal lebten weltweit mehr Menschen in Städten als auf dem Land. Obwohl insgesamt das Bevölkerungswachstum nachgelassen hat, gibt es weiterhin einen starken Anstieg der Anzahl der Menschen, die in Städten leben. Warum ist das so?

M 12 a Elendsviertel in großen Städten

Das Foto zeigt die Stadt Sao Paulo in Brasilien und macht einen wichtigen Teil des Wohnungsproblems in vielen Entwicklungsländern deutlich: Große Elendsviertel („Slums“) haben sich in vielen Riesenstädten („Megacities“) der größeren Länder gebildet. Sie sind seit vielen Jahren vor allem dadurch entstanden, dass sehr viele jüngere Menschen vom Land in diese Städte zogen. Man nennt diesen Vorgang „Landflucht“. Diese Menschen sahen in ihrer ländlichen Heimat keine guten Lebenschancen mehr und erhofften sich vom Leben in den Städten die Möglichkeit, Arbeit zu finden, um ihre Familien ernähren zu können. Diese Entwicklung hält immer noch an und die Städte sind nicht in der Lage, genügend gute Wohnungen zur Verfügung zu stellen.
(Autorentext)

M 12 b Wohnen im Slum

Im Zentrum von *Kalkutta* schlafen sie in Lehmhöhlen, nicht viel größer als ein Sarg. Meist kaum mehr als fünf, sechs Stunden, dann muss Platz gemacht werden für den nächsten in der Familie […]. In *Kairo* sind sie in der *„Stadt der Toten“* zu Hause, wie ein Friedhof dort genannt wird, auf dem sich die Ärmsten der Armen […] angesiedelt haben. So wie ihre Schicksalsgenossen auf den *„intra-murios“* von *Rabat*. Sie wohnen in den *„villas miserias“* von Buenos Aires“ oder den *„colonias populares“* von *Mexiko-Stadt*. Oftmals in Hütten, gefertigt aus Abfallmaterial, deren mit Steinen befestigte Dächer aus Wellblech und Plastikplanen immer wieder vom nächsten Regensturm weggerissen werden. Von fließend Wasser und Strom, gar sanitären Anlagen oder geregelter Müllabfuhr können die meisten nur träumen, genauso wie von einem festen Einkommen. Ihre Zukunft besteht aus dem nächsten Tag, über den sie mit dem Mini-

mum* kommen müssen. Und oftmals ist es weniger als das. Doch ihre Zahl wächst. Knapp ein Drittel der Weltbevölkerung in Städten lebt heute laut einem Bericht von UN-Habitat, dem Siedlungsprogramm der Vereinten Nationen*, in Slums. Das sind gut eine Milliarde Menschen, die ein Leben unter entwürdigenden Bedingungen fristen, nahe bei Abfallhalden, giftigen Industrieanlagen und anderen Gefahrenzonen.

(Inge Günther: „Der Slum-Planet“, in: Frankfurter Rundschau v. 5.1.2005)

Was würden wir machen, wenn es keine Müllentsorgung und keine Kanalisation gäbe? Wo würden wir unsere Lebensmittel einkaufen, wenn es keine Supermärkte gäbe? Und wie könnten wir schlafen, wenn neben uns noch zehn andere Menschen Platz finden müssten? All diese Probleme sind für die Kinder Alltag, die in Kibera leben, dem größten Slum Ostafrikas in Nairobi, der Hauptstadt von Kenia. Hier leben über 1 Million Menschen auf einem Gebiet, das nur so groß ist wie die Trierer Innenstadt. Sie wohnen in Blechhütten, in denen es sehr heiß ist. Die Gänge zwischen den Hütten sind so eng, dass die Feuerwehr nicht durchkommt, wenn es mal brennt. In den Gängen liegt überall Müll, in dem auch die Kinder spielen. Die Frauen gehen jeden Tag viele Kilometer weit, um frisches Wasser zu besorgen. In einer Schulklasse lernen hier über 80 Kinder. Die Kinder gehen gerne zur Schule. Sie wollen lernen, damit sie es später einmal besser haben. […] In der Schule gibt es Schlafpausen, in denen die Kinder, die daheim in der engen Hütte oft nicht schlafen können, den Schlaf nachholen. Außerdem erhalten sie eine warme Mahlzeit.

(http://www.uni-trier.de/index.php?id=14457&L=O; Verf.: Julia Stephani; Abruf 10.11.2007)

M 12 c „Megacities“ – die größten Städte der Welt

Eindeutig festzustellen, wie viele Menschen in den „Megacities“ leben, ist oftmals schwierig, weil man sich z. B. nicht einig ist, welche Gebiete und deren Einwohner noch zu einer Stadt gehören oder nicht. Bei der Größe der Städte kann man auch verstehen, dass die Erfassung der Bevölkerungszahlen schwierig ist und man auf Schätzungen angewiesen ist.

(Autorentext)

Die größten Städte der Welt

Name	Einwohner in Millionen (2009)	Land
1. Tokio-Yokohama	35–40	Japan
2. Mexiko-Stadt	25–30	Mexiko
3. New York	20–25	USA
4. Sudogwon (Seoul)	15–25	Südkorea
5. Mumbai (Bombay)	15–25	Indien
6. São Paulo	15–25	Brasilien
7. Manila	15–25	Philippinen
8. Jabotabek (Jakarta)	15–25	Indonesien
9. Delhi	15–25	Indien
10. Istanbul	15–22	Türkei

(http://de.wikipedia.org/wiki/Liste_der_größten_Metropolregionen _der_welt)

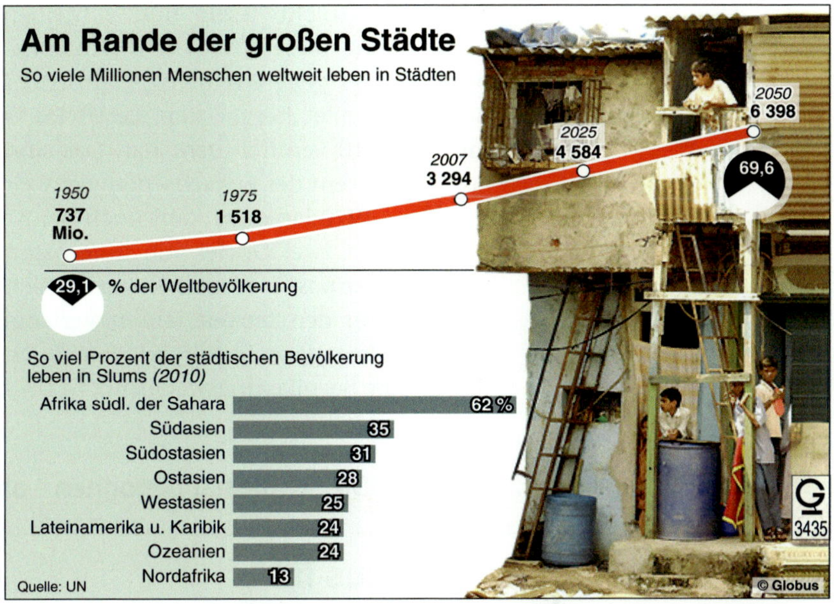

1. Erklärt, wie es zur Entstehung von Elendsvierteln in den großen Städten vieler Entwicklungsländer gekommen ist (M 12 a).

2. Beschreibt mithilfe der Texte und der Bilder die Folgen für die Kinder, die unter den Bedingungen in den „Slums“ leben müssen (M 12 b).

3. Markiert in der Weltkarte (M 2) die Länder, in denen „Megacities“ zu finden sind, und ordnet sie ein in die euch bekannte Unterteilung von Industrie-, Schwellen- und Entwicklungsländer (M 12 c).

4. Recherchiert im Internet nach weiteren wesentlichen Informationen für eure Mitschülerinnen und Mitschüler zum Thema „Grundbedürfnis Wohnung“. Folgende Stichworte führen z. B. zu Ergebnissen: Slum, Megacities, Elendsviertel, Megastadt, Metropole, Bevölkerungswachstum.

Grundbedürfnis Bildung

M 13 a Schulbildung für alle?

Nach Angaben der UN-Bildungsorganisation **UNESCO** (engl.: **U**nited **N**ations **E**ducational **S**cientific and **C**ultural **O**rganization) können weltweit 759 Millionen Erwachsene nicht lesen und schreiben [man nennt diese Menschen „Analphabeten"]. Dies geht aus dem „Weltbericht Bildung für alle" hervor, den die UNESCO im Jahr 2010 veröffentlicht hat. Das sind etwa 16 Prozent der Erwachsenen weltweit – im Jahr 1970 lag diese Zahl noch bei 37 Prozent. Fast zwei Drittel von ihnen sind Frauen. Diese positive Entwicklung hat sich allerdings in den letzten Jahren verlangsamt. Das liegt darin begründet, dass durch das enorme Bevölkerungswachstum in einigen Regionen dieser Welt mehr Menschen ohne Schulbildung bleiben. Über die Hälfte dieser Menschen lebt in vier bevölkerungsreichen Ländern: Bangladesch, China, Indien und Pakistan. Auch in Süd- und Westasien und im südlichen Afrika ist die Zahl der Erwachsenen, die nicht lesen und schreiben können, sehr hoch; beispielsweise in Burkina Faso, Guinea, Mali und Niger sind es ca. 70 Prozent aller Erwachsenen. Nach Schätzungen der UNESCO wird es auch im Jahr 2015 noch immer 710 Millionen erwachsene Analphabeten geben.

(Weltbericht „Bildung für alle"; Deutsche UNESCO-Kommission, Bonn 2010; Kurzfassung, S. 8)

M 13 b Die Schule hat begonnen – aber nicht für alle Kinder!

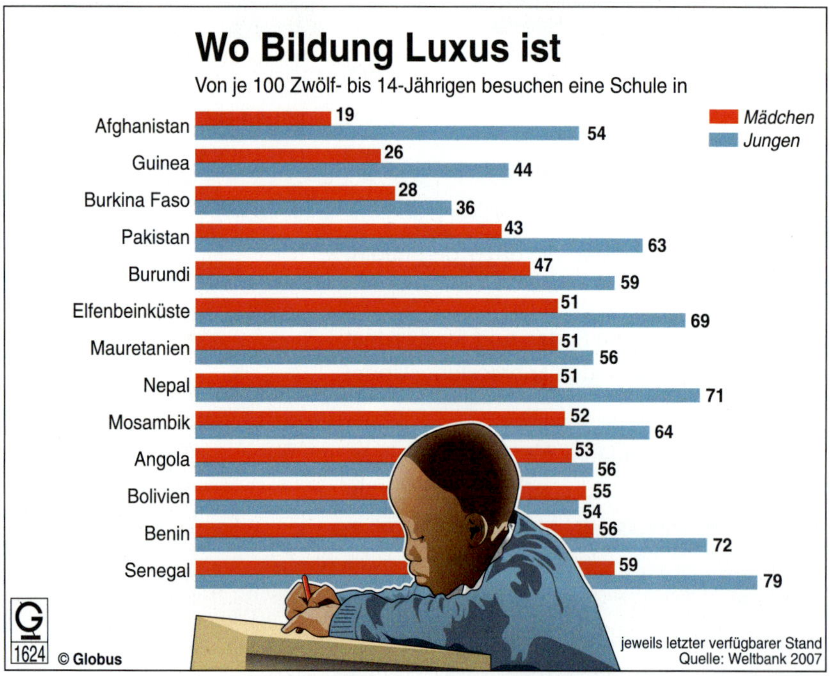

Insgesamt haben nach Schätzungen der UNESCO weltweit rund 75 Millionen Jungen und Mädchen im Grundschulalter keinen Zugang zur Bildung, das heißt, sie gehen nicht zur Schule. Allerdings muss befürchtet werden, dass noch mehr Kinder davon betroffen sind, weil in vielen Krisengebieten dieser Welt keine Zahlen ermittelt werden. Allerdings hat die Grundschulbildung in den letzten Jahren stark zugenommen. Allein in Süd- und Westasien ist die Zahl der Kinder ohne Schulzugang um 21 Millionen gesunken. Damit wurde diese Zahl halbiert. Auch in Afrika unterhalb der Sahara-Zone gibt es heute fünfmal mehr Kinder, die zur Schule gehen, als noch im Jahr 1999. Haupthindernisse für den Schulbesuch in den Entwicklungsländern sind Armut, die schlechte Qualität des Unterrichts und die unzureichende Bildung der

Mütter. Zudem sind viele Kinder schon deshalb vom Unterricht ausgeschlossen, weil es in ihrem Dorf oder Stadtviertel keine Schule gibt und sie oft extrem weite Schulwege zurücklegen müssen und die Eltern dann Sorge um ihre Sicherheit haben. Armut ist überall auf der Welt das größte Bildungshindernis. In den Entwicklungsländern können sich die Eltern oft die Schulgebühren, die Schuluniformen, das Lernmaterial und den Transport zur Schule nicht leisten oder sind darauf angewiesen, dass ihre Kinder arbeiten gehen. Die Kinder bleiben der Schule fern oder brechen sie vorzeitig ab. Auch die AIDS-Waisen haben diese Probleme.

Häufig werden Mädchen auch nicht zur Schule geschickt, weil es keine getrennten Toiletten für Mädchen und Jungen gibt. Die Schulbildung der Mütter entscheidet häufig darüber, ob ein Kind zur Schule gehen kann. Drei Viertel aller Kinder, die nicht zur Schule gehen, haben Mütter, die selbst keine Grundbildung bekommen haben.

(Autorentext)

Ein Klassenraum in Indien

M 13 c Mädchen holen langsam auf

Gute Nachricht zum Weltfrauentag am 8. März 2009: Mädchen holen bei der Bildung weltweit auf. So ist in den meisten Entwicklungsländern der Schulbesuch für Mädchen in den vergangenen Jahren gestiegen. Laut unicef* kommen weltweit auf 100 Jungen, die zur Schule gehen, inzwischen 97 eingeschulte Mädchen. Von den weltweit 101 Millionen Kindern im Grundschulalter, die nicht zur Schule gehen, sind 53 Millionen Mädchen und 48 Millionen Jungen. Haupthindernisse für den Schulbesuch der Mädchen sind Armut, Kinderarbeit sowie [...] Benachteiligungen in der

Gesellschaft, der Familie, der Schule: In der Schule werden sie häufig benachteiligt, weil Lehrer sie weniger beachten, und in Familien und in der Gesellschaft wird ihnen häufiger ein Frauenbild vermittelt, das sie auf eine Rolle im Haushalt beschränkt. Zwar sind die Einschulungen für Mädchen in den vergangenen Jahren in den meisten Entwicklungsländern gestiegen. Doch vor allem in Afrika und Südostasien bleibt bis heute Mädchen häufiger der Schulbesuch verwehrt als Jungen. Besonders groß ist das Gefälle [...] in den afrikanischen Ländern, z. B. Burkina Faso, sowie im Jemen, in Afghanistan und Pakistan. Die meisten Mädchen ohne Schulbildung wachsen in Südasien auf. Über 23 Millionen Mädchen im Grundschulalter besuchen dort keine Schule – fünf Millionen mehr als Jungen.

(http://www.younicef.de/weltfrauen-html)

M 13 d Wofür ist Bildung wichtig?

Bildung ist der Schlüssel zur Zukunft. Sie ist Voraussetzung dafür, dass Kinder das Leben meistern und Probleme bewältigen lernen. Bildung schafft auch die Basis für einen besseren Arbeitsplatz. Besondere Bedeutung kommt der Grundbildung zu, nämlich schreiben, lesen und rechnen zu lernen. Sie ist für Menschen in Entwicklungsländern meist die einzige Chance, den Teufelskreis aus Armut und Ausbeutung zu überwinden.

(http://www.unicef.de)

1. Erklärt den Begriff „Analphabetismus" und beschreibt seine weltweite Verbreitung (M 13 a).
2. Stellt die Haupthindernisse heraus, die bei Kindern in den Entwicklungsländern einen Schulbesuch erschweren oder verhindern (M 13 b und M 13 c).
3. Zeigt auf, welche Entwicklungen sich in der letzten Zeit ergeben haben (M 13 b und c), und begründet, warum Bildung eine solch besondere Bedeutung für die Kinder in Entwicklungsländern hat (M 13 d). Wie ist es denn bei uns?
4. Recherchiert im Internet nach weiteren wesentlichen Informationen für eure Mitschülerinnen und Mitschüler zum Thema „Grundbedürfnis Bildung". Informationsquellen sind: http://www.unesco.de, http://www.unicef.de, http://www.younicef.de

Sicherlich habt ihr euch schon selbst gefragt, woran es eigentlich liegt, dass es „reiche" und „arme" Länder gibt. Die Frage ist schwer zu beantworten, denn es gibt viele, in den einzelnen Ländern zum Teil ganz unterschiedliche Ursachen. In dem einen Land können ganz andere Ursachen überwiegen als in einem anderen Land. Bei den folgenden Hinweisen handelt es sich deshalb nur um sehr allgemeine Informationen und man müsste jedes Land daraufhin überprüfen, welche dieser Gründe dort hauptsächlich verantwortlich sind.

M 14 Wo liegen mögliche Ursachen für die Situation in den Ländern der „Dritten Welt"?

Natürliche Ursachen

Zu diesen Ursachen zählen die Bodenbeschaffenheit, der Wassermangel und das Klima in vielen Ländern – vor allem in Afrika. Wenn z. B. in der Landwirtschaft wegen des Wassermangels die Felder nicht bewässert werden können, wächst dort nicht genug, und die Bevölkerung hat nicht genug Nahrungsmittel zur Verfügung. Dies wird noch schlimmer, wenn Naturkatastrophen wie Dürreperioden oder Stürme mit Überschwemmungen die Ernte vernichten.

Über die schwerwiegenden Folgen von Hunger habt ihr euch ja schon in M 8 informiert. Armut ist unzertrennbar mit Hunger, Mangel- und Fehlernährung verbunden: Wer kein Geld hat oder keinen Zugang zu technischen Hilfsmitteln (z. B. zu einem Traktor), kann sich nicht selbst ernähren. Und wer durch Hunger geschwächt ist, kann nicht gut arbeiten. Auch steigende Preise für die Nahrungsmittel treffen vor allem die armen Menschen. Sie müssen dann einen noch größeren Teil ihres ohnehin schon sehr geringen Einkommens für Lebensmittel ausgeben.

Innere Ursachen

- Zu den inneren Ursachen gehört das hohe Bevölkerungswachstum in vielen Entwicklungsländern. Während in den meisten Industrieländern immer weniger Kinder geboren werden, nimmt die Bevölkerungszahl in vielen Entwicklungsländern immer noch stark zu. Die Nahrungsmittelversorgung ist dann oftmals nicht mehr gewährleistet.
- Eine weitere innere Ursache besteht darin, dass in vielen Entwicklungsländern – vor allem in Afrika – die Regierungen nicht in der Lage sind, die vorhandenen Mittel auch den armen Bevölkerungsschichten zugute kommen zu lassen. Oft wird auch Reichtum in den Händen weniger Mächtiger angesammelt. Diese *„schlechte Regierungsführung"* wird ebenfalls zu den inneren Ursachen der Unterentwicklung gerechnet. Sie ist auch einer der Gründe

dafür, dass die von den westlichen Ländern geleistete Entwicklungshilfe nicht immer sinnvoll und dort, wo sie gebraucht wird, verwendet wird.

- Des Weiteren kommt es vor allem in afrikanischen Ländern häufiger zu kriegerischen Auseinandersetzungen darüber, wer oder welche Gruppe in diesem Land die Macht ausübt. Da es sich um Bürger *eines* Landes handelt, nennt man diese Kriege auch *Bürgerkriege* (vgl. S. 214). Diese Bürgerkriege führen neben dem menschlichen Leid (Tote, Verletzte, Vertreibung, Hunger) auch dazu, dass Boden, Luft und Wasser verschmutzt werden und Straßen, Wohnhäuser, Schulen, Krankenhäuser usw. zerstört werden. Minen* führen zum einen zu schlimmen Verletzungen und behindern zum anderen selbst Jahrzehnte nach einem Krieg die Feldarbeit und den Wiederaufbau. Der Kauf von Waffen verschlingt sehr viel Geld, das den Menschen dann nicht mehr für eine bessere Versorgung zur Verfügung steht. Ein besonderes Problem stellen bei diesen Bürgerkriegen die sogenannten *„Kindersoldaten“* dar (siehe Kasten).

Wer gilt als „Kindersoldat“?
Kindersoldaten sind alle Personen unter 18 Jahren, die von Streitkräften oder bewaffneten Gruppen rekrutiert und eingesetzt werden, egal in welcher Funktion oder Rolle. Darunter sind Kinder, die als Kämpfer, Köche, Lastenträger, Nachrichtenübermittler, Spione oder zu sexuellen Zwecken benutzt werden. Dazu gehören ausdrücklich auch diejenigen Mädchen und Jungen, die nicht aktiv an Kampfhandlungen teilnehmen.

(http://www.kindersoldaten.info/kindersoldaten_mm/downloads/redhand_flyer_11_09.pdf; © Kindernothilfe e. V.)

Äußere Ursachen

Viele der heutigen Entwicklungsländer wurden vor mehr als hundert Jahren von europäischen Ländern – vor allem England, Deutschland, Portugal, Frankreich – unterworfen und zu *Kolonien* gemacht. Diese

Länder wurden dann gezwungen, ihre Rohstoffe (z. B. Baumwolle, Tee, Kaffee, Zucker, Gold) an die europäischen Länder zu liefern, anstatt sie für sich selbst nutzen zu können oder im eigenen Land Güter herzustellen. Dies hat wesentlich dazu beigetragen, dass die Länder in ihrer Entwicklung zurückgeblieben sind.
Heute sind diese ehemaligen Kolonien unabhängige, selbstständige Staaten. Aber es ist noch häufig so, dass diese Entwicklungsländer teure Güter (z. B. Maschinen) aus den Industrieländern kaufen müssen, ihre eigenen Güter (z. B. Nahrungsmittel) aber nur zu einem sehr niedrigen Preis verkaufen können. Wenn die Einnahmen aus den verkauften Gütern geringer sind als die Ausgaben für die einzukaufenden Güter, haben diese Länder ein Problem. Sie lösen dieses Problem häufig so, dass sie sich das Geld z. B. bei Banken leihen (einen Kredit aufnehmen). Man sagt dazu auch „verschulden". Das ist in vielen Entwicklungsländern so.

(Autorentext)

1. Macht deutlich, warum es schwierig ist, die Frage nach den Ursachen für die Situation der Länder der „Dritten Welt" zu beantworten (Vorbemerkung zu M 14).

2. Versucht mit eigenen Worten die verschiedenen Ursachen für die Probleme der Entwicklungsländer zu erläutern. Haltet euch dabei auch an die vorgegebene Gliederung (M 14) und erklärt, was unter „natürlichen", „inneren" und „äußeren" Ursachen zu verstehen ist.

3. Diskutiert in einer Gesprächsrunde, wie man einzelne Probleme angehen könnte. Dabei könnten folgende Gesichtspunkte eine Rolle spielen:
   - Welche der genannten Ursachen könnte man beseitigen?
   - Welche der genannten Ursachen wird man nicht oder kaum beseitigen können?
   - Wer (Länder, Regierungen, Politiker, Bevölkerung) könnte Maßnahmen ergreifen?
   - Welche konkreten Maßnahmen könntet ihr euch für euch selbst vorstellen?

   Haltet die Ergebnisse eurer Diskussion in einem Protokoll fest.

Maßnahmen, die seit Jahrzehnten von vielen Ländern und unterschiedlichen Organisationen der Industrieländer durchgeführt werden, um den Entwicklungsländern zu helfen, fasst man unter dem Begriff „Entwicklungspolitik" zusammen. Darüber werdet ihr im späteren Unterricht in den Fächern Erdkunde, Geschichte und Politik/Sozialwissenschaften Näheres erfahren.

3. Hilfe für die „Dritte Welt“ – was können wir tun?

An dieser Stelle wollen wir uns fragen: Was können wir alle, was könnt auch ihr tun, um die Lebensbedingungen in den Entwicklungsländern verbessern zu helfen? Ihr könnt hier auf Überlegungen zurückgreifen, die ihr schon im Zusammenhang mit der Besprechung der Ursachen (M 14) angestellt habt.
Auf drei Möglichkeiten wollen wir euch an dieser Stelle hinweisen: auf die Aktion „Fairer Handel“ (M 15), auf wichtige Hilfsorganisationen (M 16) und auf Maßnahmen, die ihr selbst organisieren könnt (M 17).

M 15 „Fairer Handel“ – was ist damit gemeint?

Der Kakaobauer und seine Arbeit

Auch Kakaobauer zu sein, ist ganz schön anstrengend. Die Kakaopflanzen brauchen viel Pflege, und alles muss in Handarbeit gemacht werden. Die Früchte werden also nicht mit Maschinen geerntet, sondern mit der Hand. In einer Frucht sind ungefähr 20 – 40 Kakaobohnen versteckt. Die reichen gerade mal für eine Tafel Schokolade. Nach der Ernte müssen die Bohnen eine Woche lang trocknen. Danach gehen sie – in Säcken verpackt – auf ihre lange Reise nach Deutschland.

Rate mal!

Stell dir vor, wir teilen eine Tafel Schokolade in alle 24 Stücke auf. Wie viele Stücke kann sich der Bauer als Lohn für seine Arbeit in die Tasche stecken? Was denkst du?

- ○ 12 Stücke
- ○ 6 Stücke
- ○ 4 Stücke

Und das verdient der Kakaobauer

Alles falsch! Der Kakaobauer verdient an der Schokolade nur einen kleinen Teil, nämlich EIN Stück. Das reicht natürlich nicht zum Leben! Der Rest geht an den Kakaohändler, das Transportunternehmen, den Schokoladenfabrikanten etc.

Deshalb gibt es auch für Schokolade – und für viele andere Produkte wie Bananen und Orangen – den Fairen Handel, der garantiert, dass die Bauern „fair“ behandelt werden: Mit FAIRTRADE verdient der Bauer fünf Stückchen! Das Geld dafür reicht für das Essen der ganzen Familie und den Schulbesuch der Kinder.

FAIRTRADE hilft

Das Wort kommt aus dem Englischen und heißt Fairer Handel (trade bedeutet Handel). Irgendwann haben sich ein paar Leute überlegt, dass es eigentlich nicht fair ist, wenn einige Menschen so viel arbeiten müssen und dafür so wenig Geld verdienen. Sie haben dann den Verein FAIRTRADE gegründet.

Was will FAIRTRADE?

FAIRTRADE hilft mit, dass es den Bauern besser geht und sie einen fairen Preis für ihre Produkte bekommen. Die Bauern sollen so viel Geld verdienen, dass sie genug zu essen haben, ein Haus bauen und ihre Kinder zur Schule schicken können. Außerdem sollen sie weniger Gift sprühen, damit die Umwelt nicht geschädigt wird. Und wenn dann die Ernte mal zerstört wird, dann können sich die Bauern Geld von FAIRTRADE ausleihen, um ihre Kaffeefelder wieder aufzubauen.

FAIRTRADE TRANSFAIR

Wir helfen mit!

Wenn deine Eltern Kaffee oder andere Produkte mit dem FAIRTRADE-Siegel kaufen, dann helfen sie den Bauern und den Kindern in Südamerika. Der FAIRTRADE-Kaffee ist zwar etwas teurer, aber dafür geht ein Teil des Geldes direkt an den Bauern. Er kann dann seinen Kindern mehr zu essen geben und sie in die Schule schicken.

Fair gehandelte Produkte kann man in Deutschland in über 30000 Supermärkten sowie in vielen Bio- und Naturkostgeschäften kaufen. Man erkennt sie am FAIRTRADE-Siegel (in der Abbildung auf S. 230). Außerdem gibt es sogenannte Weltläden. Dies sind Fachgeschäfte, in denen nur Produkte aus fairem Handel angeboten werden. Die deutschen Verbraucher kaufen immer öfter fair gehandelte Produkte. Im Jahr 2009 gaben sie insgesamt 322 Millionen Euro dafür aus – mehr als jemals zuvor. Weitere Informationen über „Fairtrade" und die Einkaufsmöglichkeiten findet ihr unter folgenden Internetadressen:
http://www.gepa.de
http://transfair.org
http://forum-fairer-handel.de
(Autorentext)

Eine Auswahl von Produkten aus „fairem Handel"

M 16 Hilfsorganisationen für die „Dritte Welt"

Neben unicef*, dem Kinderhilfswerk der Vereinten Nationen*, und der Kinderhilfsorganisation „terre des hommes“ bieten weitere Organisationen und Institutionen vielfältige Möglichkeiten an (auch für Schulklassen), sich bei der Hilfe für die Kinder der „Dritten Welt“ zu engagieren. Über folgende Internetseiten könnt ihr dazu Informationen einholen:

http://www.kindernothilfe.de
http://www.brotfürdiewelt.de
http://www.misereor.de
http://www.forum-kinderarbeit.de
http://www.aktiv-gegen-kinderarbeit.de
http://www.redhand.de
http://www.juniorbotschafter.de
http://www.bmz.bund.de

(Autorentext)

M 17 Wir helfen!

Kindern in Afrika geht es oft nicht so gut. Viele haben nicht genug zu essen und können nicht zur Schule gehen. Kinder und Jugendliche in Deutschland sind deswegen gestern losgezogen, um zu helfen. Sie haben Geld verdient und bekamen dafür schulfrei.

Die Kinder haben bei der Idee „Aktion Tagwerk – Dein Tag für Afrika" mitgemacht. Sie ließen ihre Schulbücher zu Hause. Stattdessen mähten sie Rasen, schrubbten Autos oder sortierten Briefe. Sie halfen in Firmen, bei Vereinen oder Nachbarn aus. Seit dem Jahr 2003 machen Kinder bei der Aktion „Dein Tag für Afrika" mit. Von dem Geld werden in Afrika beispielsweise Schulen gebaut oder wird Kindern geholfen, die ohne ihre Eltern aufwachsen müssen. Mehr als 700 Schulen in ganz Deutschland haben sich für die Aktion angemeldet. Das Geld geht an Kinder in den Ländern Angola, Burundi, Ruanda, Südafrika und Sudan.

(ddp-kid: Schulfrei für Schufterei, in: Westfälische Rundschau v. 23.6.2010)

1. Erklärt anhand von M 15 (Beispiel eines Kakaobauern), welche Ziele die Organisation „Fair Trade" erreichen will.
2. Stellt als Ergebnis einer Partnerarbeit zwei Hilfsorganisationen in einem Kurzvortrag (siehe M 18) eurer Klasse näher vor.
3. Erarbeitet in eurer Klasse anhand der Placemat-Methode (siehe Kapitel 1) Vorschläge für Aktionen ähnlich wie in M 17 beschrieben, um auf die Lebensbedingungen von Kindern in den Entwicklungsländern aufmerksam zu machen und ihnen zu helfen.

Methode

M 18 Einen Vortrag halten

Beachte bei einem Vortrag die folgenden acht „goldenen Regeln":

1. Schreibe dir zu Hause einen Stichwortzettel mit den wichtigsten Informationen.
2. Übe den Vortrag mehrmals (z. B. zu Hause vor deinen Eltern oder vor Freunden), damit du dich daran gewöhnst und auch weißt, wie lange er ungefähr dauert.
3. Informiere die Klasse als Erstes über die Gliederung deines Vortrags (z. B. auf einer Folie).
4. Orientiere dich an deinem Stichwortzettel, bemühe dich jedoch, frei vorzutragen.
5. Trage langsam, deutlich und nicht zu leise vor. Du darfst ruhig mal eine Pause machen.
6. Halte Blickkontakt zu deinen Mitschülerinnen und Mitschülern.
7. Erhöhe die Aufmerksamkeit deiner Mitschüler, indem du deinen Vortrag lebendig und anschaulich gestaltest (z. B. mit einem Tafelbild, einer Folie, einem Plakat).
8. Biete deinen Mitschülerinnen und Mitschülern an, während des Vortrags und/oder im Anschluss daran Fragen an dich zu stellen.

(Autorentext)

Kompetenzcheck

1. Wer löst das Rätsel?

Welches Wort gehört jeweils in die Kästchen? (Einmal sind es zwei Worte. Ein Buchstabe entspricht einem Kästchen.) Die gelbe Spalte ergibt von oben nach unten gelesen das Lösungswort.

1. **???** sind von Armut in Entwicklungsländern besonders betroffen.
2. **???** ist ein großes Schwellenland in Asien.
3. **???** ist eines der Grundbedürfnisse.
4. Absolute Armut findet man in Ländern der **???**
5. Ein anderer Ausdruck für Slum ist **???**
6. Kinder haben **???** und Pflichten.
7. Viele Menschen – vor allem im südlichen Afrika – leiden unter der Krankheit **???**
8. Das Gegenteil von Armut ist **???**
9. Ein **???** ist ein Mangelgefühl, das man befriedigen möchte.
10. Die Länder der „Dritten Welt" nennt man auch **???**
11. **???** ist eine Bezeichnung für ein wohlhabendes Land.
12. T

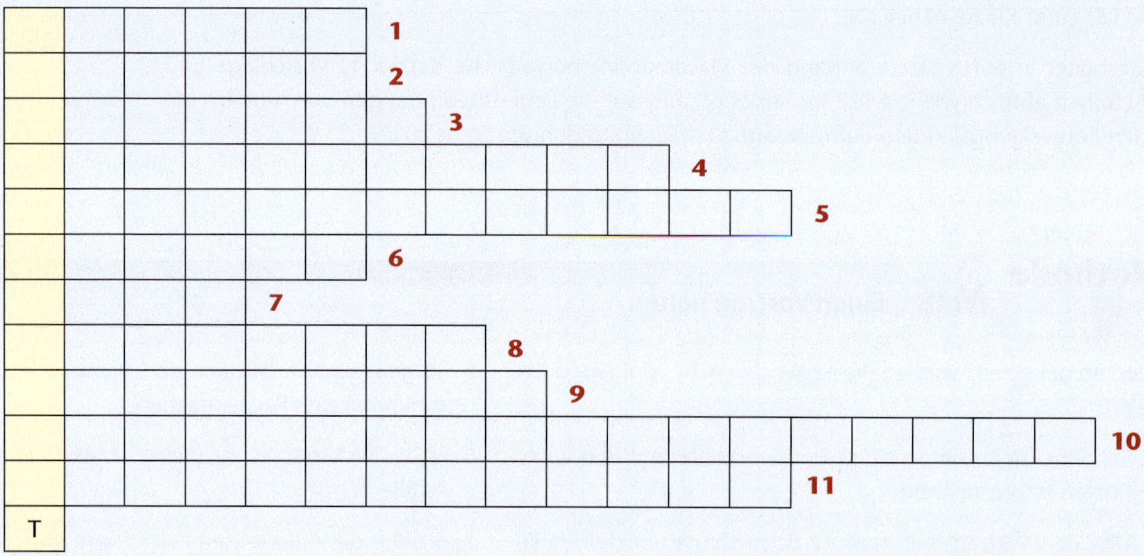

2. Ergänze den Lückentext.

Die einzutragenden Begriffe findest du unter dem Text.

Menschen in **???** sind häufig arm, doch was heißt das genau? Der Maßstab des Pro-Kopf-Einkommens allein reicht nicht aus, um genau zu bestimmen, wann Familien arm sind. Im Allgemeinen gilt: Menschen leben in **???**, wenn sie das Allernotwendigste, was man zum Leben braucht, nicht haben: genügend **???**, eine **???** sowie **???**. Die **???** können also ihre lebenswichtigen **???** nicht befriedigen. Diese Art von Armut nennt man **???**.
Außerdem haben Menschen ein Recht auf **???**, wenn sie krank werden, und ein Recht auf den Besuch einer **???**. Deshalb zählt man **???** und **???** auch zu den Grundbedürfnissen.
In den **???** gibt es diese Art der Armut kaum noch. Dort spricht man bei von Armut betroffenen Menschen von **???**.
Eine Folge von Hunger und Unterernährung in Entwicklungsländern ist die hohe **???**. Außerdem kommt es häufiger zu **???**. Ein besonderes Problem bilden die **???** in den Megacities.
Eine weitere Folge der Armut ist die **???**, die häufig unter gefährlichen Bedingungen verrichtet werden muss. Einen Ausweg aus diesen Lebensbedingungen sieht man in einer Verbesserung der **???**.
Um die Bedingungen in den Ländern der „Dritten Welt" zu verbessern, gibt es Hilfsorganisationen wie z. B. **???**. Aber alle Menschen können mithelfen. Eine weitere Möglichkeit der Unterstützung besteht darin, Produkte aus **???** zu kaufen.

ärztliche Versorgung **Bildung** **Entwicklungsländern** **Armut** **Kindersterblichkeit**
Krankheiten **Grundbedürfnisse** **Gesundheit** **Menschen** **Kleidung**
fairem Handel **Wohnung** **Industrieländern** **relativer Armut** **Kinderarbeit**
Nahrung **Schule** **unicef** **absolute Armut** **schulischen Bildung** **Slums**

3. Eure Meinung ist gefragt!

1. Die Überschrift zu diesem Kapitel heißt: Weit weg und doch ganz nah – Kinder in der „Dritten Welt". Könnt ihr nun erläutern und begründen, was damit gemeint ist?
2. Was fällt dir zu dieser Karikatur im Zusammenhang mit der Situation der Kinder in der „Dritten Welt" ein?

4. Wir helfen

Entscheidet euch nach den erarbeiteten Vorschlägen (siehe Aufgabe 3 nach M17) für eine Aktion in der Klasse oder Schule mit dem Ziel, Kindern in der „Dritten Welt" zu helfen, und führt sie durch.

Anhang

1. Was beim Umgang mit Zahlenangaben und Statistiken zu beachten ist

1. Prozentzahlen

Bei Zahlenangaben müsst ihr immer darauf achten, ob es sich um *absolute Zahlen* oder um Prozentzahlen handelt. Was Prozentzahlen bedeuten, wie sie zustande kommen und wie man sie selbst berechnen kann, das haben wir in Kap. 2, M2b genauer erläutert. Lest dort nach und fragt, wenn noch etwas unklar ist, auch euren Lehrer oder eure Lehrerin. Um Prozente selber zu berechnen, müsst ihr dividieren können.

2. Durchschnittszahlen

Bei vielen Befragungsergebnissen handelt es sich um Durchschnittswerte. Was sie bedeuten, könnt ihr euch vielleicht klarmachen, wenn ihr für eure Klasse die Durchschnittszensur für eine Klassenarbeit berechnen wollt, die ihr zurückerhalten habt.
Nehmen wir als Beispiel einmal an: Eure Klasse hat 27 Schülerinnen und Schüler. Von ihnen haben drei Schülerinnen und Schüler eine „1", sieben haben eine „2", acht haben eine „3", sechs haben eine „4", zwei haben eine „5" und einer hat eine „6". Das Durchschnittsergebnis für eure Klasse könnt ihr leicht in zwei Schritten errechnen:
Zuerst zählt ihr alle Zensurenwerte zusammen: $3\ (3 \cdot 1) + 14\ (7 \cdot 2) + 24\ (8 \cdot 3) + 24\ (6 \cdot 4) + 10\ (2 \cdot 5) + 6\ (1 \cdot 6) = 81$. Sodann teilt ihr diese Summe (auch hier muss man dividieren können) durch die Anzahl aller Schülerinnen und Schüler: $81 : 27 = 3$.
Die Klassenarbeit ist mit dieser Durchschnittszensur „befriedigend" sicherlich nicht schlecht ausgefallen. Das sagt aber, wie ihr ja aus der Verteilung der Zensuren (s. o.) wisst, nichts darüber aus, welche Zensur *jeder Einzelne von euch* erhalten hat. Es könnte ja theoretisch sogar so gewesen sein, dass keiner von euch wirklich die Zensur „befriedigend" erhalten hat; so z. B., wenn 20 Schüler/Schülerinnen eine „2" geschrieben hätten, einer eine „4", fünf eine „5" und zwei eine „6". Rechnet nach! Die Summe der Zensurenwerte ergäbe in diesem Fall auch 81 und das Durchschnittsergebnis wäre auch 3.

3. Fragestellung und Antwortmöglichkeiten

Bei den Ergebnissen von Befragungen, die meistens in Form von Tabellen wiedergegeben werden, solltet ihr immer zunächst darauf achten, auf *welche Frage* die Befragten zu antworten hatten und in *welcher Weise sie* darauf *antworten* konnten. Diese Angaben könnt ihr fast immer aus der Überschrift der Tabelle oder aus weiteren Hinweisen entnehmen. Manchmal kann man sie auch leicht erschließen.

4. „Repräsentative" Ergebnisse: ein Teil für die Gesamtheit

Wenn eine Tabelle z. B. die Ergebnisse der Befragung von „12- bis 15-jährigen Jugendlichen" enthält, so sind natürlich nicht alle 12- bis 15-jährigen Jugendlichen in der ganzen Bundesrepublik befragt worden; das wäre nicht nur viel zu aufwendig (es gibt immerhin ca. zweieinhalb Millionen 12- bis 15-jährige Jugendliche in der Bundesrepublik), es hat sich auch seit Langem herausgestellt, dass es völlig ausreicht, nur einen kleinen Teil dieser Altersgruppe (z. B. 2000) zu befragen, wenn man z. B. wissen will, was 12- bis 15-jährige Jugendliche in ihrer Freizeit tun. Dieser Teil steht dann stellvertretend („repräsentativ") für die Gesamtheit.

5. Mehrfachantworten

Wenn die Befragten nur eine Möglichkeit der Antwort haben (so z. B. bei der Frage, ob ihr mit dem Bus, mit der Bahn, mit dem Fahrrad, zu Fuß oder auf andere Weise zur Schule kommt; oder bei allen Fragen, auf die man nur mit „ja" oder „nein" antworten kann), dann müssen die festgestellten Prozentzahlen für die einzelnen Antworten natürlich zusammen 100 % ergeben. Es gibt aber auch Befragungen, bei denen die Befragten mehrere Antworten geben können, so z. B. bei der Frage, wofür man sein Taschengeld ausgibt: Gibt der/die Befragte das Taschengeld für Bücher und für Spielsachen und für Süßigkeiten aus, dann wird die jeweilige Angabe natürlich auch jedes Mal gezählt und es kommt zwangsläufig beim Zusammenzählen der Prozentzahlen zu mehr als 100 % („Mehrfachantworten").

2. Was zu beachten ist, wenn ihr selbst eine Befragung durchführen wollt

Unser Buch empfiehlt euch an mehreren Stellen, auch selbst einmal eine Befragung durchzuführen. Ihr werdet sehen, dass es sehr interessant sein und viel Spaß machen kann, zu einem bestimmten Thema selbst Befragungsergebnisse zu sammeln und sie z. B. mit denen zu vergleichen, die das Buch enthält. Dabei solltet ihr vor allem bei der Vorbereitung eines solchen „Projektes" (also z. B. bei der Abfassung des Fragebogens) auf die Hilfe eures Lehrers/eurer Lehrerin nicht verzichten. Das meiste könnt ihr aber selbstständig leisten, wenn ihr ein bisschen systematisch vorgeht und euch dabei an den folgenden Fragen und Hinweisen orientiert.

1. Das Thema

Zunächst sollt ihr euch darüber klar werden, zu *welchem Thema* die Befragung stattfinden soll und zu *welchen einzelnen Gesichtspunkten* des Themas ihr etwas erfahren wollt. Falls ihr eure Ergebnisse mit solchen vergleichen wollt, die im Buch dargestellt sind, wäre es natürlich zweckmäßig, wenn die gleichen Gesichtspunkte auch in eurer Befragung berücksichtigt würden.

2. Art der Befragung

Sodann gilt es zu überlegen, ob ihr die Befragung *schriftlich* (anhand eines Fragebogens) durchführen wollt oder ob ihr eure Fragen *mündlich* stellen und die Antworten aufnehmen wollt („Interview"). Bei der Entscheidung über diese Frage ist u. a. Folgendes zu bedenken: Eine Fragebogenaktion ist immer dann sinnvoll, wenn ihr eine größere Zahl von Personen befragen und die Ergebnisse in einer Statistik darstellen wollt. Die Befragten können dann die Fragebogen auch ausfüllen, wenn ihr nicht dabei seid. Ihr braucht sie dann nur wieder einzusammeln und könnt sie im Unterricht auswerten. Ein „Interview" (s. o.) ist immer dann sinnvoll, wenn ihr etwas ausführlichere Stellungnahmen von (nicht allzu vielen) Personen zu bestimmten Problemen und Fragen erfahren wollt. Die Befragten haben dabei ja die Möglichkeit, sich auf eure Fragen frei (also z. B. auch mit „zwar … aber …") zu äußern. Das bedeutet allerdings auch, dass sich die Ergebnisse solcher Interviews nicht so leicht auswerten und übersichtlich darstellen lassen.

3. Die Formulierung der Fragen

Nun könnt ihr darangehen, die *Zahl der Fragen* und ihre *genaue Formulierung* festzulegen. Das ist nicht dasselbe wie die Überlegung zu 1. Es kommt jetzt darauf an, das, was man wissen will, in einzelnen, möglichst einfach zu beantwortenden Fragen *genau zu erfassen* (unsere Hinweise beziehen sich von jetzt an hauptsächlich auf die Fragebogen-Methode). Achtet auf folgende Punkte:

- Die Fragen müssen *klar und leicht verständlich* (nicht zu lang und nicht zu kompliziert) formuliert sein.
- Sie müssen so gestellt werden, dass eine *eindeutige, aussagekräftige* und nach Möglichkeit leicht auszuwertende Antwort erfolgen kann. Beispiel: Die Frage „Gehst du oft ins Kino?" mit der Antwortmöglichkeit „ja" oder „nein" führt zu keinem aussagekräftigen Ergebnis, weil man nicht weiß, was der einzelne Befragte unter „oft" versteht. Besser wäre z. B. die Frage „Wie oft gehst du durchschnittlich ins Kino?" mit den Antwortmöglichkeiten „weniger als einmal im Monat", „ein- bis zweimal im Monat", „mehr als zweimal im Monat".
- Der leichteren Auswertung und Ergebnisdarstellung wegen sollte der Fragebogen überwiegend *geschlossene* Fragen enthalten, d. h. solche, zu denen die anzukreuzenden Antwortmöglichkeiten vorgegeben werden (im Gegensatz zu *offenen* Fragen, zu denen die Befragten ihre Antwort frei formulieren können; vgl. Interview).
- Besonders solche Fragen, die nicht auf Tatsachen, sondern auf *Meinungen* und *Urteile* zielen, müssen so „neutral" formuliert werden, dass sie nicht von vornherein eine bestimmte Antwort schon nahelegen. Statt „Findest du nicht auch, dass unsere Schülervertretung nichts Vernünftiges leistet?" müsste es etwa heißen: „Bist du mit der Arbeit unserer SV zufrieden?". – Bei solchen und ähnlichen Fragen sollte man sich dann nicht auf die Antwortmöglichkeiten „ja" und „nein" beschränken, sondern auch die Antwort „teils-teils" anbieten und ggf. die Möglichkeit geben, konkrete Punkte zu nennen.
- Die *Zahl* der Fragen sollte nicht zu groß sein und auch ihre *Reihenfolge* sollte überlegt sein. Allgemeinere Fragen sollten vor Fragen stehen, die sich auf bestimmte Einzelheiten beziehen; Fragen, die wahrscheinlich auf starkes Interesse der Befragten stoßen, sollten schon deshalb am Anfang stehen, weil die Befragten dann eher bereit sein dürften, auch die übrigen, sie vielleicht nicht so interessierenden Fragen zu beantworten.

4. Die Durchführung der Befragung

Bei der *Durchführung* der Befragung müsst ihr unbedingt auch einige rechtliche Gesichtspunkte beachten. Die wichtigsten sind:

- Die Teilnahme an der Befragung muss für die Befragten *freiwillig* sein.
- Es muss gewährleistet sein (besonders bei der Auswertung und der Ergebnisdarstellung), dass die Befragten *anonym* bleiben, d. h. es darf auf keinen Fall erkennbar sein, welche Personen welche Antworten gegeben haben.
- Wenn ihr eure Befragung nur in eurer Klasse durchführt und/oder euch nur an eure persönlichen Bekannten wendet (als freiwillige Hausaufgabe), trägt euer *Fachlehrer* oder eure *Fachlehrerin* die Verantwortung. Wollt ihr euch darüber hinaus an Schülerinnen und Schüler anderer Klassen und/oder an Passanten wenden, müsst ihr vorher die Zustimmung *eures Schulleiters/eurer Schulleiterin* einholen. Sollen Schülerinnen und Schüler mehrerer Schulen befragt werden, bedarf es der Zustimmung der Schulleiter/Schulleiterinnen aller betroffenen Schulen.
- Ihr dürft die Ergebnisse eurer Befragung nur in eurem Unterricht und innerhalb der Schule verwenden. Wenn ihr Ergebnisse über den Rahmen der Schule hinaus veröffentlichen wollt, braucht ihr dazu die Genehmigung der Schulaufsichtsbehörde, die ihr ggf. über euren Schulleiter/eure Schulleiterin einholen könnt.

Glossar

AGB. Abkürzung für „Allgemeine Geschäftsbedingungen". Sie regeln genau die Rechte und Pflichten zwischen Verkäufer und Käufer. Darin sind u. a. z. B. Kosten oder Lieferfristen aufgeführt.

AIDS. Siehe S. 219

Aktien. Viele große Unternehmen gehören nicht einem einzigen Besitzer, sondern vielen verschiedenen, die dem Unternehmen eine bestimmte Summe Geld zur Verfügung gestellt haben. Diese Menschen sind also am Besitz des Unternehmens beteiligt und erhalten dafür eine Urkunde, auf der die Höhe ihres Anteils vermerkt ist (ein „Wertpapier"). Diese Urkunde heißt Aktie. Unternehmen solcher Art heißen Aktiengesellschaften.

Angestellte. Arbeitnehmer, die vor allem kaufmännische und verwaltende Tätigkeiten (z. B. in einem Büro) ausüben. Sie können bei Betrieben in der Wirtschaft und auch beim Staat, bei einer Stadt oder einem Bundesland beschäftigt sein. Sie bekommen wie → Beamte (im Gegensatz zu → Arbeitern) ein festes Monatsgehalt. Sie können in der Regel aus ihrem Arbeitsverhältnis entlassen werden, wenn z. B. nicht mehr genügend Arbeit in ihrem Betrieb vorhanden ist.

Arbeiter. → Angestellte

Arbeitslosengeld. Wenn Beschäftigte arbeitslos werden, erhalten sie aus der Arbeitslosenversicherung, in die sie vorher Beiträge eingezahlt haben, für eine bestimmte Zeit (je nach Alter 1 bis 2 Jahre) Arbeitslosengeld. Es beträgt 60 % ihres früheren Verdienstes (für Arbeitslose mit Kindern 67 %).

Arbeitslosengeld II. → „Hartz IV"

Beamte. Beamte sind beim Staat angestellt; sie sind z. B. bei einem Bundesland oder bei einer Kommune (Stadt) beschäftigt. Man nennt sie auch „Staatsdiener". Sie haben besondere „Dienst- und Treuepflichten" einzuhalten. Sie dürfen nicht streiken, müssen unparteiisch sein und haben dem Wohl der Allgemeinheit zu dienen. Im Gegensatz zu anderen Arbeitnehmern können sie nicht entlassen werden (sofern sie nicht gegen Gesetze verstoßen). Sie erhalten ein festes Monatsgehalt.

Bezugsgruppe. Sie besteht aus Personen, zu denen man in einer engen und länger andauernden Beziehung steht und deren Handlungen und Urteile man für besonders wichtig hält, wie z. B. Eltern oder Freunde.

Clique. Kleingruppe, deren Mitglieder eng zusammenhalten. Sie haben gemeinsame Interessen und Ziele und grenzen sich oft nach außen ab. Oft wird der Ausdruck auch abwertend verwendet.

Cyber-Bullys. Menschen, die „Cyber-Bullying" (das ist ein anderer Ausdruck für → „Cyber-Mobbing") praktizieren.

Cyber-Mobbing. Unter Mobbing versteht man ein gezielt gegen eine Person gerichtetes feindseliges Verhalten, das andauernd oder wiederholt praktiziert wird. Man wird z. B. ständig geärgert oder beleidigt. Von *Cyber*-Mobbing spricht man, wenn das Mobbing im Internet oder mit dem Handy geschieht.

Demoskopie (griech.: Erforschung der Meinung des Volkes). Institute für Demoskopie („Meinungsforschungsinstitute") erforschen durch Befragungen zum Beispiel, wie viel Prozent der Wahlberechtigten bei der nächsten Wahl eine bestimmte Partei wählen wollen oder ob Jugendliche sich für Politik interessieren oder nicht.

depressiv (von lat. deprimere = „niederdrücken"). Ein Mensch, der sich längere Zeit in einer niedergedrückten Stimmung befindet, ist depressiv.

Dialer. Das sind Programme, die sich im Internet einwählen und dazu eingesetzt werden, um Inhalte bestimmter Web-Seiten kostenpflichtig abzurechnen. Die Bezahlung läuft über die Telefonrechnung.

Dienstleistungen. Tätigkeiten, die nicht in der Erzeugung von Sachgütern bestehen, die also nichts „produzieren", sondern mit denen man persönliche „Dienste" anbietet, z. B. als Ärztin, Friseur, Koch oder Zugbegleiterin.

Fäkalien. Das sind die menschlichen und tierischen Ausscheidungsprodukte Kot und Urin.

Girokonto. Konto bei einer Bank oder Sparkasse, auf das laufende Einzahlungen oder Überweisungen erfolgen und von dem jederzeit Beträge abgehoben werden können. Im Unterschied dazu werden auf einem *Sparkonto* Geldbeträge für eine bestimmte oder unbegrenzte Zeit festgelegt (dafür erhält man → Zinsen), die nur nach bestimmten Vereinbarungen abgehoben werden können.

Grundgesetz. In seinen 146 Artikeln ist die politische und rechtliche Ordnung der

Bundesrepublik Deutschland festgelegt (Verfassung). Ausgehend von der Anerkennung allgemeiner Menschenrechte wird die Bundesrepublik als ein System beschrieben, das auf den Prinzipien der Demokratie, der Herrschaft von Recht und Gesetz und der Verpflichtung zum sozialen Ausgleich zwischen ärmeren und reicheren Bevölkerungsschichten beruht. Außerdem ist festgelegt, dass die Bundesrepublik in Bundesländer gegliedert ist. Das nennt man Bundesstaat. Das Grundgesetz wurde 1949 beschlossen.

Hartz IV. Bezeichnung für eine → Sozialleistung für „Langzeitarbeitslose", die keinen Anspruch mehr auf → Arbeitslosengeld haben. Die Bezeichnung bezieht sich auf den Namen des Vorsitzenden (Peter Hartz) der Kommission, die die Regeln für diese Sozialleistung (neben drei anderen Reformen) geschaffen hat. Der offizielle Name dafür lautet „Arbeitslosengeld II" oder „Grundsicherung für Arbeitslose". Ein alleinstehender Arbeitsloser erhält danach monatlich 364 Euro sowie die Kostenerstattung für Wohnung und Heizung.

illegal. So nennt man ein Verhalten, das gegen Gesetze verstößt und das deshalb bestraft wird.

Infektionskrankheiten. Krankheiten, die hervorgerufen werden durch die Übertragung von Krankheitserregern (Bakterien, Viren).

Institution (von lat. instituere = einrichten, verwalten). Bezeichnung für Einrichtungen oder Organisationen, die auf Dauer eine bestimmte Aufgabe erfüllen sollen, wie z. B. Schulen, Universitäten, Fernsehsender, Gerichte, Parteien usw. Aber auch allgemein verbindliche Regelungen, die mit Rechten und Pflichten verbunden sind, wie z. B. die Ehe oder das geltende Recht, werden als Institutionen bezeichnet.

Kommunikationswissenschaftler(in) (von lat. communicare = mitteilen, teilnehmen lassen). Kommunikation meint den Austausch oder die Übertragung von Informationen. Kommunikationswissenschaftler erforschen die Kommunikationsvorgänge zwischen Menschen. Sie untersuchen, wer was wem wie mitteilt und welche Folgen das haben kann.

Logo. Kurzbezeichnung für das englische Wort *logotype*: Markenzeichen (für bestimmte Waren) oder Firmenzeichen (für Unternehmen und → Institutionen); es besteht meistens aus bestimmten grafischen (farbigen) Elementen oder auch aus Abkürzungen (Anfangsbuchstaben) des Namens. Auch fast jede Schule hat heute ein Logo.

Malaria. Tropenkrankheit, die durch den Stich einer Stechmücke (Moskito) hervorgerufen wird.

Minen. Versteckt verlegte Sprengkörper, die sich bei Druck (wenn z. B. jemand drauftritt) selbst auslösen.

Minimum (lat. minimum = „das Geringste", das „Kleinste"). „Von einem Minimum leben zu müssen" heißt, man schafft es gerade, mit den zur Verfügung stehenden Mitteln am Leben zu bleiben.

Mobbing. vgl. → Cyber-Mobbing

öffentlich-rechtliche Fernsehsender. In manchen Ländern gehören die Fernsehanstalten privaten Firmen (z. B. in den USA), in anderen dem Staat (z. B. in Frankreich). In Deutschland sind die Anstalten der ARD und des ZDF Einrichtungen der Gesellschaft, d. h. aller Gruppen von Menschen, die in unserem Land leben. Die wichtigsten Gruppen (Arbeitnehmer, Arbeitgeber, Parteien, Kirchen, Sportorganisationen, Schulen, Berufsgruppen usw.) entsenden ihre Vertreter in den „Fernsehrat" (ZDF) bzw. in die „Rundfunkräte" (ARD); dort werden dann die Leute gewählt, die über die Besetzung des Intendantenposten entscheiden und die über die Arbeit der Fernsehanstalten eine gewisse Kontrolle ausüben. Dieser Einfluss der Gesellschaft, der „Öffentlichkeit", ist rechtlich, d. h. durch Gesetze festgelegt. Deswegen nennt man die Form, in der diese Rundfunk- und Fernsehanstalten organisiert sind, *„öffentlich-rechtlich"*. Daneben gibt es aber seit 1985 auch → private Fernsehsender. Die Kosten des öffentlich-rechtlichen Fernsehens werden überwiegend durch die Gebühren (zurzeit 17,98 Euro monatlich inkl. Radio) und im Übrigen durch *Werbung* gedeckt. Diese Anstalten dürfen allerdings pro Tag nur 20 Minuten auf Werbesendungen verwenden, nach 20 Uhr und an Sonn- und Feiertagen ist Werbung verboten.

private Fernsehsender. Seit der Einführung des Kabelfernsehens 1984 (Kabelnetz) gibt es in der Bundesrepublik Deutschland neben den → öffentlich-rechtlichen Fernsehsendern (ARD und ZDF) private Fernsehsender, die sich im Besitz verschiedener Firmen befinden. Die wichtigsten von ihnen sind RTL, SAT 1, PRO 7, VOX, ntv und DSF. Das *Privatfernsehen* versucht, seine Kosten *ausschließlich durch Werbung* zu decken. Hier darf die Werbezeit ca. 20 % des Gesamtprogramms umfassen (auch abends und an Sonn- und Feiertagen). Da die Werbepreise von der Zahl der Zuschauer abhängen und die Programme des Privatfernsehens von immer mehr Haushalten empfangen werden können, ist es den beiden größten Privatsendern, SAT 1 und RTL, seit 1990 gelungen, Gewinn bringend zu arbeiten.

Psychologe/Psychologin. Wissenschaftler oder Wissenschaftlerin, der/die das Denken und Fühlen von Menschen erforscht und untersucht, wie Menschen in bestimmten Situationen reagieren. Die Anwendung psychologischer Erkenntnisse kann Menschen u. a. dabei helfen, bestimmte seelische Krisen- und Krankheitszustände zu bewältigen und zu überwinden.

Quote (von lat. quot = wie viele?). Bezeichnung für den (prozentualen) Anteil einer Teilgröße an einer Gesamtheit (z. B.: Wie viel Prozent der gesamten Fernsehzuschauer haben zu einer bestimmten Zeit welches Programm gesehen?).

Rente. Einkommen, das jemand aufgrund einer gesetzlichen Versicherung bei Erreichen des entsprechenden Alters oder bei Arbeitsunfähigkeit bezieht.

Rentenversicherung. Staatliche Pflichtversicherung, in die alle → Arbeiter und → Angestellten Beiträge einzahlen müssen. Bei Erreichen der Altersgrenze (65 Jahre) oder bei Berufsunfähigkeit erhalten sie aus dieser Versicherung ihre „Rente“, d. h. ein monatliches Einkommen in bestimmter Höhe (je nach der Dauer ihrer Erwerbstätigkeit und der Höhe ihres früheren Einkommens bzw. ihrer Beiträge); vgl. → Sozialversicherung.

repräsentativ. Stellvertretend; zur Erläuterung siehe S. 236, Punkt 4.

Rolle. Dieser Begriff beschreibt die Erwartungen, die an das Verhalten eines Menschen in einer bestimmten Stellung, z. B. als Schüler oder als Mitglied einer Mannschaft, gerichtet werden.

Slogan. Werbespruch für ein Produkt, der sich wegen seiner besonderen Formulierung leicht einprägt (z. B.: „Haribo macht Kinder froh“).

Software. Sammelbegriff für Programme für den Betrieb von Computern (z. B. ein Programm zur Erstellung von Texten oder Grafiken). Im Unterschied dazu bezeichnet *Hardware* die maschinentechnische Ausrüstung eines Computersystems.

Sozialhilfe. Bezeichnung für eine → Sozialleistung, die alle erhalten, die nicht arbeitsfähig sind und ein zu geringes Einkommen haben, um davon menschenwürdig leben zu können. Die Höhe der Leistungen entspricht ungefähr der von → „Hartz IV“.

Sozialleistungen. Sammelbezeichnung für alle Leistungen (Zahlungen) des Staates, die sozialen Zwecken dienen (→ Sozialversicherung, Kindergeld, → Arbeitslosengeld, → Sozialhilfe usw.).

Sozialversicherung. Alle → Angestellten und → Arbeiter sind verpflichtet, monatliche Beiträge an vier Versicherungen zu leisten, die zusammenfassend als Sozialversicherung bezeichnet werden: Die *Krankenversicherung* übernimmt die Kosten für die medizinische Betreuung im Krankheitsfall; die *Arbeitslosenversicherung* zahlt Arbeitslosengeld, wenn man arbeitslos wird, die → *Rentenversicherung* zahlt die monatliche Rente, wenn man aus Altersgründen aus dem Erwerbsleben ausgeschieden ist; die *Pflegeversicherung* leistet Zahlungen, wenn Menschen, vor allem ältere Menschen, zu Pflegefällen werden.

Sozialwissenschaftler(in). Wissenschaftler oder Wissenschaftlerin, der/die sich mit den Fragen des Zusammenlebens der Menschen beschäftigt. In den Sozialwissenschaften lassen sich drei Bereiche unterscheiden: die *Wirtschaft* (z. B.: Wie vollzieht sich die Herstellung von Gütern? Wie kommen die Preise zustande? Vgl. dazu auch Kap. 5 und 7); die *Politik* (z. B.: Wie wählt man Abgeordnete? Wie kommen Entscheidungen in der Gemeinde zustande? Warum sollten wir Umweltschutz leisten? Vgl. dazu Kap. 9 und 10); die *Gesellschaft* (z. B.: Wie sind Computerspiele zu beurteilen? Wie haben sich die Formen des menschlichen Zusammenlebens verändert? Vgl. dazu Kap. 6 und 8).

sponsern. Geld oder Sachmittel zur Verfügung stellen, z. B. für Sport- und Kulturveranstaltungen; Sponsoren (Geldgeber, Gönner) sind oft Firmen, Banken, Sparkassen usw., die sich davon auch eine gewisse Werbewirksamkeit versprechen.

Statistik. In einer Statistik werden Zahlen und Zahlenverhältnisse (Prozentzahlen) übersichtlich geordnet zusammengestellt; sie ermöglicht einen schnellen Überblick über ausgewählte Sachverhalte in Politik, Wirtschaft und Gesellschaft (z. B. Wahlergebnisse der Parteien, Altersgruppen in der Bevölkerung, Schulabschlüsse u. v. a.). Statistiken haben entweder die Form von Tabellen oder von unterschiedlichen grafischen Darstellungen (Säulen, Balken, Kreise, Kurven) und Schaubildern.

Statistisches Bundesamt. Eine Behörde (Hauptsitz in Wiesbaden), die der Bundesregierung (dem Bundesinnenministerium) unterstellt ist und in der alle → Statistiken geführt und veröffentlicht werden, die für unser Land und die Politik besonders wichtig sind, wie z. B. die Bevölkerungszahl, ihre Verteilung nach Alters- und Berufsgruppen, die Zahl der Häuser und Wohnungen, die Gesamtheit der in den Unternehmen produzierten Güter usw.

Steuern. Geldbeträge, die Bürger und Betriebe an die Stadt oder an den Staat zahlen müssen. Steuern sind die Haupteinnahmequelle des Staates, um seine Ausgaben finanzieren zu können.

Umsatzsteigerung. Mit Umsatz werden die Einnahmen eines Unternehmens bezeichnet, die es durch den Verkauf von Gütern oder → Dienstleistungen erzielt. Bei einer Erhöhung der verkauften Menge werden Umsatzsteigerungen erreicht.

unicef (Abkürzung von *United Nations International Childrens Emergency Fund*). Internationales Kinderhilfswerk der → Vereinten Nationen mit Sitz in New York. Aufgaben: weltweite Versorgung von Kindern und Müttern mit Nahrungsmitteln, Kleidern, Medikamenten und medizinischer Hilfe.

Vereinte Nationen (Abkürzung: VN; englisch: *United Nations Organization* – UNO). 1945 gegründete Organisation, in der fast alle Länder der Welt (2011: 193) vertreten sind; ihr Zweck ist die Erhaltung des Weltfriedens und die Verbesserung der internationalen Zusammenarbeit. Der Sitz der VN ist New York.

Vermögen. Im Unterschied zum Einkommen, das man monatlich oder jährlich *bezieht*, bezeichnet Vermögen alles, was man an Gütern dauerhaft oder über längere Zeit hin *besitzt*, wie z. B. ein Grundstück, ein Haus, wertvolle Einrichtungsgegenstände oder auch Sparguthaben oder → Aktien.

virtuell. Gegenstände oder Vorgänge, die nicht körperlich oder greifbar vorhanden sind (z. B. im Internet), aber dennoch eine Wirkung haben.

Werbeagenturen. Sie bieten den Unternehmen, die etwas verkaufen wollen (Güter oder → Dienstleistungen), folgende → Dienstleistungen an: Sie beraten sie zu Werbemaßnahmen, planen, gestalten und realisieren diese auch und überprüfen auch deren Erfolg.

Wohngeld. Staatlicher Zuschuss zu den Mietkosten für Haushalte, deren Einkommen unter einer bestimmten Grenze liegen und durch die Mietkosten (z. B. wegen vieler Kinder) stark belastet werden.

Zinsen. Siehe S. 92.

Register

Bildquellenverzeichnis

Umschlag: vorne links: VS50 Linz, vorne rechts: AOK-Mediendienst, hinten: © picture-alliance/ Bildagentur-online; S. 8: o. l.: © picture-alliance/ dpa; o. M.: Ministerium für Verkehr, Energie und Landesplanung des Landes NRW, Düsseldorf; o. r.: © plainpicture/Torff; M. l.: AOK-Mediendienst; M.: Kinderparlament Hilden; M. r.: © ZB-Fotoreport/Peer Grimm; u. l.: ullstein bild – AP; u. M.: © Torsten Leukert; u. r.: © Bernd Euler/ VISUM; S. 11: o.: Verlagsarchiv Schöningh, u.: © picture-alliance/Rainer Hackenberg; S. 12: AOK-Mediendienst; S. 13: © picture-alliance/ dpa; S. 14: o.: © picture-alliance/dpa, u.: © picture-alliance/dpa; S. 15: l.: maho – Fotolia.com; r. o.: © bluedesign – Fotolia.com; r. u.: Verlagsarchiv Schöningh/Günter Schlottmann; S. 16: www.HanisauLand.de; S. 18: o. l.: © picture-alliance/dpa; o. r.: © Fotex/Jörg Buschmann; M. l.: © David Ausserhofer/Intro; M. r.: © picture-alliance/dpa; u. l.: © vario images; u. r.: © Jörg Lantelme; S. 21: Verlagsarchiv Schöningh/ Günter Schlottmann, Paderborn; S. 22: l.: © picture-alliance/Eibner-Pressefoto; r.: © picture-alliance/Sodapix AG; S. 23: l.: © Design Pics; r.: © picture-alliance/dpa; S. 24: o.: © Stefan Leuchtenberg/Verlagsarchiv Schöningh; u.: Werner Stangl; S. 25/26: Zeichnung: Sabine Amediek/Verlagsarchiv Schöningh; S. 27 und S. 29 u.: © Norbert Maier; S. 28: © Thomas Koehler/photothek.net; S. 29 o.: © vario images; S. 30: l.: © Faustlos, r.: http://mobbing-schluss-damit.de; S. 31: o.: © Thomas Koehler/photothek.net; M.: © picture-alliance/Keystone; u.: © Kitty – Fotolia.com; S. 32: Johanna Dembowski; S. 33: © picture-alliance/dpa; S. 38: o. l.: Freies Gymnasium Penig; o. r.: VS50 Linz; u. l.: Wilhelm-Busch-Schule, Göttingen; M. r.: Dieter Hennig; S. 41: l.: http://www.hs-woergl2.tsn.at/images/ klassensprecher13.jpg; r. o.: Murrtal-Schule Oppenweiler; r. u.: Konradin-Realschule; S. 42 u.: Internatsschule Schloss Hansenberg; S. 43: © Franziska Harvey; S. 44: www.kipkakomiks.de; S. 47: o.: Dieter Hennig, u. l.: © Lothar-von-Kübel-Realschule Sinzheim, u. r.: Realschule Übach-Palenberg; S. 48: o. l.: © picture-alliance/Sven Simon; o. r.: © picture-alliance/Mary Evans Picture Library; u. l.: © picture-alliance/united archives; u. M. und u. r.: © picture-alliance/dpa; S. 50: Nr. 1: Zeichnung: Fritz Wolf; Nr. 2: Zeichnung: Peter Kaczmarek/Baaske; Nr. 3: Zeichnung: Renate Alf; Nr. 4: Zeichnung: Jürgen Tomicek; S. 52: Franz-Josef Domke/Verlagsarchiv Schöningh; S. 53: Quelle: AGF/GFK-Fernsehforschung, Media Perspektiven 4/2010, S. 183, KIM-Studie 2010, Medienpädagogischer Forschungsverbund Südwest, www.mpfs.de – Grafik: Franz-Josef Domke/Verlagsarchiv Schöningh; S. 54: o.: © UIP/Cinetext; u.: Coverpicture/Alexa Bente; S. 58: © picture-alliance/ZB; S. 59: o.: Zeichnung: DIE ZEIT/Thyrso A. Brisólla, u.: Zeichnung: Burkhard Mohr; S. 60: Zeichnung: Peter Kaczmarek/Baaske; S. 62: © picture-alliance/dpa-infografik; S. 64: o. l.: © Wolfgang Deuter; o. r.: © drubig-photo – Fotolia.com; u. l.: © JeongMee Yoon. All rights reserved; u. M. und r.: © picture-alliance/dpa; S. 66: Zeichnung: Erich Rauschenbach; S. 67: o. l.: © picture-alliance/ZB/dpa; o. r.: © pictonaut – Fotolia.com; M. l.: © picture-alliance/Annegret Hilse; M. r.: © picture-alliance/ZB; u. l. und r.: © picture-alliance/dpa; S. 68: Verlagsarchiv Schöningh; S. 69: o.: © Wolfgang Deuter; u.: © ING DiBa; S. 70: © picture-alliance/Newscom; S. 71: Zeichnung: C. Mell, in: Zeitlupe Nr. 35: Kids, Knete, Konsum, Bundeszentrale für politische Bildung, Bonn 1998, S. 9; S. 72: © Egmont Ehapa Verlag KidsVA 2013; Grafiken: Franz-Josef Domke/Verlagsarchiv Schöningh; S. 73: © Joshhh – Fotolia.com; S. 74: o.: DDB Berlin/Fotograf: Murat Aslan – Eine Initiative des Verbandes Deutscher Zeitschriftenverleger (VDZ); u.: © picture-alliance/dpa; S. 75: o. l.: Mattel GmbH; u. l.: © picture-alliance/ News5; r. o.: LEGO Star Wars II – The Original Trilogy TM & © 2006 Lucasfilm Ltd. All rights reserved. Used under authorization. Unauthorized duplication is a violation of applicable law.; r. u.: Star Wars TM & © 2013 Lucasfilm Ltd. All rights reserved. Used under authorization. Unauthorized duplication is a violation of applicable law.; S. 76: l.: © Georg Schoenharting/VISUM; r.: http://www.politikundunterricht.de/4_07/wirtschaft.pdf, S. 19; S. 82: o. l.: © picture-alliance/ dpa; o. r.: © die bildstelle/REX FEATURES LTD.; M.: Illustration von Udo Kruse-Schulz aus WAS IST WAS Band 78, Titel: Geld, Tessloff Verlag, Nürnberg; u. l.: © picture-alliance/Sven Simon; u. r.: © AKhodi – Fotolia.com; S. 84: l.: Südtiroler Archäologiemuseum/A. Ochsenreiter, Rekonstruktion: Kennis; r.: Forschungsinstitut für Alpine Vorzeit der Universität Innsbruck/Foto: Gerlinde Haid; S. 85: o.: Zeichnerische Rekonstruktion: Helmut Voß; u.: © picture-alliance/dpa; S. 86: Rainer Crummenerl/Das will ich wissen – So ist das mit dem Geld/Mit Illustrationen von Klaus Puth © 2004 Arena Verlag GmbH, Würzburg; S. 87: © akg-images; S. 88: © picture-alliance/dpa; S. 89: Verlagsarchiv Schöningh; S. 90: o.; © picture-alliance/landov, u.: © picture-alliance/Arco Images GmbH; S. 91: o.: © picture-alliance/dpa © dpa Bildarchiv; u.r.: Kredit- und ec-Karte: © Dt. Sparkassenverlag; Kundenkarte: © Bank Verlag; S. 92: © Stefan Leuchtenberg/ Verlagsarchiv Schöningh; S. 95: Verlagsarchiv Schöningh; S. 96: © picture-alliance/dpa; S. 97: o.: © Stefan Leuchtenberg/Verlagsarchiv Schöningh; u.: AKG, Berlin; S. 98: o. l. und u. r.: © Monkey Business – Fotolia.com; o. r.: © Jacek Chabraszewski – Fotolia.com; M. l.: © jjpixs-Fotolia.com; M. r.: © Foto: M. Niehues/advantage media services; u. l.: www.internet-abc.de; S. 100 und 102: R. v. Rüden/Verlagsarchiv Schöningh; S. 104: © alimdi.net/Ulrich Niehoff; S. 106: © picture-alliance/ZB; S. 107: © Klaus Stuttmann; S. 108: l.: Unterhaltungssoftware Selbstkontrolle (USK); r.: www.pegi.info; S. 109: KIM-Studie 2010, Medienpädagogischer Forschungsverbund Südwest, www.mpfs.de; S. 110: http://seitenstark-help.de/kin der/mitglieder; S. 114: © schülerVZ; S. 116: o.: © Zartbitter e. V., Köln; u.: © picture alliance/Jens Schierenbeck; S. 117: © picture-alliance/Bildagentur-online/Ohde; S. 118: © sonya etchison – Fotolia.com; S. 119: r.: © Sandra Neumann – Fotolia.com; l.: http://www.xplace.de/uploads/tx_cfamooflow/MM_Handy-Klingeltoene_ 01.jpg; S. 121: Sebastian Gutknecht, Gewalt auf Handys, hg. von der AJS, Landesstelle NRW, Drei-W-Verlag, Essen 2007; S. 124: o. l.: © picture-alliance/ZB; o. r.: © ALIMDI.NET/Ulrich Niehoff; M. l.: © picture-alliance/chromorange; M. r.: © picture-alliance/Helga Lade Fotoagentur; u. l.: © PhotoSG – Fotolia.com; u. r.: © vario images; S. 126: © Stefan Leuchtenberg/Verlagsarchiv Schöningh; S. 127: Illustration von Joachim Knappe aus: WAS IST WAS Wirtschaft spezial, S. 24; S. 128: © picture-alliance/photononstop; S. 129: © picture-alliance/dpa; S. 130: © Jesse Kunerth – Fotolia.com; S. 131: © BVR; S. 132: AFP-Infografik; S. 135: Verlags-archiv Schöningh; S. 138: o.: © picture-alliance/Denkou Images; u. l.: Voller Ernst/Gerd Pfeiffer; u. r.: © picture-alliance/Bildagentur Huber; S. 141 und 143: © picture-alliance/dpa-info-grafik; S. 144: a: © picture-alliance/Frank May; b: © picture-alliance/ ZB; c: © picture-alliance/Bildagentur-online; d: © picture-alliance/ZB; e: © picture-alliance/Bildagentur-online; S. 145 und 147: © picture-alliance/dpa-infografik; S. 148: © picture-alliance/ dpa; S. 149: © Oliver Wolff/VISUM; S. 154: ©

picture-alliance/dpa-infografik; S. 155: © Klaphake/teamwork; S. 156 u.: Zeichnung: © Marie Marcks, Heidelberg; S. 157: Grafik: SCRIPT. Basis: Allensbacher Archiv, IfD-Umfrage 4276. Fotos: Monkey Busimess/Fotolia.com; S. 158: l.: © picture-alliance/Denkou Images; M.: © vario images; r.: Foto: Volker Kipp/Verlagsarchiv Schöningh; S. 160: Zeichnung: Christoph Grundmann. Aus: Kein Ich ohne Wir. In: RAAbits Sozialkunde/Politik – Impulse und Materialien für die kreative Unterrichtsgestaltung. Einzelmaterial 28, S. 5. M 1. Stuttgart: RAABE Fachverlag für die Schule 2003 © 1992 Dr. Josef Raabe Verlags-GmbH, Stuttgart; S. 162: o. l.: © ullstein bild – Schöning; o. r.: © picture-alliance/Tobias Kleinschmidt; M. l.: © picture-alliance/Peter Knefel; M. r.: © Thomas Kunsch, Neubrandenburg/Bertelsmann Stiftung; u. l.: http://www.xanten.de/media/Image/Galle ry/img/250/fk.ortseingangsschild.jpg; u. r.: © altro – die fotoagentur; S. 165: Foto: Bärbel Olfer-mann; S. 166: Stadtverwaltung Büren; S. 167: Foto: Uwe Köppen, Referat für Kommunikation der Stadt Duisburg; S. 172: o.: Foto: Stadt Iserlohn; u.: Foto: Stadt Süßen; S. 173: Foto: Gemeinde Ginsheim-Gustavsburg; S. 174: o.: Joachim Detjen; u.: R. v. Rüden/Verlagsarchiv Schöningh; S. 176: o. l.: © picture-alliance/ZB, o. M.: © Mike Schroeder/argus, o. r.: © picture-alliance/dpa, u. l.: © Otto Durst – Fotolia.com, u. M.: net-design Sabine Holz, Jülich, u. r.: © picture-alliance/dpa; S. 180 u.: Kinderparlament Hilden; S. 181: Quelle: Rheinbahn; S. 182: Kinderbüro der Stadt Paderborn; S. 183: © Deutsches Kinderhilfswerk e. V.; S. 186: o. l.: Foto: thomasmayerarchive.de, o. r.: Foto: www.Wasser-hilft.de (Rudolf A. Schnappauf), u. l.: © Image Source/Getty Images, u. r.: © picture-alliance/BSIP/GODONG; S. 188: o. l.: © Peter Turnley/CORBIS, u.: © picture-alliance/Bildagentur Huber; S. 191: Franz-Josef Domke/Verlagsarchiv Schöningh; S. 193: l.: Foto: Oliver Tjaden, r.: © Jochen Zick/Keystone; S. 194: l.: © Duales System Deutschland AG, r.: Foto: Oliver Tjaden; S. 195: o.: Foto: Oliver Tjaden, u.: Foto: Benno Eschweiler; S. 196: © Stefan Leuchtenberg/Verlagsarchiv Schöningh; S. 197: o.: © Klaus Rose/OKAPIA, u.: Schutzgemeinschaft Deutscher Wald; S. 198: Westdeutsches Schulfernsehen [Hg.], Arbeitsmaterial für Schüler; Praxis Schulfernsehen 212/1994; S. 199: Foto: dpa/ESA; S. 200: © Landeswasserversorgung Stuttgart; S. 201 o.: © BDEW; S. 201 u. und S. 202: Aus dem Comic-Malheft „Wie kommt Trinkwasser in den Wasserhahn?", S. 4, 8, 18; © Kinder Medienverlag; S. 203: Matthias Berghahn/Verlagsarchiv Schöningh; S. 204: © Stefan Leuchtenberg/Verlagsarchiv Schöningh; S. 206: o. l.: © Clemens Höges/DER SPIEGEL; o. r.: © blickwinkel/McPHOTO; M. l.: © Anne Ackermann; M. r.: © Kindernothilfe/Christoph Engel; u. l.: © REUTERS/Arko Datta; u. r.: © AP Photo/Mujahid Safodien; S. 208: © unicef; S. 209: © picture-alliance/Godong; S. 210: © Bergmoser + Höller Verlag AG; S. 212: l.: © Anne Ackermann, r.: © Benjamin Schilling; S. 213: o.: © picture-alliance/dpa; u.: © vario images; S. 214: © picture-alliance/dpa-infografik; S. 215: Verlagsarchiv Schöningh; S. 216: o.: © picture-alliance/ZB © dpa, u.: © picture-alliance/dpa; S. 217: l.: AFP-Infografik, r.: © picture-alliance/dpa-infografik; S. 218: © Bergmoser + Höller Verlag AG; S. 219: o.: © Welthungerhilfe; u.: Foto: Sepp Spiegl/SV-Bilderdienst; S. 220: © picture-alliance/dpa-infografik; S. 221: © ullstein bild – AP; S. 222: l.: © REUTERS/Punit Paranjpe, r.: Jonathan McIntosh, 2004; S. 223 und S. 224: © picture-alliance/dpa-infografik; S. 225: o.: © Grossmann/laif, u.: UNICEF/NYHQ1998-0970/Pirozzi; S. 227: © picture-alliance/dpa; S. 228: © David Boucherie; S. 230: © J. J. Darboven GmbH & Co., Hamburg; S. 231: o.: © TransFair; u.: © unicef; S. 232: © terre des hommes; S. 235: Zeichnung: Lothar Ursinus

Sollte trotz aller Bemühungen um korrekte Urheberangaben ein Irrtum unterlaufen sein, bitten wir darum, sich mit dem Verlag in Verbindung zu setzen, damit eventuelle Korrekturen vorgenommen werden können.

